人力资本

企业人力资源开发与管理的超越之道

〔美〕托马斯·O.达文波特◎著　　吴庆东◎译

HUMAN
CAPITAL

中华工商联合出版社

图书在版编目 (CIP) 数据

人力资本 ： 企业人力资源开发和管理的超越之道 /
（美）托马斯·O.达文波特著；吴庆东译 . -- 北京：中
华工商联合出版社，2023.8

　　书名原文：Human Capital

　　ISBN 978-7-5158-3723-9

　　Ⅰ．①人… Ⅱ．①托… ②吴… Ⅲ．①人力资本—研
究 Ⅳ．①F241

中国国家版本馆 CIP 数据核字 (2023) 第 153545 号

All Riahts Reserved. This translation published under license with the original publisher John
Wiley & Sons, Inc.

人力资本：企业人力资源开发和管理的超越之道

作　　者	托马斯·O.达文波特
译　　者	吴庆东
出 品 人	刘　刚
责任编辑	吴建新　关山美
装帧设计	张合涛
责任审读	郭敬梅
责任印制	迈致红
出版发行	中华工商联合出版社有限责任公司
印　　刷	北京毅峰迅捷印刷有限公司
版　　次	2023 年 11 月第 1 版
印　　次	2023 年 11 月第 1 次印刷
开　　本	710 mm×1000 mm　1/16
字　　数	220 千字
印　　张	15.25
书　　号	ISBN 978-7-5158-3723-9
定　　价	59.90 元

服务热线：010-58301130-0（前台）

销售热线：010-58302977（网店部）
　　　　　　010-58302166（门店部）
　　　　　　010-58302837（馆配部、新媒体部）
　　　　　　010-58302813（团购部）

地址邮编：北京市西城区西环广场 A 座
　　　　　　19-20 层，100044
　　　　　　http://www.chgslcbs.cn

投稿热线：010-58302907（总编室）

投稿邮箱：1621239583@qg.com

工商联版图书

版权所有　盗版必究

凡本社图书出现印装质量问题，
请与印务部联系。

联系电话：010-58302915

译 者 序

2003年7月，正在国外出差的我到一家大型书店闲逛时，偶然看到了摆放在书架上的这本书。我翻开书，浏览了序言和目录后，觉得书中所提及的话题相当吸引我，于是，就毫不犹豫地买下了这本书。

回来后，我把书认真地通读了一遍，并重点反复阅读了其中有关人力资本构成要素、战略执行与人力资本管理的结合以及人力资本投入的体系结构等几个主要章节，发现书中所阐述的观点和提供的相关范例（特别是第九章的内容）对解决自己工作中所面临的一些困惑和难题——如胜任力模型设计原则、全面薪酬体系规划以及组织能力诊断等——都极具启发性。为了检验这些观点和案例的适用范围，我尝试在我负责的管理项目中借鉴其中的一些方法，发现它们确实有效，并帮我在工作上取得了一些突破，令我获益匪浅！

至今，这本书已伴随我近20年。作为一名人力资源管理的从业者，我经常翻阅它，而且每次阅读都能从中获得一些新的领悟，这本书从专业角度为我的工作提供了新的养分。于是，我逐渐萌生了将它翻译成中文，与国内同行分享交流的想法。

不少介绍人力资源管理的论著，要么基于老生常谈的理论让人读起来感到味同嚼蜡，要么内容过于简单使人兴味索然。本书的不同之处在于，无论在构建将员工视为投资者的概念框架，还是在总结影响员工为双方的利益而投入人力资本的关键因素，作者都利用他丰富的知识和个人阅历，通过故事、典故和真实的案例将晦涩难懂的理论概念诠释得通俗易懂，极大地方便了读者的理解。可以这样说，在有关人力资源管理的浩瀚书海中，《人力资本》堪称是一部立意新颖、独树一帜之作。

具体而言，作者在序言中便开宗明义："员工并非成本、生产要素或资产。他们是企业的投资者，他们投入人力资本，期待投资回报。"员工即投资者的这一概念意味着管理思维的一个重大转变，使管理方向转变为将员工视为与组织平等合作的关系。如今，抢手的员工不再仅仅是企业的"资产"，他们是自由的个体。他们可以将自己的能力、行为和精力（即他们的人力资本）投资于他们所选择的企业。作者的这一观点确实可以说是当今商业和工作环境的真实写照。

任何企业都希望能够在竞争激烈的市场中占有一席之地，而要实现组织制定的目标，说到底完全取决于企业的员工。企业的经营战略是通过他们来制定并实现的。企业利用新技术成果的能力要依靠他们来发挥作用。简括地说，企业成败的关键全都掌握在他们的手中。通过探索新兴的职场现象的动态变化，作者为我们描述了在新知识经济中，企业和员工可以建立双方互利关系的具体策略。通过强调让员工参与定义人力资本投入与组织成功之间的联系，以及人力资本建设等，作者以一系列令人信服的案例展示了追求卓越的企业，如何才能有效地释放出每个员工的内在潜力。

本书的另一个亮点是，在揭示企业管理将人力视为资产转向将人力视为资本的过程所面临的复杂性（例如，企业应根据自身需要来定义人力资本类型、企业需要将战略需求转化为人力资本需求、企业应平衡人力资本投资者和其他利益相关者的利益，并测量企业是否成功利用人力资本来获得竞争优势等）的同时，还特别指出了在人力资本管理中应当注意的有关细节，如确定人力资本要素中细微差别时应注意的要点、处理员工招聘和甄选过程中诸多关系时应采取的策略、为帮助企业获得成功而让员工参与定义人力资本投入时应采取的方法等。除此之外，通过强调员工与雇主之间关系的互惠性，作者向我们展示了组织如何制订和兑现一个能够吸引、保留和激励最优秀人才的方式。总之，通过务实的研究、深刻的分析，作者将许多有价值的概念以一个连贯的框架汇聚在一起，而且还就如何实施这些概念，提出了许多实际的想法。

由此可见，本书兼顾了人力资本的理论与实务。因此，它对当前人力资本管理实际工作的指导性和对未来工作的引领性毋庸置疑。在实现塑造最佳员工队伍这一目标的过程中，参与者无论身处企业的哪个岗位，都可以从本书中汲取对自己有用的养分，正如作者在序言中指出的那样："对于企业高管来说，本书可以帮助他们从一个新的角度来看待价值及其来源。对于参与日常竞争的中层管理者来说，他们面临着必须将人力资本引进组织，并最大限度地加以利用，本书描述了他们需要的管理工具。而一线主管将可以了解到他们对人力资本管理的贡献至少包括四个关键角色。读过本书的员工将会对自己在职场的贡献萌生新的期望，并对自身的战略价值有更高的认识。他们将学习如何通过在价值优化的环境中管理自己的工作和职业，从工作中获得最大收益。"

由于工作等其他因素的影响，本书的翻译只能利用业余时间来进行，因此，翻译从最初动笔到最终完稿，期间时断时续，也已历时近七年。再者，本书与一般人力资源管理类的书籍有很大的不同，其内容涉及的知识点比较多，包括政治、历史、宗教、文学和经济等，这些都给翻译工作带来了不小的挑战。所幸的是自己多年来的坚持，才终于完成本书的翻译工作。

最后，在本书译稿付梓之际，对以下在翻译及出版过程中提供帮助的人士表示感谢：广东外语外贸大学外语学院英语教授、博士生导师吴旭东先生拨冗阅读了译稿，并就文字修辞和文化理解等方面的问题提出了中肯的意见和建议；郑州循齐文化传播有限公司的领导和工作人员为本书的设计制作作出了不懈的努力，付出了辛勤的劳动。

如本书有译释不当之处，恳请广大读者不吝指正，以便再版时完善。

译者

2023 年 5 月 23 日

原著出版介绍

很多公司都说员工是他们最重要的资产，但很少有人能够恰如其分地描述这个观点。"员工即资产"这个隐喻已经过时，而且是错误的。不断变化的劳动力市场给管理者上了一课：随着员工在就业条款谈判中有了自己的权利，他们的行为越来越不像资产，而更像是拥有可投资本的自由人。他们的资本就是为公司奉献的能力、体力、精力和时间。就像商业投资人一样，他们希望能从自己的投资中得到可观的回报。

在《人力资本》一书中，作者托马斯·O.达文波特（Thomas O. Davenport）探讨了"员工即投资者"的概念，并且描述了这对企业和员工都意味着什么。他阐明了将员工视为投资者的公司是如何吸引、培养和留住员工的，这些员工从公司获得了巨大的价值，也为公司作出许多贡献，他们为公司创造了竞争优势。作者在书中介绍了一些公司，它们能够认识到人力资本的重要性，知道如何建设人力资本，并将其引导到对市场成功至关重要的领域。他借鉴了自己的研究和个人经验，为那些希望致力于成功地实施人力资本项目的管理者提供指导。读过本书的员工可能会萌生一些想法，通过培养自己的人力资本并使其工作投入回报最大化，从而最大限度地从工作中获益。

人力资本的竞赛已经开始。想要获胜的公司必须精心制订并提供一系列工作投入回报项目，以吸引市场上最富有才华、最具创造力、最有主动性的员工。《人力资本》可以帮助高层管理者和经理人建立起值得员工投入的企业，因为他们的人力资本在这个竞争激烈的世界里决定着成败。

1

序 言

　　现代企业的工作需要知识和判断力，而这种知识和判断力需要靠经验来增强。20 世纪 90 年代初，企业高管们似乎对这一现实视而不见，因为他们试图通过裁减人员规模来获得生意上的成功，或至少是为了生存。企业将员工视为成本，对待员工就像对待其他成本一样——总希望削减开支。然而，随着时间的推移，企业开始意识到这样一个现实：管理者在力图寻求竞争优势时，人力资本——即员工的能力、行为和精力——是不容忽视的。员工不再是成本，他们成了资产。企业高管——那些聪明的管理者——和商业媒体一起加入赞美员工即资产的大合唱。员工在紧挨办公桌、电脑和公务机的公司名人堂里占有了一席之地。可以肯定的是，把员工当作资产而非成本提升了员工的地位，并承认了他们对企业成功的价值。但这是否反映了员工的行为方式，是否是管理者认为应该对待员工的方式？我却不这么认为。

论点：员工是投资者

　　持续的低失业率给管理者上了一课——当人力资本所有者在人才市场走俏时，他们的行为一点也不像资产，而像一个拥有贵重商品的人那样。他们小心翼翼地付出，并要求获得价值以换取自己的付出。事实上，员工并非成本、生产要素或资产。他们是企业的投资者，他们投入人力资本，期待投资回报。与人力资本投资者打交道的管理者不要只为裁员、组织扁平化和人员布局而发愁。他们应投入自己的人力资本，考虑如何培育出不

1

可或缺的员工或投资者——这些员工能从公司获得巨大的价值，并同样给予公司巨大的回馈。如果没有他们，公司将无法生存，更别说生意兴隆了。管理者有责任为自己（以及股东）提出以下几个问题：

- 应该如何定义我们最需要的人力资本类型？
- 公司怎样才能确保雇用到那些拥有关键知识、技能和才能，并且重视公司所提供的投资回报的顶尖人才？
- 什么样的工作环境最能为人力资本的最大有效投入铺平道路？
- 员工和公司采取什么样的举措才能以最快、最有效的方式建立起绩效能力？
- 在一个风险越来越大的世界里，怎样才能让最优秀的员工（那些拥有最多就业选择的人）忠诚于公司，并投身于自己的工作？
- 公司如何平衡人力资本投资者和其他利益相关者的利益，并成功利用人力资本获得竞争优势？

本书将逐一回应上述这些问题。

本书的精华是什么

从本质上讲，《人力资本》是对一个隐喻的探索。用哲学家和人文主义者何塞·奥特加·伊·加塞特（Jose Ortega Y Gasset）的话来说，"隐喻可能是人类拥有的最富有想象的力量"。[2] 我认为，把员工隐喻为投资者可以唤醒管理者对现实的认识，让他们认识到员工是自由的个体；因此，公司只能通过一种方式，即价值回报，来赢得员工的忠诚。我不是说这个隐喻令人沮丧，恰恰相反。尽管"员工即投资者"这一观点意味着占有或平白无故的忠诚的关系已被打破，但它同时也指向一系列不同的更为牢固的联结。这就是互利互惠的"金纽带"（不一定总是金钱），而不是那种像铁链捆绑在一起的占有式关系。

我也希望投资者这个隐喻能够像"特洛伊木马"那样，冲破管理者的思维壁垒，传播有用的人才管理理念。但我发现，资产这个隐喻已经失去价值，从一个情操高尚的词汇沦为陈词滥调。我希望将员工隐喻为投资者可以让一些人开阔视野，启迪心智，让光明和思想照亮大家。书中有一些新颖的观点，也有些陈旧的观点。但我认为，所有这些观点都是合理的，都应该得到比平时更多的关注，包括那些认真负责的管理者的关注。然而本书并非人力资源手册。不要试图寻找关于绩效评估和管理、员工沟通、福利规划或薪酬方案计划的权威性讨论；这些以及其他值得关注的人力资源话题我只是一笔带过。相反，你应该从书中寻找企业和员工如何通过改变他们对关系的定义而获得成功的观点。

客户不断提醒我要提供实用的建议，我希望读者能在本书中找到许多这样的内容。我通过例子、建议、模型和系统，将"员工即投资者"这一理念如何有效地应用介绍给大家。 我也试图将大部分的讨论置于原则的中间地带，即介于理论和实践之间。没有原则的实践是盲目的，无原则的理论则一文不值。《人力资本》包含了这三者中的一部分，并且架起了三者之间的桥梁。

冒着违背我自己的原则的风险，即构建隐喻框架需要精准，但我没有对特定的术语和概念采取教条的做法。改换措辞、重新分类观点，必要时还修改顺序，但要记住这个基本概念——如果员工是资产，管理者应当担心的是如何提高并预算公司在这些资产上的投资回报。对于管理者来说，一个更好的方法是将员工视为人力资本所有者，他们愿意在合适的环境中，为公司的成功作出贡献。从这个角度来说，我们得出结论：当公司为员工创造最大价值时，员工也为公司创造最大价值。这一想法清楚地表达了这本书的主题。

目标读者和范围

《人力资本》能够引起三类读者的兴趣：高级管理者、中层管理者和一线主管，以及员工。所有人都必须承担起发展、保留和利用人力资本的责任。

那些面对增加公司价值压力的高管们将会获得一个新的价值观及其来源。他们会明白为什么与员工相关的战略不能仅限于一方面裁员和减少投入，另一方面却不断增加留任奖金。参与日常竞争的管理者必须将人力资本引进组织，并最大限度地加以利用。本书描述了他们需要的工具。

一线主管将了解他们对人力资本管理的贡献至少包括四个关键角色：合同制定者、工作顾问、投入回报提供者和风险管理的信息来源。

读过本书的员工将对自己在职场的贡献有新的期望，并对自身的战略价值有更高的认识。他们将学习如何通过在价值优化的环境中管理自己的工作和职业，从工作中获得最大收益。

为了吸引这些读者，我经常把"我们"作为句子的主语。这不是指作者和读者之间的我们，而是指同事间的我们。虽然作者与读者不能直接交谈，但我认为这是一种对话。在写作过程中，我想象自己在与读者交谈、辩论，并达成共识（或没有达成共识）。我认为自己与本书是一种伙伴关系，就像和自己桌上的电脑一样。

因为本书讨论的问题并不局限于某一行业或某一类公司，所以涉及了美国商界的广阔场景。它利用心理学研究，以及个人和公司的经验，探讨了一系列影响目前和未来职场的问题。因此，在叙述的过程中，我有时会以顾问身份，有时以研究人员身份，有时以经理人身份，有时又以记者身份与读者沟通。

托马斯·O.达文波特

1999 年 1 月

关于作者

　　托马斯·O.达文波特时为普华永道旧金山办事处负责人。他为世界500强的客户提供咨询服务，服务范围包括人力资源战略、组织有效性以及商业策略等；客户所在行业涵盖服务业、制造业等。虽然他的作品多种多样，但他的主要实践只围绕一个主题——帮助企业通过员工管理提高经营业绩。达文波特在不同的商业刊物上发表过许多文章，其中包括生产率的测量与改善、战略实施以及公司合并等。他还经常发表有关人力资本问题的演讲。

　　达文波特拥有英语语言学士学位、新闻学硕士学位，以及MBA学位。

目 录
Contents

第一部分　背景描述

第一章　员工即投资者：一个新的隐喻　　　3

第二章　人力资本投入和回报　　　16

第三章　人力资本与竞争战略　　　40

第二部分　采取行动

第四章　雇用人力资本投资者　　　59

第五章　通过职场环境搭建平台　　　87

第六章　为人力资本高投入铺平道路　　　112

第七章　建设人力资本　　　133

第八章　留住人力资本投资者　　　158

第九章　优化并测量人力资本投入　　　190

注　释　　　212

第一部分

背景描述

第一章
员工即投资者：一个新的隐喻

尽管当今的工作压力很大，但我们大多数人都不用担心活活被老鼠吃掉。

在厄普顿·辛克莱（Upton Sinclair）揭露丑闻的小说《屠场》中，一个男孩被安排帮助其他工人运送啤酒，因他偷喝了太多啤酒样品，在一个角落里睡着了。[1] 第二天早上，他的工友们只找到老鼠留下的东西。虽然很可怕，但这个场景还不比辛克莱所描述的其他场景更加引人注目。他对工人们在世纪之交的肉类加工厂所忍受的危险、恐惧和肮脏的描述，为美国食品加工业的广泛改革奠定了基础。管理者对工人们所施加的种种屈辱，哪一种最为沉重？在辛克莱看来，牛肉食品托拉斯将工人们当作资产，就像他们宰的动物那样：

> "尤吉斯记得，当他头一回到包装城时，他站在那里亲眼看见牛被宰，想着那是多么残忍和野蛮啊！然后在离开的时候，他还暗自庆幸自己不是一头牛。现在他的新朋友告诉他，自己一直以来跟牛没有两样——工人处理的一头牛。他们想从一头牛身上得到所有利润，这正是他们想从工人身上得到的……牛怎么想，受什么苦，全然不管，他们在乎的就是你能否为他们干活！" [2]

"工人就是资产"已经成为20世纪末管理的主流隐喻。在某种程度上，这代表了员工应有的地位得到提升。毕竟，员工是大多数企业成功的主要驱动力。还有其他什么生产因素能对战略成功有如此大的贡献呢？然而，在其他方面，资产这个隐喻没能充分表达出员工为企业带来的价值，以及他们对工作投入程度的控制。在这一章结束的时候，我会让你相信我们有更好的隐喻。

3

一、员工即资产：一个良好的开端，但是……

高管和管理大师们一样，用各种冠冕堂皇的话为员工资产大唱赞歌。然而，亚当·斯密比他们早 200 年就这么做了。亚当·斯密在 1776 年出版的《国富论》一书中就打了个比方，他将人比作机器设备："当我们安装一台昂贵的机器设备时，必然期望这台机器设备在磨损之前所完成的非凡工作可以收回所投下的资本，并至少获得普通的利润。一个受过大量劳动和时间教育训练而学会特殊技能的工人，可以比作那台昂贵的机器设备。"[3]

为何要花时间来思考这个管理常识呢？原因很简单，就是语言的确很重要。事实上，一些社会学家认为，管理的本质就是巧妙地运用语言来创造意义。[4] 鉴于隐喻这种潜在的力量，也就不难理解为什么管理者常喜欢使用隐喻。对于领导者而言，隐喻不仅仅是描述现实的工具，更是创造现实的工具。对旁观者来说，隐喻提供了一个了解管理现状的窗口。资产这个隐喻体现了对待员工的根本态度。20 世纪 80 年代末至 20 世纪 90 年代初，在多数高管心目中，员工并没有上升到资产的地位。从那时的裁员趋势就可以看出，管理者将员工视为在经济压力下迫使他们减少开支时必须削减的成本。 裁员现象在 1990—1991 年达到顶峰。在美国管理协会的调查中，约 56% 的公司表示，他们在此期间经历了裁员。在绝大多数情况下，裁员的理由都归咎于现实的或预期的商业衰退。[5] 也许是因为他们认为没有必要培养那些在损益表上仅仅代表开支的员工的技能，不少公司在 1991 年也削减了他们的培训预算。《培训》杂志年度调查的受访者说，他们的培训总预算从上一年的 445 亿美元下降到 1991 年的 432 亿美元。[6]

然而，在接下来的几年里，情况出现了转机，我们跨入了员工资产的年代。虽然裁员仍继续停留在高位上，但在后续几年里，从 1990—1991 年的 56% 下降到 45% 左右。[7] 培训预算也有所改善，1994 年超过了 5000 万美元。[8] "员工是我们最重要的资产"成为年度报告和新闻稿的首选表达方式。但是这句话通常听起来比较空洞。例如，在《员工战略对标意识及态度研究》中，普华永道顾问指出，"绝大多数企业高管对员工作为战略资产这一理念口惠而实不至。"该研究接着说，"尽管在接受采访的300名高管中，有90%的人表示，他们的员工是公司成功的重要因素，但他们将与员工相关的问题排在其他业务优先事项之后。"当被问及战略业务重点时，受访者将投资员工摆在客户满意度、财务表现、竞争力、产品和服务质量之后。[9]如果企业真的将员工视为宝贵的战略资产，那么管理者就要明白，一支有能力、有敬业精神的员工队伍，是上述任何一个领域取得成功的先决条件。对员工的投资肯定要排在更高的优先等级。

当管理者把员工比作资产，这引发了两个相关但又截然不同的观点。一方面，这个隐喻通过强调员工为他们辛勤工作的企业所贡献的价值，从而使员工的身份得到了升华。从这个意义上讲，资产这个理念有助于强调员工对企业来说是多多益善。员工为公司带来了独创力、创造力和主动性；他们应该得到比普通机器设备更多的尊重。从这个角度来看，相对于作为大规模裁员核心的"员工即成本"的理念，资产这个隐喻是一个明显的进步。

另一方面，资产这一隐喻将员工等同于机器设备，也贬低了他们的价值。回想一下，在学习基础会计时，教授把资产定义为符合三个标准的客体或法定权利：它能产生未来的服务价值，可以拥有或被控制以及可以用金钱衡量。显然，人们提供的服务确实能创造财务价值，在这点上，这个隐喻是成立的。然而，除了用一般的方式表示价值外，员工与资产几乎没有相似之处。我们来看看以下几点：

- 随着员工与组织之间忠诚度的下降——这个现象我们稍后再谈，一家公司对员工资产享有所有权（即便是抽象的或情感上的）的观念早已过时。

- 资产是被动的——可以被它的所有者随心所欲地买进、卖出或替换；相比之下，员工对他们的工作生活有了越来越主动的掌控权。

- 尽管财务人员尽其所能，但事实证明，给人力资源赋予财务价值的方法是难以解释和有缺陷的；此外，以美元计价所有价值的努力，掩盖了其他价值来源和度量。

请思考一下这个问题：如果工人是资产，那管理者是什么呢？汽车是资产，它们有司机。在资产负债表上，飞机被记录在资产这一栏上，它们有飞行员。坦克对士兵来说是资产，而坦克有指挥官。如果员工是资产，那么管理者显然就是掌控者。

资产这个隐喻导致体力劳动和脑力劳动、实干者和思想者、牛和包装工之间的鸿沟永远存在。用管理会计学专家艾瑞克·弗拉姆豪茨（Eric Flamholtz）的话来说，"将员工视为资产就是把提供服务的人和资产本身（预期的服务）混为一谈。"[10]

那些使用"员工即资产"这个隐喻的普通人会反对这种评价。他们宣称，他们的意思是员工对公司是有价值的，并不是说公司能真的拥有员工。有人可能会反驳说，普通人在使用这个表述时需要更仔细地选择用词。正如马克·吐温所写的："差不多正确的词和正确的词之间的差别真的很大，其差距犹如萤火虫和闪电之间的差别。"[11]

二、"同样有价值的资本"：员工即投资者

现在是时候将资产这个隐喻提升到一个新的水平了。不要把员工看作人力资本，而要把他们视为人力资本所有者和投资者。就像"员工即资产"这个观点一样，员工作为投资者的形象也不算新鲜。[12]在将人类比作机器以后，亚当·斯密接着说："学会这种职业的人，在从事工作的时候，必然期望，除了获得普通劳动工资外，还能收回全部学费，并至少取得普通的利润。"换言之，斯密说，个人行为就像投资者。[13]他积累了个人资本（在他思想的第一部分提到的"非凡的灵巧和技巧"），并试图明智地进行投资，有节制地运用，并将其用于最有利的地方。

"员工即投资者"这个隐喻基于两个重要的概念：所有权和投资回报率。

（一）人力资本所有权和控制权

与资产的概念一样，投资者这个隐喻也强调价值。然而，投资还引发了我们积极的想法，比如建立人力资本，为企业贡献人力资本，以及控制人力资本的投入。人们拥有与生俱来的能力、行为、个人精力和时间。这些因素构成了人力资本——人们用来投入工作的货币。是员工本人，而不是企业，拥有人力资本；是员工本人，而不是企业，决定何时投入人力资本、如何运用人力资本以及在哪里投入人力资本。与金融投资者一样，有些人力资本投资者比其他人力资本投资者更为活跃。关键是作为资本的所有者，他们可以做出选择。用两位《华尔街日报》记者的话说，"员工不再躲在桌子底下，蜷缩着害怕被解雇。随着失业率降至近25年来的低点，就业的天平已向员工倾斜。许多人感到自己对职业生涯的控制权达到了近十年来从未达到的程度。"[14] 控制权将资产所有者和资产区别开来；将投资者与他们投资的货币区分开来。

（二）人力资本投资回报

像人力资本投资者那样行事的员工会把他的可投资资本投入到能够获得最高回报的地方。这种工作投入回报（我也将在第二章中定义）包含了斯密所指的"普通利润"。将员工视为投资者强调了一个基本现实：投资和回报构成了一种双向流动。培训就是一个很好的例子。善于思考的管理者明白，提高员工知识水平可以提高生产率——根据全美经济研究局引用的一项研究显示，生产率的提升可高达16%。[15] 因此，培训看来是对员工一种极好的投资。增加培训投入是将员工作为成本与将员工视为资产之间这条路上的一个里程碑。而且，培训也有助于提高员工的工作投入回报。在知识密集型企业里，员工相信学习新技能有助于他们找到并保住一份满意的工作——一份人力资本投资回报率高的工作。此外，学习带来的满足感本身就是员工投入工作的一种人力资本回报。

将员工视为投资者而非资产，强调的是员工和公司之间的联系并不基于所有权关系、家长式关系或盲目的忠诚。相反，凝聚员工和公司的纽带源自彼此为对方提供利益的能力和意愿。这种关系具有互利性，任何一方的提升都不会损害另一方的利益。如果我想激励我的员工，会告诉他们我希望他们在工作上投入什么，以及我如何赚取他们的工作投入。我不会把他们比作资产负债表上的叉车或其他项目。

三、员工投资者的世界

如果投资者这个隐喻具有合理性，那么它必须忠实地反映所要表达的现实。那就让我们看看员工投资者是否经得起检验。

（一）他们是谁

投资者地位强调个人资源的首要地位，即员工为他们的工作和组织带来的（主要是）智力。这些能力在当今和未来的职场越来越重要。

知识工作者这个词现在很容易就可以从管理者嘴里说出来，已经接近于陈词滥调了；但是它太重要了，不能仅仅因为人们使用不严谨就忽略它。整个经济的就业趋势表明，工作的价值来自人们所知道的东西，而不是他们用自己的体力做出来的东西，这一点越来越重要了。让我们将知识工作者这个术语与管理、行政、专业、技术和销售工作的人联系起来。1983 年，他们占了全职员工的 55%。从事服务业、生产和制造业、林业和农业的员工占其余的 45%。[16] 到 1995 年，在持续了长达一个世纪的稳定转变，知识型员工占了全职员工的 58%。

然而，并非所有知识类工作都是平等的。随着人力资本市场持续发展，对某些类型人才的需求在不断增加,而对其他类型人才的需求则不断减少。如表 1-1 显示了 1995—1997 年，公司是如何通过在员工中分摊裁员来转移他们对人力资本的关注的。

表 1-1　技术类岗位和管理类岗位数量增减一览表

岗位类型	创造就业机会的百分比（%）			被撤销岗位的百分比（%）		
	1995 年 6 月	1996 年 6 月	1997 年 6 月	1995 年 6 月	1996 年 6 月	1997 年 6 月
小时工	50.3	59.8	62.3	45.0	48.7	54.6
主管	9.0	8.2	7.6	17.8	15.9	15.0
中层经理	9.3	7.1	8.6	15.3	19.9	16.7
专业和技术人员	31.5	24.9	21.6	22.0	15.5	13.8

资料来源：美国管理协会，《企业创造就业机会、工作淘汰和裁员：主要研究成果摘要》，纽约：美国管理协会，1997 第 2 页。经过允许后使用。

虽然裁员减少了，但人力资本市场的变化却没有减弱。例如，在截至1997 年中的一年里，计时工作是新增就业岗位最多的一类，也是裁员的最大焦点。在专业和技术工人（知识型员工中的核心群体）中，情况看来很乐观。在这三年中，这类工作的岗位数量增长率位居第二；企业创造的专业和技术工作岗位数比裁减掉的多。对于主管和中层管理职位来说，情况恰恰相反。在这三年中，这类岗位数增长乏力，削减数远超过其增长数。

此外，管理岗位实质内容的变化进一步证明了人力资本要求是如何继续演变的。两件事似乎同时发生。一方面，许多员工承担了过去被认为是管理工作的任务。与此同时，拥有经理头衔的人并不一定（或者只是）要监督员工工作。他们还可以担任分析员、协调员和问题解决者角色；他们做决策，监督外包职能并拜访客户。展望未来的扁平化组织，管理大师查尔斯·汉迪（Charles Handy）指出，最终"每个人都越来越被期望不仅要擅长某种工作，拥有自己的专业或技术专长，而且还要非常迅速地承担起对资金、人员和项目的管理责任，或三者兼而有之。换句话说，就是一项管理工作"。[17] 每个人都要管理，没有哪个人只做管理就可以了，我们都将需要了解这些事情，才能把工作做好。

（二）他们需要投入的东西

教育培养人力资本，就像用肥料培植植物一样。1960 年，在所有 25 岁及以上的美国人中，7.7% 的人完成了四年以上的大学教育。到 1990 年，这个比例几乎翻了三番，达到了 21.3%；1995 年增长到 23%。1993 年有近 120 万人获得学士学位，比 1985 年增加了 19%。1993 年，大专院校授予了 411717 个硕士学位和博士学位，比 1985 年增加了 29%。[18]

更多的教育意味着有更多的可投入资本和有潜在的更高的投入回报。报酬的增加体现在职业类型的薪酬差异上。例如，1982 年蓝领工人的就业成本指数（衡量员工薪酬和福利变化率的指标）为 78，而 1989 年 6 月的数据则为 100。相比之下，白领职业的指数为 74，服务业的指数为 76。到 1995 年相对位置发生了改变，白领员工的指数达到了 128，而蓝领工人为 126，服务行业则为 125。[19] 在知识密集型行业中，那些拥有更多紧俏的人力资本的人会得到更高的报酬。拥有丰富人力资本的人与缺乏人力资本的人之间的收入差距可能将继续扩大。

美国劳工统计局（BLS）的分析显示，如果把大学学位与之后的工作培训相结合，将会带来特别重要的影响力。美国劳工统计局一位经济学家研究了大学学位与就业后获得额外技能培训对经济收入的影响。分析表明：拥有大学文凭作为额外学习的基础与收入的大幅提高有关。这个结论甚至适用于根本不需要大学文凭的岗位。具体结果如表 1-2 所示。

表 1-2　教育加上培训提高了收入

周收入中位数				
教育水平	接受额外培训之前	接受额外培训之后	增加	
1~3 年大学	383 美元	474 美元	91 美元	23.8%
学士学位	381 美元	581 美元	200 美元	52.5%

资料来源：A. 埃克，与工作相关的教育和培训：对收入的影响，《劳动评论月刊》，1993 年 10 月，第 34 页。

完成大学学业需要投入额外的时间和精力，这无疑让我们获得了一些有价值的知识，这些知识可以转化为赚钱的能力。获得学位也展现了一个人的积极主动性，这无疑有助于他工作效率的提升并获得更高的报酬。不管影响力源于何处，劳工统计局的分析证实了投资者这个隐喻——更多的人力资本投入意味着更高的投入回报。

拥有更多的人力资本也意味着拥有更多的工作机会。当今，在找工作时，天赋异禀的员工处于主动地位。考虑到全美失业率徘徊在 5% 以下，硅谷的失业率在 1997 年底下降到了微不足道的 2.3%。[20] 在这个高技术文明的摇篮里，以技术为导向的人力资本意味着大量的就业机会。唯一失业的人是那些喜欢在圣克鲁斯冲浪，而不是在圣克拉拉上网的人。

（三）他们有多大的投资灵活性

知识工作者的地位已经提升；教育培养了人力资本。这些事实是否支持投资者这个隐喻？是的，但力度没有比资产这个隐喻强到哪里。其关键点在于灵活性。当金融投资者认为他们可以在其他地方获得更高回报时，他们会转移资本。这是自由市场投资的本质——根据投资回报率采取行动（或选择不采取行动）。关键在于选择性和灵活性。人力资本投资者有吗？似乎他们越来越具备这两种特质了。

兰斯·莫罗（Lance Morrow）在《时代》杂志上撰文，让我们能够理解当今员工和企业之间那种不即不离的关系："美国已进入了临时工的时代，顾问和分包商的时代，应急的用工时代——流动性、灵活性和一次性。"[21] 这种新环境听起来既危险又令人生畏，但这也为人力资本投资者带来一些明显的优势。人力资本市场越自由，个体就越容易将人力资本的投入转移到收益最高的地方。

数据显示，人力资本流动性明显增加。研究进一步证实了这一结论：从长远来看，员工为单一企业工作的倾向正在下降。如表 1-3 显示了四个年龄组工作任期的时间数据。

表 1-3　工作任期缩短

年龄组（岁）	在同一企业工作的年数中位数（年）			
	1983 年	1987 年	1991 年	1996 年
25~34	3.0	2.9	2.9	2.8
35~44	5.2	5.5	5.4	5.3
45~54	9.5	8.8	8.9	8.3
55~64	12.2	11.6	11.1	10.2

资料来源：美国劳工统计局，20 世纪 90 年代中期员工工作任期，新闻稿，1997 年 1 月 30 日，第 6 页。

除 35~44 岁年龄段外，任期在每个年龄段都有所下降，最严重的下降发生在 45~54 岁和 55~64 岁的员工身上。在 20 世纪 80 年代末到 20 世纪 90 年代初，员工任期时间缩短反映了大规模裁员。不过，就业期限持续缩短的趋势，肯定不仅仅反映公司单方面地削减规模。这一趋势更有可能表明，员工对找到另一份工作的信心正在增强。在 1997 年《有限股份公司》杂志的一项调查中，有 42% 的受访者表示，他们希望在未来 10 年内继续留在现在的公司里。然而，几乎同样多的人表示，他们可能会在此期间自愿换工作。只有 4% 的人希望被解雇。[22] 我们将在第八章回到工作稳定性和人员流动的问题上。

尽管劳动力市场的流动性可能会使雇主感到懊恼，但一定量的人员流动有助于经济的健康发展。人力资本需要像其他资本形式一样自由流动，寻找投资的最高收益。人力资本流动速度的持续提高给雇主敲响了警钟。正如一位《旧金山观察家报》记者所言："随着新型雇佣关系的出现，具有职业独立意识的员工的流动性促使公司必须承诺——其中最重要的就是要提供有趣、富有激励性的工作。否则，那些有价值的员工就会离开。"[23]正是因为员工可以自由地离职，可以转移这种可投资的货币，才使得员工在一个资产被动等待配置的世界里成了投资者。

四、本书的其余部分

员工即投资者这个隐喻开启了我们一段长达九个章节的探索和应用之旅。本章介绍了人力资本投资这一观念。在接下来的章节里，我将扩展这个定义，并思考如何在一个不断变化的职场上应用人力资本概念。

本章和第二章介绍并阐述了员工即投资者的观念，解释其基本概念，并为后续的建议奠定基础。第二章描述了人力资本要素之间的相互作用是制造出对员工和管理者而言均很复杂的投资挑战。心理学研究和来之不易的亲身经历表明，个体对自己的实际工作投入与其感知到的投入回报的满足程度之间存在联系。我们将在第二章中阐述这种关联。

第三章将描述战略背景，讨论组织如何将商业成功的有关要求与人力资本管理联系起来，并提出这样一个问题：为获得竞争优势，企业应如何着手开发所需的人力资本宝库？

第四到第八章提出：

1.雇用合适的人，也就是找到有足够能力，愿意努力并付出时间的员工，与他们达成协议以便让他们投入工作；

2.通过有效地执行员工与公司之间的心理契约，营造一个能够激励人力资本投入的环境，引导组织里的员工最大限度地投入人力资本；

3.通过正式或非正式的学习，建立员工的人力资本，将高度流动的人力资本转化为流动性较低的资本；

4.确保人力资本所有者对组织的承诺度和敬业度，以留住人力资本。

第九章将整个系统整合在一起，并讨论衡量问题。每家公司都需要有一种方法来衡量其在兑现员工投入回报上是否成功。衡量像无形资本那种难以捉摸的概念指标，不会像财务指标那样具体。管理者并不需要一个精确的度量，但他们需要认识到，人力资本价值的重要程度来证明衡量工作的合理性。

本书贯穿几个主题，我们已经涉及了其中两个。可能大家希望看到更多关于选择性和灵活性以及个体支配人力资本投入的相关讨论。这些都是人力资本投资者（如金融资产所有者）掌握自己命运这一论点的基础。我们还会不时地讨论工作敬业和组织承诺，这两者是有效工作投入的双支柱。学习和能力建设对人力资本投入非常重要，所以它们在定义投入回报、讨论高投入回报环境以及构建个人无形资本的思路这些议题中也重复出现。

另一个重新出现的主题是，将为增加人力资本而采取的行动视为整个协调体系的一部分是否可取。不管任何单一措施多么有吸引力，众多精心协调措施的协同作用使效果倍增。还有一个主题是关于一线经理的角色。我们将看到，执行战略、管理资产以及评估绩效的人员对员工的人力资本投入回报有很大的影响。即使是在一个架构和管理层级扁平化的组织里，这种情况也一样。管理者的角色已经逐渐演变，他们的角色不仅仅是下达指令和控制，还包括制定计划和协调管理。管理者现在必须创造一个高回报的工作环境。

最后，我们在讨论的一些节点上也将关注信息的重要性。例如，我们将注意到信息在将人力资本投入与战略联系起来的重要性，以及它在帮助员工应对变革中所起的关键作用。

总结：作为投资者意味着什么

将员工视为投资者强调了职场中的一个基本事实——工作是价值的双向交换，而不是资产所有者对资产的单向索取。说到这一点，善于思考的读者会问以下问题：这种观点能持久吗？五年后会不会有新的隐喻取而代之，就像之前其他隐喻那样？我们经济命运下一次转变时是否还会回到过去那种将员工视为成本的糟糕日子？

我的水晶球并不比别人的更清晰。失业率会从低到高，漂浮不定。买方市场变成了卖方市场，但生活总得继续。

虽然工作场所肯定还会继续变化，但我相信，在经济因素削弱人力资本价值之前，还有相当长的一段时间。在日子好过的时候，企业需要吸引有价值的人力资本所有者，与他们达成协议，并在良好财务状况的前提下，尽可能为他们提供最高回报。在成本敏感时期，企业仍需留住关键员工，使他们在高风险和有威胁的环境中继续从事自己的工作，并关注奖励员工个人贡献的相关成本。这两种情形所需要的人力资本管理技巧基本相同，只是实施方式不同而已。此外，不管经济整体情况如何，科技进步将继续以三种方式支持人力资本的创造和流动。首先，科技依赖于人力资本，增加了对拥有知识、技能和才能的人才需求，以设计信息系统的软件和硬件。其次，基于科技的信息网络加强了人力资本交换市场；见证了互联网站的兴起，也正因为互联网的兴起减少了更换工作所需的时间和成本。第三，科技促进了知识的飞速产生和传播，进一步推动了人力资本的增长，使企业更加难以控制人力资本。

这一切对个体人力资本投资者意味着什么呢？简而言之，他们必须要应对不断变化的人力资本投入环境。工作场所就是自己的小气候，而且变化莫测。由于组织的不断演变，过去那种以可预测性为特点的雇佣关系已荡然无存。在第二章中，我们将进一步研究在这样一个不可预测的世界里，员工即投资者如何评估和应对各种选择。

第二章
人力资本投入和回报

在《美国人谈美国》这部关于普通美国人和他们的工作这部专著的序言中，斯特兹·特克尔（Studs Terkel）引述了一位美国总统对工作这个概念的不同看法。在一次劳动节的演讲中，理查德·尼克松说："工作伦理认为劳动本身是好的，男人和女人通过工作成为一个更好的人。职业道德，在1971年的劳动节这天仍然存在，并得以彰显。"[1] 如果你认同职业道德，那么工作就不是惩罚，不是道德失败的后果。相反，工作变成一种美德，一种高尚的努力，证明了一个人的价值和能力。职业道德颂扬诚实的努力、节俭、团结协作和能力。与个人环境抗争并取得胜利在道德上是正确的。人们渴望并获得胜利的物质回报应该得到鼓励。根据职业道德规范，如果你成功的话，炫耀一番也未尝不可。威廉·怀特（William H.Whyte）在《组织人》（The Organization Man）一书中引用了银行家亨利·克鲁兹（Henry Clews）在1908年对耶鲁大学学生提出的忠告：

"任何人都可以选择自己的行业或职业，或者，如果他不喜欢，他可以改变。他可以自由地努力工作，也可以不努力工作；可以讨价还价，可以根据自己的劳动或劳动成果定价。在任何程度上他可以自由地获得财产，或放弃财产。凭借更大的努力，更高超的技能，或者凭借智慧，如果他能挣到更高的工资，他就可以自由地生活得更好，就像他的邻居可以自由地效仿他的榜样，然后学会超过他……如果一个人通过自己的付出和努力获得财富，并享受这些财富，他隔壁邻居也会因此受到鼓舞，会更加倍努力地工作，使自己和家里孩子享受到相同的乐趣。"[2]

换言之，克鲁兹说："做个赢家吧。别只是跟着别人后面，应该赶超他们。你赢不是因为你应得的，你赢是因为你挣得了，通过赚钱，证明你值得。"克鲁兹观点的核心至今仍然正确。将最好的人力资本进行精明地投资，可以让一个人在获得从个人满足感到财富等各种回报的竞赛中领先于他人。在本章中，我们将建立一个模型，描述人们是如何以及为何投入人力资本并从投入中获得回报的。我们还将思考如何引导人力资本投入使企业受益来强化个体与企业互惠的概念。有两个问题需要特别关注：一是人们在工作中投入的人力资本是由什么构成的？二是企业引导人力资本投入（人们进行人力资本投入）的一般流程是什么？

一、人力资本的组成部分

人力资本一词最早出现在 1961 年《美国经济评论》文章"人力资本投资"中，作者是诺贝尔经济学奖得主西奥多·W. 舒尔茨（Theodore W.Schultz）。此后，经济学家在人力资本合成词中加了许多术语。大多数人认为，人力资本包括技巧、经验和知识[3]；有些人，比如经济学家加利·贝克尔（Gary Becker）（另一位诺贝尔奖得主）在这个混合词中加入个性、外表、声誉和资历[4]。还有一些人，比如管理顾问理查德·克劳福德（Richard Crawford）将资本等同于其所有者，认为人力资本由"有技能、受过教育的人"组成。[5]

对于我们的模型，我们通过将人力资本分解为能力、行为和努力等要素来精确定义人力资本。这三个要素再加上第四个要素——时间，如图 2-1 所示说明了这些要素之间的特定关系。

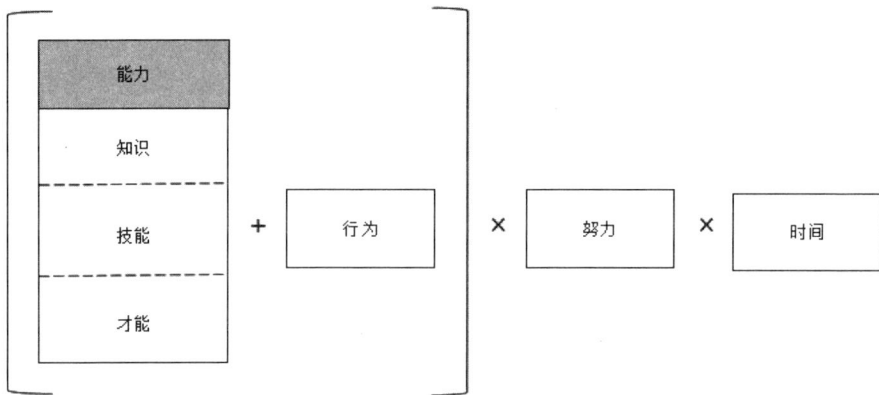

图 2-1　人力资本投入

（一）能力

能力指的是在一系列活动或工作形式中所体现出来的熟练程度，它包括三个部分：

知识——掌握一项工作所需的大量事实。知识比技能更广泛，它代表一个人完成工作任务时所处的智力环境。如果医生想要成功地完成脑外科手术，不仅要具备特殊的技能，还要拥有生理学、手术室工作规程、康复方法以及保险计费程序等一般知识。

技能——能够运用各种方法完成某一特定任务。技能包括从体力、灵活性到专业学习，即通常所认为的专业。例如，脑外科手术需要使用精密工具做出细微动作的技巧，再加上对大脑生理和功能的详细了解。

天赋——天生的执行特定任务的能力。这位成功的脑外科医生展示出自己运用双手的天赋，当然也需要经过不断地练习。

现在来考察能力构成各要素的来源。技能结合了知识和才能（有时还有行为），通常是指一项特定工作或一系列任务所特有的。一个好的文字处理人员需要熟悉键盘以及良好的手工操作能力。一个人可以通过使用和重复学到许多技能，而且几乎所有技能都可以通过练习或额外的培训得以提升。当然，不是所有人都可以成为脑外科医生。尽管如此，我们中的大多数人还是可以轻而易举地撕开创可贴，贴在伤口上，而不会把伤口包成一个黏黏的球状物。同样，我们可以通过在校学习、具体指导以及经验积累来获取知识。根据我们对人力资本的定义，经验并不等同于知识。相反，它是知识的源泉，也是提炼和增强知识的途径。与技能和知识相比，才能主要是与生俱来的。要么你能把青蛙的坐骨神经拔出来，要么你不能。实践可以提升才能，并增强其应用的有效性，但一种天赋（至少是一种潜在的形式）在人出生时如不存在，靠再多的练习也是无法培养出来的。

（二）行为

行为是指有助于完成任务的可观察到的行为方式。行为结合了我们固有的和习得的对环境和情景刺激的反应。我们的行为方式体现了我们的价值观、道德观、信仰，以及对我们所处世界的反应。当一个人展现出自信，与同事结成团队，或表现出行动力时，他表现出与企业相关的行为。可观察性是关键——对于管理者而言，你看到的就是你需要应对的事情。

（三）努力

努力是为了一个特定的目标而有意识地运用脑力和体力。努力是职业道德的核心。如果一个人缺乏天赋且能力平平尚情有可原，但如放松努力，则不可原谅。努力可以激活技能、知识和才能，并全力以赴地投入人力资本。要投入还是不投入人力资本，我们可以控制人力资本投入的时间、地点和方式。努力如同火车头，不努力的话，满载能力的车厢也只能静卧在轨道上。

（四）时间

时间是指人力资本投入的时间要素：即每天的小时数、职业生涯年限，或者介于两者之间的任何时间单位。经济学家通常将时间排除在人力资本的定义之外，因为时间不像其他要素那样存在人的思想和身体里。然而在某些方面，时间却是一个人所能掌控的最基本资源。如果不在工作上投入时间，即便最有才华、最有技能、最有知识、最有奉献精神的员工也将一事无成。在泰勒式工作结构时代，管理者利用时间和动作研究来改进工作流程。弗雷德里克·W.泰勒算出一个工人在炼钢过程中，应该花多少时间来完成各种任务。根据他的建议，伯利恒钢铁公司将每人每天处理的原材料总量从 16 吨提高到 57 吨。[6] 自 1903 年泰勒的研究以来，工人工作变得更加自主了。因此，时间分配策略对于一个工人在工作上的有效投入有着越来越重要的影响。

还有什么地方比销售行业更适合研究时间投入的效果呢？这也许是我们能找到员工掌控时间最典型的例子了。股票经纪行业的研究显示，时间分配对员工绩效的影响非常大。在一项研究中，研究人员假设有经验和没有经验的经纪人所用的时间是不一样的；假定时间分配策略与经纪人绩效之间是有关系的。他们发现，经验不足的经纪人比经验丰富的经纪人花更多的时间来寻找客户、征求其他经纪人的推荐和建议，进行销售演示。而经验老到的经纪人则会提高平均时间分配，把时间用在开发企业客户、在非商务环境与客户进行社交活动、处理行政文书工作，以及处理日常沟通之上。[7] 当然，其中一部分原因是由于更有经验的经纪人所管理的业务面更大。然而事实证明，无论经纪人任期长短，相同的基本时间投入策略都能提高销售业绩。对于经验不足和经验丰富的经纪人来说，销售业绩与分配给企业客户和帮助其他股票经纪人的时间有着显著的相关性。

研究人员告诫人们，不要假设这是一种简单的花时间就可以产生绩效的关系。他们表示，业绩"很可能在很大限度上取决于股票经纪人是如何开展活动的，而不是他们分配时间和重点从事哪些活动"。[8] 这个区别让我们回到人力资本总投入概念上。在我们的公式中，员工如何工作取决于能力和行为。在给定的时间里选择 A 工作而不是 B 工作需要时间分配决策。能力、行为、努力及时间投入的组合产生绩效，即（从组织的角度来看）员工个人投入的结果。

（五）人力资本等式

如图 2-1 所示，人力资本投入的各要素以加法和乘法的关系组合在一起：

$$人力资本总投入 = （能力 + 行为）\times 努力 \times 时间$$

为什么是乘法呢？因为乘法意味着增加一个要素可以显著提高投入总量。相反，即便一个要素的数值大，也无法弥补另一个数值小的要素。正如这个等式所示，最关键的要素是努力。这让我回想起我担任高级经理时的一段经历。当时有一批中层管理人员开始对公司不抱希望。员工流失率在上升，但我们更担心的是，即使是那些还坚持留在公司的管理人员也感到希望破灭，不再努力，并且完全不愿意投入工作，整个过程缓慢且无法改变。对一些经理的采访证实了我们的担心。我们对他们的人力资本投入（特别是时间）期望很高，他们却感觉自己得到的收入太低。一位经理这样表达她的担忧："我看着自己付出的所有努力，而得到的回报却很少，于是问自己'我是不是不用这么拼了？'"我们迅速采取行动，通过调整对员工工作投入的预期与所提供的回报之间的关系，鼓励他们继续努力。

一个脑外科手术的例子

为了说明这个讨论，我们可以通过对能力和行为评分来量化员工的人力资本投入。我们将用从 1 到 10 的量表，1 表示每个人力资本要素的低水平，10 表示高水平。我们可以用小时表示时间，用百分比表示努力程度，从 0% 到 100%。

让我们用之前提到的脑外科医生为例。这位医生拥有出色的操作技能（从 1 到 10，打 9 分）、丰富的医学知识（相同的衡量范围，打 8 分），以及出众的身体灵活性和协调性（才能打 9 分）。在前三项人力资本要素中，她显然是鹤立鸡群。她的临床敏感度一般，所以我们给她的行为打 6 分（毫无疑问，整个行为列表不止一个要素，我在这里作了简化）。她准备为她的表兄做手术，所以她要投入很大的精力，做出 100% 的努力。医生预计需要做 6 小时手术。为说明起见，这位大夫的人力资本投入（HCI）如下所示：

人力资本投入 =〔（技巧 9+ 知识 8+ 才能 9）+（敏感度 6）〕×（努力 100%）×6 小时 =192

显然，提高任何一个要素的数值都会增加她的人力资本投入。这么说吧，她的医学知识从目前的 8 分提高到 9 分（她回校学习了更多的神经生理学课程），她的人力资本总投入将达到 198，增加了 6 分（提高 3%）。如果你就是躺在手术台上的那位患者，这就不是无关紧要了。添加一个新要素也将提升医生的人力资本投入总量。例如，她可以通过增加一个在 10 分的量表中打 8 分的行为（比如，与其他外科医生同事有效合作）来进一步提高个人的总分。这样将在括弧内加上 8 分的"团队合作"分。因此，医生的人力资本总投入将从 192 上升到 240，增加 25%。

总投入的改变也将产生巨大的影响力。假设医生不是给自己的表兄做手术，而是为表兄家的猫做手术。因为她不喜欢猫，所以对结果的担心下降了，和付出的努力一样，减少了 20%。结果，医生的人力资本投入从原来的 192 降低到 154，下降了 20%。可以看出，努力这个要素的影响力非常之大，养猫的表兄应该找到一个方法，让这位外科医生对猫的大脑功能更感兴趣。当涉及增加人力资本投入时，坦率地说，相比能力或行为所取得的巨大进步，人们更容易想象努力带来的巨变。

二、人力资本投入的运作方式

我们现在已经完善了人力资本定义，这是投入模型的基础。接下来，我们考虑使员工愿意投入人力资本的条件。讨论的中心是两个不同但相关的概念：组织承诺和工作敬业。

（一）组织承诺

承诺源于情感或智力上的一种纽带，这条纽带将员工与组织联系在一起。[9]承诺意味着接受组织的目标和方向，拥有强烈的归属感，以及拒绝服务于其他组织的默契。它有几种形式，每一种对员工与组织之间的关系都有不同的影响。研究组织承诺的研究人员将其分为三种类型：态度型、计划型和忠诚型。[10]

态度型承诺：洛杉矶道奇队（Los Angeles Dodgers）前任经理托米·拉索达（Tommy Lasorda）就具备了态度承诺。正如他经常对外界说的，他将为道奇人工作到最后一刻。他对组织的奉献精神和专一的态度，证明了他对组织有着强烈的归属感。像拉索达这样的人具有明显的归属意识。他们认同组织，融入组织，并为自己是组织的一员而感到骄傲。在很大程度上，他们觉得自己是为公司的利益而工作，因为他们珍视这种组织归属感。[11]研究表明，从人力资本投入结果来看，他们比那些不具备态度承诺的人工作更努力。[12]

计划型承诺：计划型承诺让员工继续待在组织里，因为他们承受不起离职的后果。他们的期权需要多年后才能兑现，他们的养老金计划无法带走，他们的简历显示自己在某些领域尚缺乏经验——这些都使他们不得不受到计划型承诺的约束。没有态度承诺而只有计划承诺意味着人在岗位上，但没有完全投入人力资本。犹如家中有人，但灯没亮。那些只有计划型承诺的员工留在公司，并不是出于情感上的依附，而是因为他们作出其他选择时要付出的成本太高。1960年，社会学家霍华德·贝克尔（Howard Becker）在撰写有关组织承诺的文章时，将这些成本视为员工在职业生涯中所付出的"附加赌注"。一些附加赌注显然是财务方面的，而另一些则源于文化期望：

一般认为，一个人不应过于频繁地变换工作，经常换工作的人反复无常，不值得信任。一个人在接受一份工作两个月后，得到一份他认为比现在更好的工作，但是他发现，他把自己值得信赖的声誉押在一年内不再换工作的承诺上，他拒绝了这份工作。他对新工作的决定受到限制，是因为他在两个月前刚换了工作。而且他知道，不管这份新工作的吸引力有多大，如果他接受这份工作，人们会认为自己是个反复无常、不稳定的人，这对个人名誉的损害更大。[13]

贝克尔的论述让我们回到了雇主拥有大部分控制权的时代。20世纪50年代末到20世纪60年代，企业里的男员工（和一些女员工）都尽可能在一家公司开创出自己的一片天地。随着文化期望的逐步演变，相关的附加赌注的重要性也发生了变化。举例来说，跳槽曾经被那些事业心很强的员工嗤之以鼻，现在已经成为一些就业市场和行业的常态了。我们已经看到，在一个几乎充分就业的时代，工作稳定性是如何下降的。这表明，人们对岗位变动不再那么焦虑了。

忠诚型承诺：一个高度忠诚的员工，会因一种责任感而让自己与组织紧密地结合在一起。也许是公司承担了其攻读学士学位的费用，也许是在艰难时期为他提供了一份工作，或因组建了一个团队，现在需要依靠每个成员使团队成功。不管原因是什么，那些持忠诚型承诺的员工都想做他们认为对组织有利的事。因此，忠诚的承诺总是与强烈的动机、出满勤和为组织目标作出杰出贡献联系在一起。[14] 换句话说，当员工感觉自己对组织有义务时，同样能带来像态度型承诺的那种奉献和参与，尽管程度不是那么高。

如果将问题简单化，那么我们可以把态度型承诺理解为"我想要归属于组织"，把计划型承诺理解为"如果我不归属于组织，我就会付出代价"，而把忠诚型承诺理解为"我应该归属于组织"。[15] 这三种类型与其说是不同类型的承诺不如说是承诺的不同组成部分。任何人都可以经历过一种、两种或所有三种。我可以爱我的公司，可以对我的工作团队负责，并且留下来确保我的期权能够兑现。由于许多预测态度型承诺的工作经历也与忠诚型承诺有关，我们将重点讨论态度型承诺和计划型承诺。我们将把这两种类型的承诺看作是独立的，即态度型承诺不影响计划型承诺，反之亦然。[16] 事实上，这两种形式代表了一种承诺的阴和阳。丹尼尔·杨科洛维奇（Daniel Yankelovich）和约翰·依墨瓦尔（John Immerwahr）在 1983 年的一项公众议程研究中，引用了这些话来表达二元性：

> 员工似乎有两份不同的不成文的合同，每一份都扮演着不同的角色。一份是经济合同。根据经济合同，他们早上八点或九点就要到工作场所，下午五点才能离开。但是，一旦他们到了工作场所，另一份合同取代了前一份合同，即心理契约。这些截然不同的期望和义务似乎支配着员工工作的努力程度，以及他们的工作质量。[17]

自 1983 年以来，心理契约经历了变化吗？当然有，我们将在后面的章节详细讨论合同。与此同时，让我们进入人力资本投入模型的下一个要素。

（二）工作敬业

组织承诺和工作敬业是人力资本投入的两个重要概念。当研究人员研究这两者时，他们发现，当一个要素（承诺）处于低位时，员工流失率较高；而当另一个要素（敬业）缺失时，则会导致较高的员工缺勤率。[18]

工作敬业度高的员工非常在意他们的工作，他们也许会也许不会在意自己是在什么地方工作。工作敬业度高的员工乐于做他们喜欢做的工作，即便每天要忙碌 8 小时、10 小时、12 小时或甚至更长时间。他们认同自己的工作；他们也许是某家公司的雇员，但（也许是最重要的）他们也是程序员、会计师、销售员和律师。承诺和敬业的对立在信息技术领域里表现得最为明显。在这个行业里，知识工作者在发展壮大，人力资本价格昂贵。信息技术人员工作努力——在项目尾声的关键时候，通宵达旦的工作也是家常便饭——因为他们为自己完美的工作而欣喜若狂。他们的工作积极性很高，但组织承诺就是另一回事了。在《计算机世界》的一份调查中，约有三分之一的信息系统中层管理人员和专业人士表示，他们一直在寻找新的工作机会。另有 56% 的受访者表示，他们不会积极寻找，但会考虑合适的机会。[19] 换句话说，如果你是一名信息系统高级经理，你的员工中有将近 90% 的人随时准备带走自己的人力资本。

再来看看基因泰克公司（Genentech）的例子，它是生物技术业务激增的代名词。行业分析师估计，全美大约有 1300 家生物技术公司拥有约 140000 名员工。与 1993 年忙于拼接基因的 100000 人相比，是一个相当大的增长。[20] 这个行业为科学家和技术人员提供了有趣、令人兴奋、有吸引力的工作。该公司的目标是，从敬业的员工中获得他们对组织的承诺。公司人力资源高级副总裁朱迪·黑勃尔（Judy Heyboer）表示，我们成功地做到了这一点。她表示，与高科技电子行业的同行相比，基因技术公司的人员流失率较低。也许承诺度的提升是由于员工享有为生物技术行业老大工作的声誉。也许是源于珍惜自己能有机会运用最酷的技术资源。1997 年，公司的收入略高于 10 亿美元，在研发上就投入了 4.7 亿美元。[21] 黑勃尔说，我们面临持续的挑战就是让技术专业人员"像热爱分子一样热爱公司"。[22]

如图 2-2 所示，展示了承诺和敬业在人力资本投入关系链中的位置。

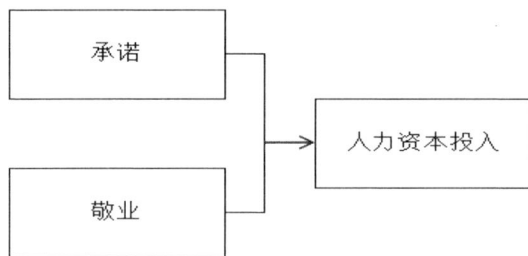

图 2-2　承诺和敬业为人力资本投入铺平道路

（三）业绩

那么承诺和敬业对公司意味着什么？换言之，具备了承诺和敬业的员工工作表现会更好吗？他们是否做出更高质量的产品，更努力地为客户服务，并为公司节约成本呢？毕竟，优秀员工的表现才是公司想要的。人力资本投入产出的绩效，构成了公司在人力资本投入中所持股份的回报。

工作敬业与良好的工作表现之间的关系似乎显而易见。不难相信，高度敬业的员工会以任务为导向，专注于完成他们喜欢的工作。毕竟他们认同自己的工作，关注工作结果，并且认为这是他们定义自我的一部分。[23] 因此，他们将人力资本投入工作任务中是有道理的。然而，组织承诺和业绩之间的关联度并不大。许多项目研究并证明了这样的假设，即表现出态度承诺的员工在工作中比承诺度较低的员工工作更加努力。也就是说，他们投入更多的人力资本，因为他们更努力。因此，高度承诺的员工应该能更好地完成他们的工作。[24] 但果真如此吗？

关于承诺和业绩之间关系，我看到的一些最好的研究证据来自德科迪斯（DeCotiis）和萨姆斯（Summers）的研究。在一项关于餐厅经理行为的研究中，他们发现承诺与个人动机之间存在强烈的正相关性，与客观的绩效指标也存在着很强的关联性（在这个案例中，是对食品和劳动成本的控制）。承诺也与离开组织的愿望和实际人员流失呈负相关。[25] 这些发现表明，假定一个组织有这样一批员工，他们所拥有的人力资本在种类和数量上都是组织所需要的，那么激发他们对投入资本的态度型承诺就能取得优异的业绩。

承诺有三种形式，这三种形式对人力资本投入方式以及最终业绩都有不同的影响。当态度承诺表现在人力资本投入上，将产生组织所重视的绩效形式。忠诚型承诺与业绩之间也有类似的关系，但不那么密切。相比之下，我们称之为计划型的承诺与员工业绩之间就没有明显的关系。如图2-3 显示这三者之间的简单关系。

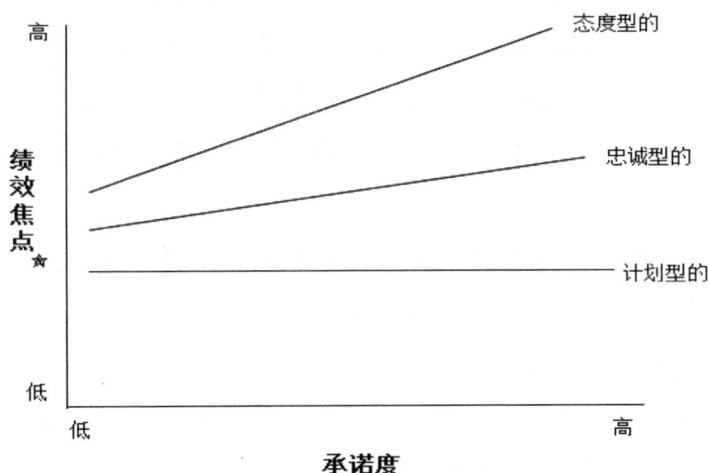

* 为最大限度地提高组织有价值的绩效而投入人力资本的意愿。

图 2-3　三种形式的承诺会产生不同的绩效焦点

将绩效作为人力资本投入的产物之后，我们还需要一个能激活整个系统的要素，即人力资本投入回报。

（四）投入回报

　　让我们现在来考虑一下怎样才能促成员工承诺和激发员工敬业。我们再次聚焦互惠，这是任何投资与回报关系的核心理念。这里引用德科迪斯和萨姆斯的话，"承诺的主题是组织与其成员之间的交换期望，以及组织和员工满足这些期望的承诺。简而言之，当一个组织承诺满足其成员的需求和期望时，成员承诺根据该组织的目标和价值观为其提供服务"。[26]换句话说，期望是双向的。诸如薪酬、工作丰富度以及对组织政策的影响等因素也会左右员工个人对组织的认知。比如，自己的看法是否得到公司的认可和支持。[27] 然而，来自组织的奖励不是被感激而是不被期待的天赐之财。员工从上班第一天起就带着他们对回报的期望。他们对工作和组织所表现出积极的工作态度都是因为他们的期望得到了满足。积极和消极的经历对员工态度都有影响。[28] 通过与预期相比，这种影响会变得更强，无论是好是坏。尽职尽责的员工能够为企业着想，他们获得回报，继续为企业的利益工作。员工通过自己的能力、行为、努力以及时间与企业进行交易。公司拿什么来交换呢？答案是投入回报。狭义上，投入回报就是人力资本投入的回报。广义上，人力资本投入回报涵盖激发员工不断增加投入和防止投入下滑的所有回报。

　　在寻找回报与绩效之间关系的证据时，管理者往往把注意力集中在工作满意度上。他们认为，提高工作满意度肯定会提高业绩。毕竟，满意的员工工作得更好，就像心情好的奶牛产奶量更多一样。尽管这个概念在直观上很有吸引力，但心理学家曾花了很多时间来寻找工作满意度与绩效之间的因果关系。最终，他们发现关键在于回报：优异的业绩带来回报，反过来又提升了满意度。换句话说，满意度并不能带来绩效。相反，通过回报机制，绩效才能带来满意度。爱德华·劳勒（Edward Lawler）和莱蒙·波特（Lyman Porter）对这个结论提供了最有力的佐证。他们在《劳资关系》

中这样总结研究结果："资料所提供的支持令人鼓舞……模型所提供的结论是：满意度取决于绩效，并非带来绩效……几乎不难发现，这种方法与通常的人际关系有很大的不同，即试图将满意度最大化；而我们在这里建议的是试图使满意度和绩效之间的关系最大化，而非满意度本身。"[29] 顺便说一句，他们的结论并非后现代 X 一代公司生活的典型产物。劳勒和波特的研究结果发表于 1967 年。

自发投入工作的驱动因素。对雇佣人力资本投资者的公司——几乎是所有公司——而言，员工自主决定投入工作是一个可望而不可及的目标。有大量的因素可以使工作变得更令人开心，或使工作场所更加舒适。但是，到底是什么因素能够激发员工在工作中愿意付出多一些努力呢？公众议程研究特意区分了只是让工作更令人愉悦的因素，以及能够激励员工更努力地工作（即投入更多的人力资本）的因素。研究人员发现五个最有可能激发员工更努力工作的因素：升职机会、高薪、与业绩挂钩的薪酬、对出色工作的表彰以及培养能力的机会。像减轻工作压力、便捷的工作地点、安静无尘的工作环境、与喜欢的同事一起工作、同主管融洽地相处等这些因素可以使工作更加令人愉快。[30] 然而，它们基本不会使员工愿意付出额外的努力。

在最近的一项研究中，研究人员重新审视了能够激发员工自主地投入工作的因素。他们把与工作相关的因素分成三组：鼓励自主努力的因素、不鼓励自主努力的因素，以及极力阻碍个人主动性的因素。[31]

鼓励自主努力的因素中，作用最大的是：

- 能对自己的工作负责（52% 的受访者将其列为五个重要因素之一）。
- 在工作中有价值感（42% 提及）。
- 获得充分运用技能的机会（40% 提及）以及提升技能和能力的机会（30% 提及）。
- 因个人贡献而获得认可（40% 提及）。

在所有鼓励员工自主投入工作的因素中，作用最小的是：

- 基于组织业绩的薪酬（56% 列为对鼓励员工自主投入工作五个不重

要的因素之一）。

- 综合福利方案（47% 提及）。

- 团队工作（38% 提及），与同事合作共同完成工作（31% 提及）。

- 对高层管理的信任（33% 提及）。

请注意，作用最小中的前两个因素很可能导致计划型承诺，即使它们对工作投入几乎没有影响。被问及哪些因素最妨碍员工自主努力投入工作这一开放式问题时，30% 的受访者认为是缺乏认可和赞赏；26% 的人认为是对管理层不信任或高层软弱。

通过重新审视我们对投入回报（即引发或维持人力资本投入所需的回报）的定义，现在可以确认这些关键因素。从如何使员工愿意自主投入人力资本的专门研究中，我们归纳出四类因素：

1. 内在工作满足感——工作本身以及不同工作任务所固有的因素。内在因素包括工作的挑战性、趣味性、创造性和需要运用有价值的能力的程度；以及工作所能提供的个人满意度。社交互动中令人愉悦的方面也属于这一类。内在满足感的核心是把具有挑战性的工作做好所带来的满足感。

2. 成长机会——提升能力，从而增加员工人力资本储备的机会。该因素包含个人学习和成长的机会，以及在组织内部得到提升的机会。

3. 对成就的认可——当员工为组织作出贡献时，同事和上级给予肯定。认可的含义包括得到来自同事的尊重，感受到作为组织成功的重要贡献者所受到的尊重，以及参与如战略制订这类重要的公司业务活动。认可也可以来自组织外部：朋友、社区、行业内的其他公司。

4. 财务报酬——获得各种形式的报酬和福利，特别是那些基于员工绩效和贡献的报酬和福利。

如图 2-4 展示了投入回报要素的示例。

内在工作满足感

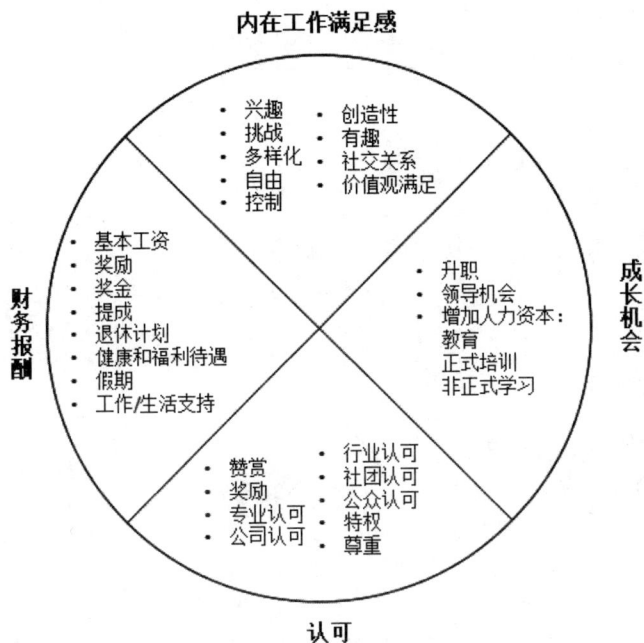

图 2-4 投入回报分为四类

认知的差距

当被问及员工最需要什么时，管理者往往认为员工最看重高工资和工作保障。实际上，员工通常把这两项排在有趣的工作和工作得到认可这两个要素之后。如图 2-5 显示了员工最想从工作中得到的与管理者认为他们想得到的之间的对比。

图 2-5 的图表部分：

管理者误解员工所看重的东西

（纵轴：主管认为员工对工作重要性的排序，从 1 到 10，最高 10，最低 1）
（横轴：员工对工作重要性的排序，从 1 到 10，最低 1，最高 10）

图中标注：
- 高工资
- 晋升/成长
- 工作保障
- 经理过分强调
- 良好的工作条件
- 个人忠诚
- 有趣的工作
- 有分寸的行为准则
- 赞赏
- 经理重视不够
- 帮助解决问题
- 感到参与其中

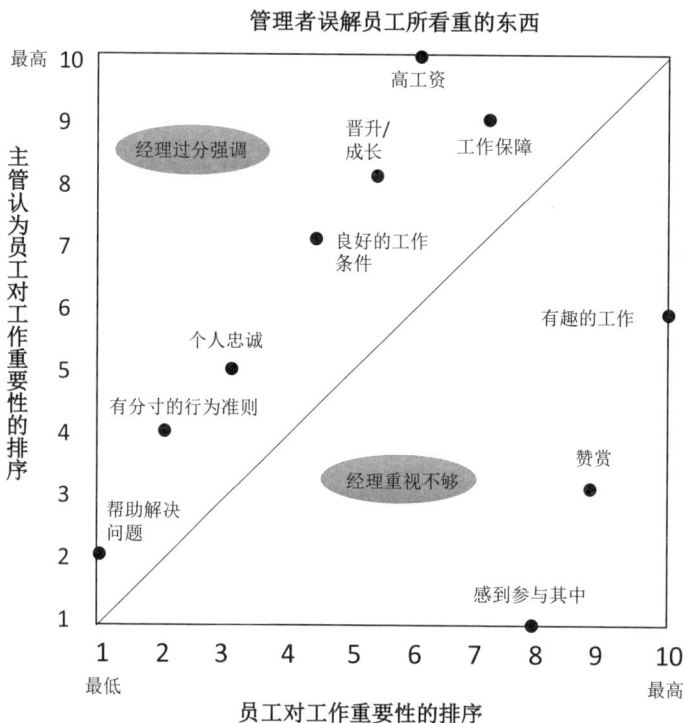

图 2-5 管理者与员工认知的不同

资料来源：摘自 V. 尼布拉吉《下滑中的员工士气：界定成因并寻找对策》，密歇根州，安娜堡市：诺发集团，1992 年。

如何解释员工对公司的期望与管理者对他们的期望之间的差距？毕竟，大多数经理至少曾在普通员工岗位上做过一段时间。那么，为何他们如此误解员工的价值观呢？这里阐述其中的三种理论。

- 管理者 — 工程师理论：商学院培养出管理工程师——这些专业人士倾向于把商业问题看成是可以用甘特图来描述的挑战。不管是什么问题，只要用七步行动计划的方法就可以搞定。受过这种思维方式培养出来的领导者，自然喜欢采取有计划的应对措施，以解决获取和管理资本（包括人力资本）的问题。流失率上升，士气下滑了吗？那就策划一个解决方案吧——制定一项薪酬计划或福利策略。这些都是容易拉动的杠杆，它们有助于明确定义、进行客观分析和财务估值。

而像令人满意的工作和真诚的感谢这些比较模糊的想法就更难定义，更难评价，更难做到。因此，管理者会把这些从分析中拿掉。

- 简化理论：员工可能注意到管理者的这种工程思维倾向，并认为他们的老板不会理解或回应无形的需求。因此，他们可能会从谈判中将这些无形需求排除掉，而把重点放在熟悉的薪酬和工作保障因素上。这样一来，就更加强化了管理者——工程师理论，并使他们相信，金钱和工作保障的确是唯一重要的东西。

- 股东压力理论：股东对股本回报的短期要求促使管理者从财务角度思考一切问题。他们也许渴望更有成就感的工作，但他们忘了员工也有类似的抱负。如果一个高管的作用只不过是创造季度利润，那么在计算财务回报率时，员工就变成一种可替代的资产。难怪薪资和福利成本会受到关注，而无形的奖励却被忽视。

家庭与工作研究所资助的研究确认了选择下列四个要素。当研究人员问员工"成功对你们意味着什么"，大多数受访者（52%）认为是做好工作所带来的个人满足感；获得主管和同事的认可（30%）；在工作或职业生涯中获得成功（22%）；获得良好的收入（21%）。[32]

我们把工作获得的人力资本投入回报的这四个要素标识为 ROIw，以供今后参考。如图 2-6 所示，将工作场所的人力资本投入回报（ROIw）整合到人力资本投入模型中。绩效带来人力资本回报，同时加强了员工承诺并激发其敬业精神。

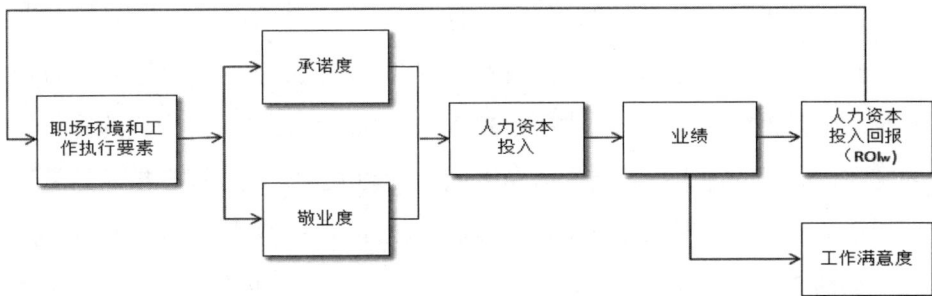

图 2-6　人力资本投入模型

让我们来看看这个模型的运作方式：

1.一旦把员工招入能够提供丰厚工作回报的公司，就会产生承诺和敬业；

2.当员工因敬业而投入人力资本，因承诺而保持继续投入人力资本，并有高效的工作环境的支持时，就能够产生绩效；

3.业绩将为组织带来成功，并为员工带来投入回报；

4.工作投入回报将激活整个体系，一种良性循环将得以持续。

本章的讨论主要集中在人力资本及其带来的投入回报上。然而，有效的投入不仅仅需要工作的投入回报（ROIw）。第五章和第六章阐述了有助于个体贡献自己的人力资本并使之发挥效果的工作场所和工作层面的要素。在图 2-6 所示中，这些因素显示为"职场环境和工作执行要素"，它们在人力资本投入以及投入回报体系中发挥着重要作用，我们将在后面看到。

用另一种方式看待职场工作投入回报。工作投入的回报并非在所有方面都是相同的。有些基本上属于交易型的，而有些则更多是基于组织内部发展起来的关系网。交易型回报属于公司与员工个人之间的交易。[33] 某种形式的协议——明确的或未明确的，但双方仍然心知肚明——通常影响着为换取提供服务时的酬劳要价。交易型回报有时是全球性的，因为它们受到正式协议的约束，对许多员工来说都是相似的。在其他情况下，也有供给个人的，要么是因为员工主要通过自身努力得到的，要么是因为这些回报不会强化团队内部互动的微妙之处。

相比之下，关系型人力资本投入回报取决于关系。与交易型人力资本投入回报相比，关系型人力资本投入回报则较为无形，更少契约性，更为隐性，更多依赖于组织内部人员之间的互动关系。人力资本投入的关系型回报基本不会出现在财务报表上，取而代之的是一种稍纵即逝的满足感。

如图 2-7 所示，将工作场所人力资本投入回报（ROIw）组合要素置于交易/关系与工作/组织坐标的垂直轴上。工资和福利构成了员工人力资本投入回报中的硬通货部分。它们处于薪资福利中的交易部分。这个定位反映了薪资福利在使员工产生一种计划型承诺上是有影响力的，即通过延长在公司的时间来增加人力资本总投入。激励性质的薪酬计划，特别是那些强调具体业绩指标的，虽聚焦于工作，但仍是交易型的。在人力资本投入回报要素的组合中，认可是一个分水岭。如果一个组织大量为员工颁发各类奖牌奖品，直至每个人办公室墙上都挂着三块奖牌时，这种认可就会沦为一种机械式的交易。相反，对真正出色的贡献者给予真诚的认可（不管有没有奖牌），也可以成为关系型的回报。

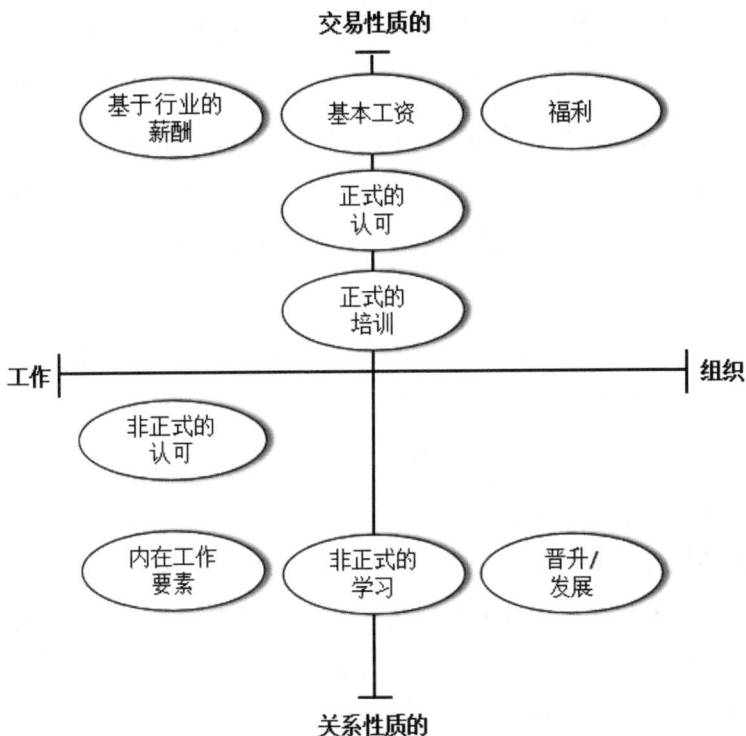

图 2-7　交易型和关系型的工作投入回报

　　如图 2-7 所示，坐标的横轴以下还有其他一些关系型的人力资本投入回报要素。内在工作因素，如众多学习和成长的机会，以及某些形式的认可都属于关系类型的。位于右下象限是一些与组织密切相关的要素，这些要素能够促进态度型承诺。职位升迁以及了解更多有用的组织内部知识的学习机会就属于这一类回报。左下象限包括的工作要素有：具体岗位的学习机会以及工作本身所固有的内在满足感。这些都是工作敬业的源泉。在后面的章节里，我们将就如何使人力资本投入最大化，如何在组织中保留优秀的人力资本投资者等议题，进一步完善我们的思路。现在，我们将简单地得出结论：激励工作投入并加强卓有成效的承诺的真正力量来自横轴线以下的要素。

这些关系不仅适用于金领员工，因为他们拥有高价值的人力资本，可以为自己丰厚的投入回报讨价还价；也适用于那些平凡岗位的普通员工。来看看瑞克·德·贝拉（Rick De Bella）这个案例。他在旧金山市政交通系统开了三年公交车。每当乘客上车时，他都跟他们打招呼，并在每个交叉路口和车站报站名。他还向乘客们分发名片，上面印有自己姓名、工牌号以及有用的市政电话号码。乘客们对他超乎寻常的友善和乐于助人的风格赞不绝口："我见过很多司机，从我上车起到下车那一刻，他们态度粗鲁、可憎，"一位公交车乘客说，"但这位司机总是很友好、乐于助人。他不怕麻烦。"[34]

德·贝拉自主投入更多的人力资本并非因为有工会支持的薪酬或福利计划。他对自己以及自己的工作非常自豪，是工作的内在满足感让他坚持这么做。但是任何一个搭乘公交线路的旅客都知道，瑞克·德·贝拉对待工作的态度，就像坐免费巴士那样罕见。一个开了15年公交车的司机说："其实刚开始时，我的态度是很好的。但后来我被乘客谩骂、吐口水甚至殴打，后来汽车抛锚，市政厅把公交车的问题归咎于我们时，我的态度开始有了一些变化。我仍然为自己的工作感到骄傲，但我开始用不同的眼光看待工作，这只是一份稳定的薪水。"第二位司机与瑞克·德·贝拉不同，他对组织的承诺是一种计划型的，即工作投入回报中的交易部分（挣钱回家）。他感觉自己被组织出卖，没有态度上的承诺，工作上得过且过，只要撑过煎熬的一天就行。如果你的组织里有像他这样的人，那就要当心了。他们并不太关心组织和客户，他们的低工作投入回报意味着股东投资回报也不会高。

（五）员工要的回报：每个人都一样吗

通过比较两个司机是怎么决定投入自己的人力资本的，让我想起了弥尔顿《失乐园》里的话：

"心灵是自己的地方，在那里可以把地狱变成天堂，也可以把天堂变成地狱"[35]。

本章中的几个观点表明，行为模式与工作场所投入回报的不同类型和组合是相互关联的。一方面，我们可以接受，某些典型的回报和因回报激励而产生的行为的确存在；另一方面，我们几乎不能否认，每个人都希望得到在数量上完全相同的投入回报。例如，汽车制造等重工业的工人为了赚更多的钱，承受着体力上的挑战和单调的工作（内在性质的奖励少）。有些人每年薪资加上加班费能挣超过 10 万美元。[36] 与同事相比，他们更加拼命地干活，他们把重点就放在一个工作投入要素（他们的时间）上，而对其他要素全然不管。他们只关心一个工作投入回报要素（薪资）。他们行为之所以不同寻常，强调了一个事实——员工可以在如何投入人力资本和期望得到什么回报方面做出激进的选择。

有些人试图通过寻找替代传统企业环境之外的方法来加强对人力资本投入和回报的控制力度。该策略的一个迹象就是创业型企业数量的增长。据估计，将近 40% 的美国家庭都有人已经创办、试图创办，或资助一家小企业。[37] 创业满足了许多需求，但只有少数与重新分配时间和其他个人资源有关。然而，一些人需要掌控自己的生活，以大企业不允许的方式转移人力资本投入则是创业的动机，尤其是对女性而言。用全美女企业家基金会执行主任莎伦·哈德利（Sharon Hadary）的话说："事业心很强的女性离开大公司，创立自己的企业，主要是她们觉得这样可以掌控自己的生活。"[38] 这种流动性进一步印证了人力资本投资者这一隐喻。

女企业家在美国经济中已经成为数量发展最为迅速的一个群体。女性拥有全国大约 600 万家小企业，超过了总数的三分之一。[39] 其中很多是简单的家庭生意。另一些则是因为"积极行动计划"引导女性开办了自己的企业。然而，许多创业者都是成熟、成功的女商人，她们认为在大公司工作并不能提供她们所需要的所有工作回报。所以，她们重新调整了人力资本投入的地方，并改变了投入回报来源。

一旦员工在小企业工作习惯以后，可能对其灵活的工作氛围难以割舍。一家叫兰利兹（Langlitz）皮革小公司的故事揭示了其中原因。[40] 这家公司专门为摩托车发烧友，特别是那些性格叛逆的人，制作他们喜欢的皮夹克。客户名单包括布鲁斯·斯普利斯汀（Bruce Springsteen）和史泰龙。兰利兹公司每年生产的皮夹克不超过 1600 件，即便顾客订单需求已经排到了七个月后。拥有并经营公司的家族成员担心，这种增长会危及这家只有 15 人的公司的宽松氛围。公司创始人的女婿，总经理大卫·汉森（David Hansen）表示："如果我们生意增长，大家就必须在周末加班。"另一位家族成员则担心，"一旦公司变大后，就会分成管理层和员工两部分，而且将导致大家不愿意沟通的局面。"

他们的意思很明显，宁愿放弃生意增长带来的财务回报，而更愿意控制工作时间，保持一种能够从内心给人一种愉悦的工作环境。这种行为与我们所期望的业务经理人的工作道德背道而驰。一位咨询师援引最简单的杠杆理论说："这是极其非同寻常的行为。在美国这个国家，我们受的教育是要尽量多挣钱和改善我们的生活。"当这种灵活性既可取又合理时，一个组织要想打造一个单一的，具有普遍吸引力的一揽子工作投入回报的概率几乎为零。

总结：生活在无形的世界里

在第二章里，我们在员工即投资者这个隐喻的基础上作了进一步的阐述。冒着混用隐喻的风险，我们可以说，通过界定一切投资的基础，即一种有价值的资源（人力资本）和一个用其下注的理由（投资回报率）——我们在骨头上加了肉。

在将人力资本定义为均受时间约束的能力、行为和努力时，我们并没有强调突出任何一个要素。任何单个要素的相对重要性当然取决于工作的要求。然而，努力起到了催化剂的作用，使其他成分可以发挥作用。通过运用人力资本公式，我们开发了一个模型来描述员工为何以及如何将自己的无形资本投入到工作和企业中去。顺序结果表明，有多个因素捆绑在一起的，它们是组织承诺、工作敬业、工作环境和工作层面的因素、人力资本投入、业绩以及投入回报。我们特别聚焦工作敬业和态度承诺这两个相互关联的影响因素。从高层面上来说，态度承诺和工作敬业往往会相互强化，产生同样的业绩效果——有意识地付出努力，完成工作任务，使企业和个人双双获利。

我表述为"是什么构成了人力资本的投入回报"的问题可以有几种不同的问法："什么能够激励员工？""是什么让他们关心自己的工作？""他们为何每天早上起床后去上班？"我们通过定义一连串的职场工作回报要素来回答这些问题。当然，我们也考虑了交易型和关系型投入回报因素的不同含义。交易型要素对强化计划型承诺起到主要作用。相比之下，关系型要素则会提升态度型承诺和工作敬业度。

第二章为员工与企业双方之间的交易关系奠定了基础。我们知道每一方想要什么，以及每一方在交易过程中能提供什么。这种交易是在一种战略背景下进行的。在这种环境下，竞争性的成功影响着企业的成功和员工的收益。我们将在第三章仔细考虑这一背景及其对人力资本管理的影响。

第三章
人力资本与竞争战略

当企业领导人在描述所面临的挑战时，战场这个隐喻会经常出现。企业为争夺市场份额，超越竞争对手，参与游击营销，在追求市场胜利的过程中毫不留情。然而，没有几个隐喻能像"战略"这个词那样具有典型的军事渊源。这个词源于希腊语 Strategus，意思是军队的总司令或总长官。相应地，战略也是指挥官的艺术——指挥军事力量的调动和行动的艺术（尽管我们经常认为它是一门科学）。当管理者使用战略这个术语时，他们通常指的是一个组织设法通过正式的计划在竞争中胜出。反过来，竞争优势又成为企业实现股东投资高回报这一最终财务目标的手段。

管理学教授亨利·明茨伯格（Henry Mintzberg）建立了一个包含五种战略的分类体系来详细阐述这些概念。[1] 他将一个组织通过制订正式计划取得成功定义为意图战略。所有这些意图，有些会实现，有些则不会。明茨伯格把前者称为深思熟虑战略，把后者称为未实现战略。公司偶尔会在没有计划的情况下取得成功（好事有时会降临在好人身上）；这些幸运的事情明茨伯格称之为突现战略。把所有成功之事加起来，不管是预期的还是非预期的，都是实现战略。

明茨伯格的分类精妙之处在于，它结合了战略制定的经典观点和一种更灵活、更开放地看待战略的方式。根据传统观点，战略制定是深思熟虑后行动的结果，而行动的发起来自单一部门，通常是集权部门，如战略规划部门、高层管理部门和 CEO 身边脑子灵光的顾问。根据这一观点，管理者思考，其他人照做，这与第一章里把员工比作资产的说法是一致的。明茨伯格的另一个概念——突现战略——认为业务部门成功的好点子不一定都出自一个核心部门。这一潜在的假设是：了解有关竞争对手、买家、供应商、市场替代者和潜在的新市场参与者并非难事。这类信息不单只有公司总部的人知道，在一线工作的普通员工也可以了解（他们应该认为这是他们工作的一部分）。因此，突现战略几乎可以出自组织内的任何地方，它萌发于一些细微的洞察，几乎任何有想象力和活力的员工都可以提出战略。明茨伯格说："他所需要的只是一个好的想法，以及继续探讨这个想法所需的自由和资源。"[2]

在后面的章节里，我们将回到自由和资源，这两个概念不仅是突现战略，也是人力资本投入的触发机制。无论如何，第三章的目的不是提出战略制定的详细方法。该话题已有许多管理大师在为之绞尽脑汁，这项工作就留给他们做吧，我们另有不同的目标。第三章概述了一个简单的战略思考过程，这个过程让我们识别出人力资本的关键形式。我们还将努力确定企业可能管理其人力资本的方式，使之成为市场竞争优势的源泉。

一、战略的组成部分

作为人力资本的所有者，员工在成功实施经营战略的过程中已经变得非常重要了。为了认清其重要性，一位布鲁金斯学会的经济学家分析了不同类型资产与市场价值之间的关系。她通过计算美国制造业和矿业公司的有形资产（不动产、厂房和设备）对市场价值的贡献来进行评估。分析始于1982年，时间跨度长达十年。她发现，在1982年，这些传统资本密集型产业的硬资产占市场价值的62%。十年后，有形资产只占市值的38%，其余来自包括人力资本在内的无形资产。[3]通用电气公司（GE）的杰克·韦尔奇称，人力资本已经成为竞争优势的关键来源："我们正想方设法从我们的员工中获得更多的智力资本和创造性资本，从而使GE在竞争中脱颖而出。这比筹集金融资本要困难得多——因为只要企业实力雄厚，就能在全球任何市场找到金融资本。"[4]因此，对于有远见的管理者来说，竞争优势和股东价值需要大量的人力资本。《技术资本》杂志援引一位高级经理的话说，"在 1980 年，成功的关键在于获得新的业务。现在的关键是找到合适的人才"。[5]

（一）战略的定义

在探索组织如何确认哪些人力资本因素在战略成功中发挥主要作用的细节之前，我们需要定义一些术语。首先，我们来分析一下战略这个术语。在经营战略的结构中贯穿着四条共同的主线：

1.强调业务单元——公司称它们的组成部分为战略业务单元是有原因的。这些单元通常聚焦于特定产品或类似产品的集群，服务于明确的客户群体，并需要内部一致的管理技巧。它们经常有自己的绩效衡量指标和薪酬计划。所有这些都使得业务部门最适合进行战略规划。

2.聚焦于业务单元未来的成功——会计师用财务术语来描述近期的财务业绩。预算编制人员也用财务语言对短期的未来进行推断。相比之下，战略规划师更进一步地审视未来，以确定目标，然后绘制公司在"雷区"遍布的道路上的实施线路图。

3.分配有形和无形资源——战略计划如果没有描述资源的增加、获取、转换，以及使计划的价值超过记录其磁盘的价值所需的投资，就没有实质意义。

4.对外部环境作出反应——经营战略与军事战略一样，必须对竞争现实作出反应。引用迈克·波特（Michael Porter）这位论述竞争优势的专家的话，"制订竞争战略的本质就是将公司与其所处的环境联系起来"。[6]

因此，战略规划需要对市场进行分析，确定如何获得有利的地位，以及对组织内部资源进行评估。简而言之，战略执行归根结底就是将组织的能力与竞争成功的要求进行匹配。[7]在这种情况下，一个业务单位（或一个公司，如果它只有这样一个单位）会从少数产品（或服务）和市场主题中选择自己的路线。在产品和服务方面，企业将决定自己必须生产以下的一种产品：

- 与竞争对手提供的产品相比，具有独特（或至少是优越的）品质的差异化产品。差异化产品的生产商可以收取更高的费用，从而获得更高的利润。
- 符合合理质量标准的低成本产品，但以较低的价格上市；低成本生产商之所以赚钱，是因为他们具有竞争力的价格可以带来更高的销售量，而且他们的高效生产能够带来可接受的利润。

在产品和服务方面，梅赛德斯 - 奔驰处于聚焦差异化的集群，而大众则更倾向于产品系列中靠近低成本的一端。

同样，企业有两个基本的市场主题可供行选择。要么选择高端市场，这将要求他们识别并主导某类客户或某个区域的市场；要么选择更大的市场，这将引导他们以覆盖广大区域或市场的各式各样产品或服务来主导选定的市场。保时捷堪称高端市场的佼佼者，而雪佛兰则是一个未来的市场支配者。

（二）组织能力

即便是这么粗略大致的描述，也开始向我们表明：执行战略是需要通过采取一系列重要行动的。毕竟，战略是需要人来执行的。企业实现战略是通过聚焦自身的组织能力以获得市场优势。组织能力是业务单位的集体能力（有别于构成人力资本的个人能力）。例如，保时捷力求在竞争激烈的汽车市场中开辟出一个高端市场，产品性能是其选择的差异化维度。为了以强调差异化和聚焦高端市场的战略来取胜，保时捷需要集结这样一些组织能力：

- 市场信息管理——有效地收集、分析和利用客户需求信息（他们需要多快的速度？需要多时尚的设计？他们真的需要在车时速达 120 公里时还听立体音响吗？）以及竞争对手在满足这些需求所做的努力（法拉利的速度是否更快？设计是否更时尚？法拉利有更好的立体音响吗？）。
- 产品差异化及特征——在客户心目中树立保时捷产品和公司的鲜明形

象（我们能让保时捷看起来比雪佛兰科尔维特更酷吗？）。

• 持续的产品改进——从客户最看重的产品维度和最能将保时捷与市场上其他品牌的车明显区分开的角度出发，不断对产品进行完善（我们能否在最高时速上再增加 10 公里？如果可以，我们的价位还能否低于法拉利？）。

• 解决客户问题——对客户投诉做出快速有效的反应，使服务和支持提升公司和产品形象，加强与竞争对手的差异化（我们怎么才能保证让保时捷经销商不会像法拉利的连锁店那么傲慢呢？）。

不难看出，在一个定义广泛的市场中，低成本生产商会关注不同的组织能力。定位在低成本的竞争对手是不太在意自己的产品性能的，它会更重视像生产效率、分销渠道管理、材料处理以及运营规划这样一些组织能力。

（三）执行杠杆

当组织建立和加强自身能力时，它们提高了实现制胜战略的能力。相应地，发展组织能力需要运用一套执行杠杆。以下四种杠杆尤为关键：

1. 人力资本——员工带来并投入在他们工作上的能力、努力和时间等无形资源；

2. 组织结构——组织内部单位与个人之间的关系模式；

3. 工作流程——生产产品和提供服务的一系列行动和运作；

4. 技术——运用机械手段，特别是与科学和计算机相关的手段来进行工作和信息管理。

组织为了实施战略，必须决定要运用哪一种杠杆，通过何种特别的方式操控，才能建立起组织的关键能力，从而为组织赢得竞争优势。企业通过管理这四个要素，可以创造和利用其他形式的有形和无形的资本——例如金融资产、生产中的非金融部分（如机械，原材料和房地产），以及无形资产。无形资产包括组织的知识、客户与供应商的关系。这些是看不见、摸不着的知识，但往往决定着实现与未实现战略。

制订和执行战略的流程如图 3-1 所示。这个想法很简单——找出竞争
优势的来源，决定需要哪些组织层面的能力来获取它，然后拉动能够创造
并运用关键能力的执行杠杆。

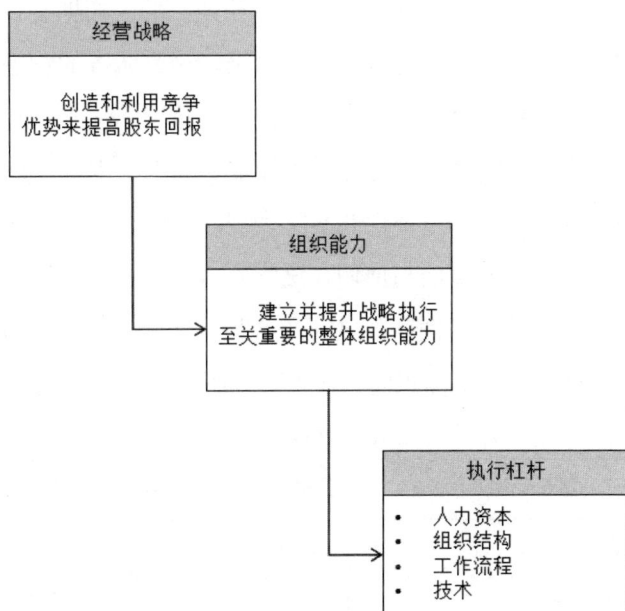

图 3-1　战略制订及执行流程

二、行业案例

为了说明组织如何将战略执行与人力资本管理联系起来，我们可以
利用普华永道对电信媒体行业分析的结果。[8] 电信媒体集团包括电话公司、
有线电视公司、互联网提供商、娱乐公司以及电脑软件制造商。美国电报
电信公司、TCI 公司、贝尔区域运营公司、MCI 通信公司、微软、美国在
线和迪士尼都属于这一类产业，一个广泛而多样的群体。当然，这些企业
负责人所面临的一系列问题令人感兴趣。撤销管制、企业合并、迄今为止
不同产业的融合、全球和国内竞争等问题——所有这些问题都让电信行业
高管夜不能寐。这些同样问题也使北美其他行业的管理者患上了失眠症。

（一）十大战略要求

在普华永道的一次调查中，53 家电信媒体公司的高管和经理评估了一组 23 项战略活动。这些活动都是管理者认为将使他们的公司拥有自己所期望的那种压倒性的竞争优势，并能为股东带来回报。接受调查的管理者评估了每项活动对组织战略成功的重要性。他们还评估了每项活动是否在自己的组织下成功实施。如表 3-1 列出了受访者认为最重要的十个因素，还有重要性和表现评分。最右侧一栏列出重要性和实际表现评分的分差值，显示了公司所称对其具有最高优先度的事项与他们在该优先事项上的表现之间的差距。可以把这看成是"说给钱与真掏钱"之间的差距。这告诉我们，为不使战略沦为纸上谈兵的一纸空文，电信媒体行业管理者所采取的行动到底多有效。

表 3-1　电信媒体行业十大成功战略

战略	排序	平均重要性等级a	平均重要性等级b	差距c
增加市场份额和收入	1	4.57	3.39	1.18
通过改善服务留住客户	2	4.48	3.48	1
有策略地投资以获得技术优势	3	4.43	3.55	0.88
提高员工能力水平，以满足新兴市场的需求	4	4.4	3.13	1.27
从客户角度理解"价值"	5	4.32	3.18	1.14
推出新产品和新服务	6	4.31	3.44	0.87
提高开发和提供高价值产品和服务的能力	7	4.31	3.34	0.97
工作流程再造，以提高效率或改善服务	8	4.3	3.14	1.16
建立联盟或新企业，以进入市场	9	4.21	3.49	0.72
追求持续改进	10	4.16	3.24	0.92

a 从 1 到 5 打分，其中 5 表示"在很大程度上至关重要"，而 1 表示"一点也不重要"。

b 在 1 到 5 范围内，其中 5 表示"在很大程度上成功执行"，1 表示"根本没有成功执行"。

c 为重要性等级减去实际表现等级。

资料来源：©1997 年普华永道。

正如你对整个行业分析的预期那样，重要的战略活动覆盖范围极广，从业务增长计划到工作流程再造，从客户保留到新品推出。实施情况的差距也大小不一。如表 3-1 显示出分值差距在 1.0 或以上的有五项。有一个发现对我们的讨论有着特殊意义。电信媒体行业管理者认为，在所有的挑战中，他们公司在努力提高员工能力以满足新兴市场需求这个方面落后了。这项战略要求在前十名中排名第四，重要性得分为 4.4，但受访者对自己的表现只给出 3.13 的整体评分。显然，不断寻求并应用最新虚拟技术的电信媒体行业管理者认为，他们最大的弱点在于管理员工的人力资本。他们也认为这是他们在市场上成功竞争的四个重要的条件之一。

（二）实施战略的能力

在一次对电信媒体的问卷调查中，受访者给 47 项组织能力的重要性和实际表现评分。如表 3-2 所示列出了排名前 24 位的能力项（所有在 1~5 分的重要性等级中被评为 4.2 或更高的能力项目）。这些能力根据管理活动的性质分为人员、组织、通用管理、客户以及产品和服务。两个能力将我们直接带入具体的执行杠杆：人员管理群（聚焦人力资本杠杆）和组织群（强调组织因素重要性）。其他能力则在不同程度上发挥若干个执行杠杆的作用。让我们先关注这些多层次群簇中的一种，然后再回到那些将我们的注意力聚焦在人力资本的能力。

表 3-2　电信媒体行业排名前 24 的组织能力

人员	排序	客户	排序
吸引并留住有能力的人才	1	获得新客户	2
雇用员工并提高其承诺度	4	管理客群关系	11
将人力资源计划与战略相匹配	12	将服务与客户的优先次序相匹配	15
在组织内部进行沟通	20	解决客户的业务问题	17
有效地培训和发展员工队伍	23	**产品与服务**	
组织		提供可靠、高质量的客户服务	3
最大限度地提高销售组织的效率	18	创新	5
优化组织效率和效能	24	利用技术来提高和创造产品及服务	6
通用管理		持续地提升产品和服务	7
衡量并管理业绩	8	获取并实施先进技术	9
理解和管理盈利能力	14	将新产品和新服务推向市场	10
深入了解竞争策略	15	开发新产品和新服务	13
谈判、影响、达成有利润的交易	19	建立品牌形象	21
		物有所值的产品/服务	22

资料来源：©1997 年普华永道。

（三）用来增强能力的执行杠杆

考虑一下那个专注于电信媒体公司如何建立与培养客户关系的能力簇。受访的管理者发现，有四项客户管理能力在执行战略方面发挥着至关重要的作用，即获得新客户、管理客户关系、将服务与客户的优先事项相匹配，以及解决客户的业务问题。假设这些发现是在同一家公司里做出的，那么接下来就是决定如何以最好的方式来激活执行杠杆，以改善执行四种以客户为中心的能力。

如例 3-1 所列举的范例说明，为加强这些必要的组织能力，管理者是如何逐个调用这四个执行杠杆的。例 3-1 中所列的项目仅是一个样本，代表众多电信媒体公司在战略明朗化过程中的经历。值得注意的是，在该例中，每个杠杆都能起到一定的作用。还需注意的是，操控一个特定杠杆所引发的许多行动，将会得到与其他杠杆相关的行动的助力。以"管理客户关系"的能力为例。在组织架构这个杠杆里，建立多功能团队应该可以提升这一能力。团队应该能继而帮助改善销售和制造之间的信息流动，这是一个工作流程改善的举措。改进后的信息流将提高技术应用在增强客户数据库方面的有效性。团队中每个人的协作行为（人力资本的一个要素）将提高多功能团队成功的可能性。

因为我们的重点是人力资本，所以我们特别关注左起第二列的内容。该栏列出了人力资本的要素样本，它们影响了四个以客户为中心的组织能力。通过为每组关键组织能力创建类似的组数，管理者可以识别出战略成功所需的一系列人力资本。有时候，能力、行为、努力和时间投入是根据具体工作来确定的。确保销售代表有能力成功地为新客户开拓市场，就是针对具体工作应用人力资本的一个例子。在其他情况下，人力资本要素更广泛地应用于企业管理。沟通、团队合作和商业敏锐度都属于组织层面的人力资本。

例 3-1　运用人力资本杠杆建立组织能力

客户管理能力	执行杠杆和行动			
	人力资本	组织结构	工作流程	技术
获取新客户	· 提高销售代表的业务拓展能力 · 提高销售代表对目标客户业务的了解	· 建立战略市场部门、专注于关键的细分市场 · 建立全国性的客户管理职能	· 缩短并简化信用分析流程 · 简化获取客户信息的程序	· 在现场通过笔记本电脑加速直接数据输入
管理客户关系	· 增强销售代表之间的协助 · 增强市场部与销售部之间的协作 · 增加销售代表对公司全部能力的了解	· 建立客群关系经理的职应 · 为关键客户设置多功能团队（销售、市场、生产）	· 改善跨区域的客户信息流动 · 简化销售与制造之间的信息流	· 完善客户资料数据库
将服务与客户的优先次序相匹配	· 增强销售代表的积极倾听技巧	· 按行业划分建立客户服务职能	· 改进市场研究，以确定客户的优先权 · 缩短产品的设计周期	· 在客户现场安装订单输入终端 · 加强高效生产定制产品的能力
解决客户业务问题	· 提高销售代表的问题解决能力 · 找到人才、加强产品设计的创新性	· 与互补产品供应商结成联盟	· 加快关键产品的上市速度 · 与客户组成联合设计小组	· 与客户建立数据交换联系

■ 互补的举措

为什么人力资本模型不能有更多的变化?

人力资本专家注意到,不同的组织似乎在寻找许多相同的能力和行为。纵观不同的行业,两者的相似之处也非常明显。为了测试这一观察结果,我们审查了40个项目的样本,这些项目侧重于确定具体的人力资本需求。我们发现,几乎在每个项目中,沟通技巧都是最常见的关键人力资本。团队合作、以客户为中心以及结果导向都明确列入大多数公司的人力资本清单中。

为什么在不同行业竞争和采取不同战略的公司都想拥有相同的人力资本? 让我们来看看以下这些理论:

- 类似的竞争挑战需要类似的反应。这个理论提醒我们,当你深入这个问题时,公司是在有限的公共维度范围内竞争。只要我们从两个维度——产品(服务)和市场——就可以抓住任何组织战略的本质。定位类似的公司在成本管理、产品创新、质量和客户服务方面面临着类似的挑战。以客户服务为例。随着对高端服务需求的不断增长,几乎所有公司都不可避免地专注于如何使客户满意。这意味在某种程度上,每家公司都需要具备优秀客户导向行为的员工,以便留住回头客。因此,在某种程度上,所有有客户服务的公司最终都会寻找类似这种能够不断提升服务的行为。

- "空降"经理人带来他们的想法。根据《华尔街日报》的一篇报道,公司经常会从外部寻找高级管理人员,包括首席执行官。[9]两项不同大学的研究表明,17%到1/3的大公司会从外部聘请首席执行官。这些外来者进入新公司时对组织内部的文化和政治知之甚少,但却带着他们在其他地方学到的一大堆管理技巧。凭借多年在一个组织内形成的本能,他们用之前成功的管理技巧取代目前的管理。随着他们从一个组织到另一个组织,他们必定会播下一些共同的种子和观点。在某种

51

程度上，这些技巧要成功地运用需要特定形式的人力资本，所以这些形式的人力资本可能会在跨行业里变得越来越普遍。

- 管理者喜欢跟风。经理人和其他任何人没有两样，都喜欢追随潮流。如果现在流行用全面质量管理解决问题，那么根因分析能力就可能成为最炙手可热的人力资本要素。想要组建跨职能团队？最好雇佣那些有团队合作倾向的人。根据这一理论，广泛采用流行的管理办法，很可能导致工作所需的人力资本要素的同质化。

这些观点可能都有道理，尤其是第一个。而我倾向于用另外两种理论来解释在许多公司的愿望清单上为什么会高频率地出现相同的人力资本要素。

- 细节为王。细微的差别决定一切。在战略背景下运用人力资本要素，其定义中的细微差别会被放大。两家公司可能都会在其所雇佣的员工身上寻找具备"善于行动"的特质，但它们的含义可能完全不同。在我供职的制药公司里，它可能意味着"自觉运用技术知识，开发出新产品"。而在你所服务的投资银行中，你可能将其定义为"无须等待不必要的分析或上级批准，采取措施完成交易"。细节理论认为，行业特征、竞争环境、文化等诸多因素影响了人力资本要素的定义。正如狼猴和沃尔夫冈·阿玛多伊斯·莫扎特的 DNA 编码只有 2% 的差异一样，人力资本要素定义上的细微差别可能会对战略结果产生深远的影响。[10]

- 执行决定一切。两家公司可能用类似的词汇和短语来定义自己的人力资本需求，但为满足这些需求所采取的方式却大相径庭。雇佣方式、学习策略、工作环境、奖励政策以及沟通方面的差异将对组织管理人力资本的有效性产生重大影响。借用托马斯·爱迪生的话来说，人力资本的天才在于执行的汗水，而不在于定义的灵感。

（四）人力资本管理能力

让我们更深入地探究电信媒体管理者的心理，以便了解他们是如何看待人力资本的。如图 3-2 所示展现了电信媒体高管对人力资本管理能力更深刻的洞察力，他们认为这些能力将对战略的成功作出最大的贡献。至少对于这个行业来说，这五种能力决定了企业是否能够将人力资本对战略的贡献最大化。成功的必要条件包括从将合适的人力资本引入公司（"吸引并留住有能力成功的员工"）到提供信息使员工能够管理其人力资本投入（"在组织内部进行沟通"）。如图 3-2 所示，电信媒体业管理者认为，他们公司在人力资本管理方面还有差距需要弥补，才能达到他们所需要的熟练程度。大家感知到的最大差距是公司雇用员工并提高他们的承诺度的能力；最小的差距（尽管仍然很大）是使人力资源计划与战略相一致。

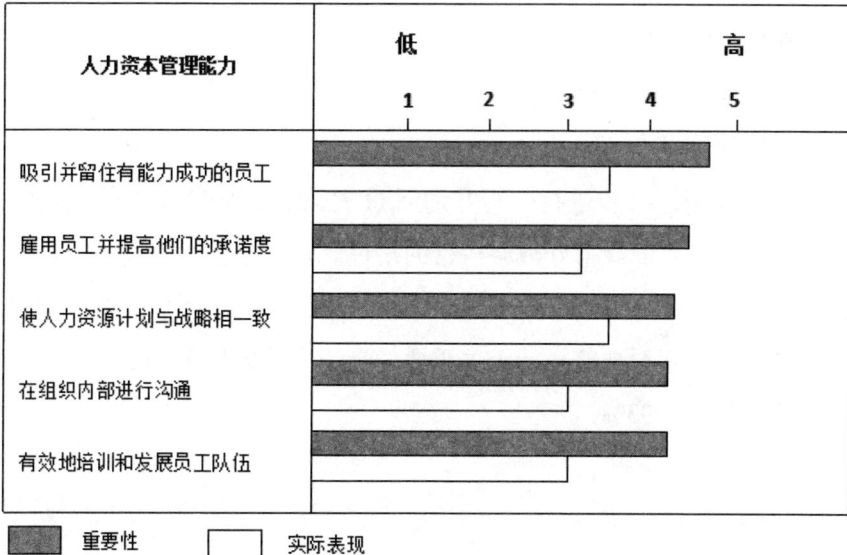

资料来源：©1997 普华永道。

图 3-2 电信媒体行业的五大人力资本管理能力

为了验证这五种管理能力的广泛适用性，我们应该从不同角度看待人力资本。与其关注整个行业，不如让我们看看单一的业务职能。

1997 年，普华永道对大约 250 家公司的信息技术（IT）经理进行调查。我们有两个目标：一是找出他们认为对 IT 职能最重要的是什么，从而对组织的竞争优势作出最大可能的贡献；二是评估 IT 部门现行的人力资本管理措施。参与调查的公司来自许多行业，涵盖了航空航天、银行业、金属制造业、零售业，保险业、制药业等超过 30 个不同行业。这些公司中大多数都具有相当大的规模，71% 的公司年收入达 10 亿美元或以上。

IT 经理对战略的关切度反映了他们高管的想法：从客户的角度理解并提升价值、制定合理的经营计划、提高员工能力、更好地留住客户、以及提供更高质量的产品和服务。[11] 我们调查的 IT 经理将能力建设放在这些关键战略要务的首位。当我们询问 IT 负责人，他们认为他们部门最需要哪些组织能力来支持战略实施时，以下这五个能力排列在前例：[12]

1. 将业务需求转化为 IT 解决方案；

2. 提供可靠、优质的客户服务；

3. 有效地管理项目；

4. 有效地利用现有资源；

5. 有效地管理变革。

然后，我们进一步进行分析并询问 IT 经理，该职能需要什么具体的员工管理能力，才能履行好战略执行的角色。以下这些因素在人力资本管理方面按优先次序排列前五位（后面的百分比指的是选择"同意"或"非常同意"每个因素对战略执行至关重要的受访者的数量）：[13]

1. 甄选员工，93%；

2. 寻找员工，93%；

3. 奖励绩优者，93%；

4. 提高客户服务水平，92%；

5. 培养员工技能，92%。

这些发现与如图 3-2 所示的电信媒体业的几个因素一致。这两个观点使我们对人力资本管理的重要性得出了本质上相同的结论。寻找共同的主题，在可能的情况下将要点重新梳理好以便管理。我认为，那些受访经理相信，以下活动对有效人力资本管理的贡献最大：

• 将最具战略价值的人力资本引进组织；

• 营造能充分引发人力资本高投入的环境；

- 增加可用于投入的人力资本总量；
- 尽可能长地保留员工和他们的资本，为他们提供信息，使他们能够管理人力资本的投入。

总结：人力资本战略

看来我们已经完成了第三章的两个目标。首先，我们提出了一个战略驱动的方法，以确定人力资本的关键要素。我们将组织能力定义为战略的激活机制——使战略显现出来的能量、威力和力量。我们还确定了四个执行杠杆，组织可以通过这些杠杆建立起自己的能力，以增加实现制胜战略的机会。

当确定了另一个包含四个管理程序的系统后，我们完成了第二个目标。这个系统可以让组织结集其人力资本以达到最大的战略效果。从第四章到第八章，我们将依次探讨这些人力资本管理能力：招聘员工、支持人力资本投入、建设人力资本和保留员工。我希望，我们能够学到一些关于组织如何通过人力资本管理来获得竞争优势的知识。

电信媒体业和信息技术的案例强化了这本书的一个中心主题——员工是战略实施的关键要素。但是他们在战略制订过程中的角色呢？传统的自上而下的战略制订模式没有错，但是，我们回想一下明茨伯格的战略分类法就可以发现，它并不是唯一的方法。明茨伯格提醒我们，最好的战略有时来自日常业务活动，而不是通过正式的计划制订。如果是这样的话，那么一个企业可以通过在整个组织推广某些关键能力，使自己处于明显的优势地位。

当前的商业环境为何如此重视每个员工扮演战略家的能力？一个词，速度，即变化的步伐。换句话说，加速变化，即速度的第二个衍生词。谈到高科技领域，昇阳电脑的一位高管这样说道："信息技术行业日新月异地向前发展，产品周期和上市时间在缩短，这对持续创新和生产力提升的需求与日俱增。我们行业典型产品的货架期不到一年，而且还在缩短。我们明年要推向市场的产品，今天还没有发明出来。在这种环境下，你必须找到合适的员工，在恰当的时间将其匹配到合适的岗位，以确保你能够领先于其他对手，否则你就'歇菜'了。"[14] 越来越多的情况表明，合适的员工就是那些善于观察环境，评估公司的状况，并创造性地做出反应的人。合适的员工可以在正式计划的引导下（但不受阻碍地）提出突现战略。

　　参与战略决策已经成为人力资本投入的内在回报的一个重要因素。在此，IT 部门为我们打开了一扇窗户，让我们了解到聪明、信息灵通的员工的想法。在 1997 年《计算机世界》的调查中，参与制定并执行经营决策（不只是技术上的决策），在与工作相关的满足感方面获得了最高排名。[15] 对于企业来说，让更多人有可能提出并实施具有战略意义的合理想法，似乎再明智不过了。这样做可以挖掘人力资本的资源，增加组织在竞争中获胜的机会。在一个充满竞争的世界里，你更愿意拥有哪一个——是一个寻求市场优势的战略规划部门，还是每个员工都在想方设法把公司推向行业的顶峰？

第二部分

采取行动

第四章
雇用人力资本投资者

在《誊写员巴图比》中，赫尔曼·梅尔维尔（Herman Melville）讲述了一位雇主想找到合适的人选，但却由于草率马虎所发生的事情。故事的叙述者（一位年长且事业红火的华尔街律师）需要雇用一个助手，以应对增加的工作量。他想找一位专业的抄写员，也就是誊写员。抄写员就是将需要多份的文件进行抄写复制，也就是原原本本地把原件抄写好。抄写能力指的是能够快速、准确、整齐地复制文件，是无复印机、无文字处理软件时代律师事务所的关键资产。律师通常会谨慎地雇用自己的抄写员。

尽管这位资深律师过去也与誊写员打过不少交道的，他却雇用了一个"看上去呆若木鸡的年轻人……他穿着整洁却脸色苍白，看着体面却让人可怜，一副凄惨孤寂不可救药的模样"。这位律师没有与应聘者进行太多的沟通，只是问了几句有关应聘者资历方面的问题就决定录用他了。最终，这件事对律师来说是场灾难，而对抄写员巴图比来说则是致命的。律师最终聘用到的是一个除了抄写什么事都不肯做的誊写员。他不校对，不跑邮局，不做任何杂务。[1] 很少有人这么频繁地说"我宁愿不要"，而且说出来时让人听着冷冰冰的感觉。如果这位资深律师能更深入地了解应聘者，他应该可以发现这位应聘者曾有在处理死信机构担任文员的经历。这种经历一定会使任何人的能量耗费殆尽。这位律师最好还应该说清楚这份工作需要应聘者愿意承担其他工作任务。哎，一次漫不经心的甄选过程使雇主和雇员双双受挫。

雇用合适的人，尤其像抄写这种熟练（工种）的岗位，在过去 150 年间已经变得更有挑战性，也更重要了。一项关于员工工作表现差异的研究发现，在复杂的工作中（例如，律师、医生和制图员）排名前 1% 的人，他们的业绩产出是一般员工产出的 2.27 倍；在中等复杂的职业（如机械师和保险索赔评估师）中，表现最好的人的业绩产出是平均产出的 1.85 倍。[2]从第三章我们了解到，要想取得战略上的成功，就必须吸引具有关键人力资本的人才。本章我们将从人力资本视角解决在任何劳动力市场中有效雇用的三个方面问题：制定人才获取战略、执行心理契约，以及管理招聘流程。

一、获取人力资本的战略

在第三章里，我们精心规划了从能力到人力资本的路径，这条路有许多盲角和急转弯。让我们通过一家面临一系列挑战的企业，来开始讨论人力资本的获取这一话题。

（一）从战略转向人力资本需求

时间是周一早上 9:30，你刚刚花两个小时和你的老板，也就是你的业务部负责人，讨论了下一年度的战略规划。你所在的恒久花瓣公司面临着来自加入市场的新竞争者的激烈竞争。丝花是你们的主要产品，每年能带来约 7.5 亿美元的收入。这种产品有许多替代品：有塑料的、纸质的和金属的花蕾和花朵，更不用说真花了。你已经跟老板说得很清楚，增加新产品是成功的关键，而且她也同意你的观点。恒久花瓣公司必须在人造花市场上巩固自己的领先地位，否则，就很难获得国际室内装饰品公司（母公司）要求的 20% 的股本回报率（ROE）。

在上一章所定义的术语中，你已经发现了一项重要的组织能力——即快速开发和推出新品。你的下一个挑战（如果你是销售和市场部门的负责人）是要明确执行杠杆对这种能力以及战略规划中所强调的所有其他能力的影响。在组织架构方面，公司决定将产品开发放在销售和市场部门，而不是研发部门，这个决定值得赞赏。一旦你的产品开发人员到位，就需要改善流程，以便加快产品上市速度。织物加工工艺和混色工艺也需要改善。然而，你认识到，拥有合适的人力资本将对提高组织的新产品开发能力产生巨大的影响。根据第三章的观点，你得出结论，从事新产品开发需要具备以下几方面能力的人才：

- 有关公司生产流程的知识和编制市场预测的技巧；
- 客户研究设计、定义材料和生产规格以及解决问题的能力；
- 创造出吸引人的颜色和纹理组合的天赋；
- 促进与公司其他部门合作的行为。

（二）确定人力资本的最佳来源

你已经准备好迎接下一个挑战了——想办法如何将这些人力资本要素引进组织，并将它们用于产品开发上。建立合适的雇用关系有了几种选择，如例 4-1 所示。

例 4-1　可供选择的雇用关系

传统就业	非传统就业	外部应急方式	外包
全职	家庭临时工	机构临时人员	外包供应商
兼职	工作分担	顾问	共享劳动力
加班	灵活的时间或地点	独立分包商	服务机构
季节工	退休后	自由职业者	

要在这些选项中做出选择，你必须要回答一个基本的人力资本管理问题：你应该在组织内培养人才，还是从外部招聘人才？记住，某些能力要素是可以通过公司在内部养成的，但有些则让公司鞭长莫及。如图 4-1总结了增加人力资本的现有方法。例如，知识要素从定义上讲是可以培训的；知识是通过指导和通过与知识渊博的同事及主管的日常非正式接触获得的信息。对于技能，情况就难说了。技能通常是知识和才能的结合，知识可以习得，而才能则是与生俱来的。行为涵盖了整个范围，一些可以培

养（如体贴入微的倾听），另一些却难以培养（如行动力）。企业可以通过兑现工作投入回报来培养和强化知识、技能和行为，这些我们将在第六章中进一步讨论。然而，一家企业在招聘工作完成后，对人选在价值观、才能和某些行为方面能够产生的影响就微乎其微了。所以，要确保自己清楚到底需要什么样的人力资本。我们或许可以教河马捕捉老鼠，但买只猫更好（对家具的影响更小些）。

增加人力资本的途径	人力资本类型			
	知识	技能	天赋	行为
招聘				
正式培训				
非正式学习				
通过投入回报进行强化[a]				

对增加人力资本的影响

高　　　　中　　　　低

[a] 包括投入回报的四个要素：内在工作要素、成长机会、认可以及财务报酬。

图 4-1　增加人力资本的方法

考虑到所有这一切，让我们换个问法：在所需的人力资本要素中，哪个是可以培养的？暂不考虑培训项目的成本和培养人才所需要的时间。只要想想是否有可能利用课堂培训、在职指导或非正式学习机会来培养每一个人力资本要素。把你可以培养的能力要素写在一张纸上，放一边。然后回答另外两个问题：（1）你需要多久才能拥有这些人力资本？也就是"紧急程度"。（2）一旦你拥有了人力资本，保留它有多重要？换句话说，从长远来看，这对你的战略有多重要？我们称之为"需要保留"。

这两个问题都具有重要的战略意义。确定保留的紧迫性和必要性，需要第三章中所阐述的从战略到人力资本的分析。如图 4-2 所示为我们展示了能力培养的难易程度、紧迫性和保留的必要性是如何相互作用，从而形成人力资本的获取途径的。这张图为这家丝花制造商展示了一条路径。假设技能和知识是最关键的要素，企业就要选择是从外部招聘，还是从内部培养人才。时间紧迫，丝花生意不等人。该公司预计长期需要产品开发人员，因为产品差异化将在未来一段时间内成为一个关键的战略变量。如图 4-1 所示中的路径反映了这些因素。这个模式反过来暗示着一个两阶段的策略。因为急需用人，恒久花瓣公司不可能花太长时间去找一个完美的人选，公司或许可以先找一位顾问。同时，该公司应该启动严格的招聘程序，以便找到合适的产品经理。等一旦人选到位后，公司可以利用顾问的分析和产品开发框架来推进工作。

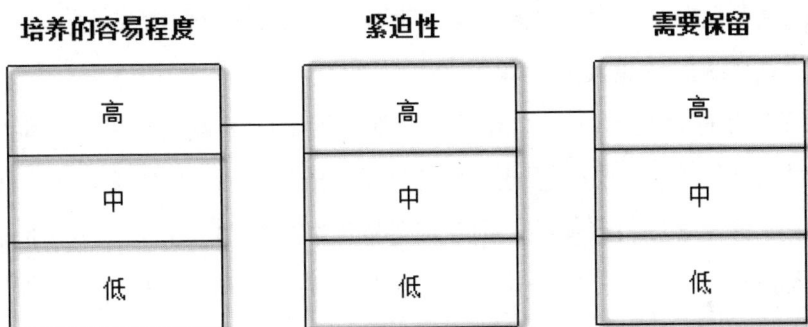

培养的容易程度	紧迫性	需要保留
高	高	高
中	中	中
低	低	低

图 4-2　人力资本获取途径

如图 4-2 所示提出了许多获取人力资本的方法。以下列举了几个例子以及它们的含义（如表 4-1 所示）。

表 4-1　人力资本获取方式及含义举例

培养的容易程度	紧迫性	保留的需要程度	建议方式
低 / 中等	低 / 中等	高	外招
高	低	高	培训 / 发展
低	高	低	临时工 / 顾问
低 / 中等	中等 / 高	低	外包

如表 4-1 所示，第一行反映了对重要才能或技能的强调，而这些才能和技能是公司无法轻易提升的，如人造花开发人员的艺术才能。在这种情况下，外聘是唯一的选择。有时候，更重要的人力资本要素属于可培养范畴（如恒久花瓣公司的生产过程知识）。在这种情况下，组织可以采取一种以学习为中心的策略（假定学员已具备做这项工作所需的天赋）。第二行就反映了这个选项。第三行和第四行提出了利用短期合同获取所需人力资本的方法。这条路径是顾问、服务机构和临时服务公司所擅长运用的。这时，可培训性几乎变得无关紧要；紧迫性驱使人们决定使用临时的、公司外部的人员。对于许多公司来说，人员的补充现在包括了专业和管理职能，以及传统的文秘和轻工业应用。临时服务公司欧斯坦 (Olstent) 报告说，36% 的企业在专业和管理职务岗位上使用临时人员、承包商或外包商。[3] 会计和信息系统的专业人员最多。

组织有时会发现，人才培育并不难，需求的紧迫性也可控（他们要么有时间进行培训，要么想通过严格的筛选招聘），而人才保留至关重要。这些情形都要求进行经典的"内建或外购"式的决策。此时，成本问题再次进入我们的视野。一家公司必须权衡招聘的隐性和显性成本，以及与学习和培养相关的显而易见的和隐藏的费用。这两方面除了都要付出真金白银外，也要考虑投入回报的效果。记住，发展机会是工作投入回报的一个关键方面。恒久花瓣公司内的某个员工或许已拥有一些所需的人力资本，可以在有经验的产品开发人员指导下得到进一步的发展。管理层必须将这些因素纳入招聘或培育的成本和收益分析中。

如图 4-3 所示总结了到目前为止的讨论。它通过第三章的战略制订和战略转换流程，并结合最后几页关于人力资本获取的讨论进行阐述。我们已经用一种近乎模块化的方式来讨论人力资本的获取，就像企业可以获取其中的单个要素。事实上，人力资本是一种可以重复使用的方便包，称为员工。员工拥有大量的人力资本，在某些领域可能很强，在某些领域可能弱一些，但却是多方面的。如果你看中张三在工程方面的天赋，你可以雇用他。但是，他那油嘴滑舌和对细节缺乏耐心的特质我们也不得不同时面对。当然，我们只奖励他在工作中好的一面，忽略其不足的一面。我们必须认清一点，即认准人选的优势，同时接受其不足之处。

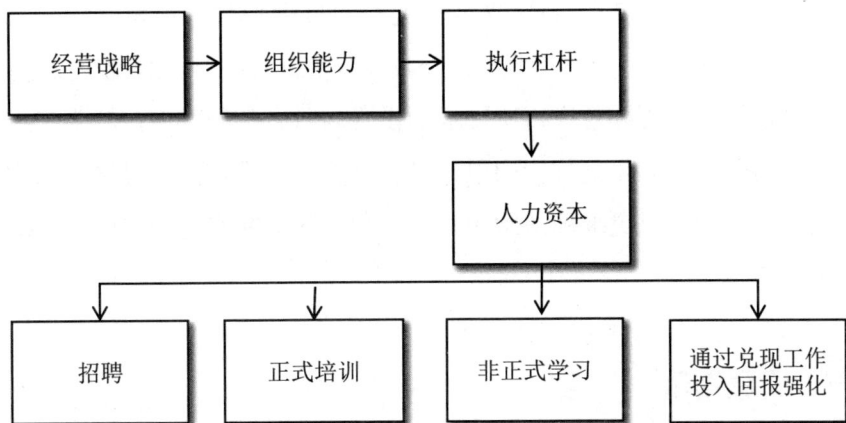

```
┌──────────┐    ┌──────────┐    ┌──────────┐
│  经营战略 │ ─→ │  组织能力 │ ─→ │  执行杠杆 │
└──────────┘    └──────────┘    └──────────┘
                                      │
                                      ↓
                              ┌──────────┐
                              │  人力资本 │
                              └──────────┘
       ┌──────────────┬──────────┴──────┬──────────────┐
       ↓              ↓                 ↓              ↓
  ┌────────┐    ┌────────┐       ┌────────┐    ┌──────────────┐
  │  招聘  │    │ 正式培训│       │非正式学习│    │通过兑现工作   │
  │        │    │        │       │        │    │投入回报强化   │
  └────────┘    └────────┘       └────────┘    └──────────────┘
```

图 4-3　经营战略如何与增加人力资本的方法联系

让我们现在假设一个企业已经决定到劳动力市场雇用那些有能力击败竞争对手的人力资本。接下来的两部分清晰地提出了一些招聘人力资本投资者的原则。我们先来看看错综复杂的心理契约。

二、交易的艺术

隐性契约为员工与组织之间的交换提供环境，它表示一方将给对方提供什么并将得到什么作为回报。契约表达了双方相互的义务，反映了各方必须承认具有约束力的要求。一份正式文件可能会记录员工与公司之间关系的某些方面，但绝不可能包含所有微妙的人际关系因素。因此，我们使用心理契约这个术语来涵盖员工与公司互动中成文的、不成文的、说过的、未说过的，以及根本无法用语言表达的方方面面。心理契约这个概念由来已久，但它作为一个术语的突出地位是近几年才开始确立的。直到公司开始违反不成文的合同后，似乎才有人注意到这个观点。人们经常可以读到这样的报道，裁员已经破坏了长期以来的终身工作契约，以换取忠诚和合理的工作表现。现在我们听说，有一种不同的契约占了主导地位，这种契约要求个体将人力资本价值视为工作保障的唯一来源。

我们对员工与组织之间建立这种契约的过程特别感兴趣。建立心理契约，即达成职场交易，对组织雇佣人力资本投资者的过程来说至关重要。它同时决定员工是否同意进行所要求的投资。所有契约都应该解决三组完全不同的问题，我们将其称为期限、对价以及变更规定。通过逐一探索这三个问题，我们可以更准确地阐明心理契约，并探究它是如何定义和维系职场关系的。

（一）同意期限

每份合同都有明示或默认的期限——即合同所涵盖的时间长度。对于一个临时工来说，合同期限可能只有几个小时。对于一个拥有宝贵人力资本和职业抱负的全职员工来说，工作期限或许会长达几十年。心理契约的有效期通常显示员工和公司相信他们的关系将保持互利的时期。合同期限对各种形式的承诺也很重要。在那些提供丰厚的工作回报待遇的公司，尤其是能提供内在工作满足感的公司，态度承诺可以很快形成。然而，忠诚型承诺和计划型承诺则需要更长的时间才能融合形成。假设一个员工在一家公司工作了五年，但合同却是一年一签。如果公司没有明确想做出长期的工作安排，员工可能永远不会对公司作出深刻、多方面的承诺。因此，重要的不仅仅是时间的长短，还要有规划安排的清晰度。用一位观察人员的话来说："那些整天在不同公司之间跳来跳去的员工，要他们建立起对公司的忠诚是很困难的。"[4] 更糟的是，如果员工不知道自己是否或何时会跳槽到另一家公司，就很难培养起他们的忠诚度。换句话说，不确定性本身削弱了承诺。我们知道，承诺度的降低将抑制人力资本的投入。此外，当一个员工不确定自己在公司里的未来时，自然不会学习那些仅适用于该公司的知识和技能。我们将在后面的章节里重新思考承诺和不确定性的影响，并探讨员工的保留和风险。

无论对员工还是对公司来说，认为一个合同期限本质上比另一个合同期限更好是毫无意义的。企业希望在自身认为必要的时候有减少员工配置的自由。员工希望能够在接到通知后（或提前两周），马上跳槽到更好的公司。在这种背景下，期限协议有什么意义呢？为了回答这个问题，我们从公司财务那里借鉴了一点知识，期限不仅仅意味着某种东西持续时间的长短。用金融的专业术语来说，期限是以时间为单位，衡量利率变动的敏感度。分析师将期限计算为固定收益证券每笔付款到期日的加权平均数。期限较短的证券（期初提供较多现金流的证券）对利率变动的敏感度较低。

位于硅谷的塞普雷斯半导体公司是一家芯片制造商，1997年的总收入为5.5亿美元，它已经找到了如何利用合同期限这一概念来使员工和公司获益。[5]塞普雷斯有一个关键营销岗位，叫作产品营销工程师（PME）。这个岗位是大学毕业生进入高技术营销领域的切入点。产品营销工程师通常拥有最好的技术学校的电子工程学位，他们为现场销售网络提供策略上的支持；这些产品营销工程师帮助确定价格，与生产部门合作解决质量问题，跟进未完成订单的状态，通常能解决影响销售进度的问题。

1996年，塞普雷斯公司注意到产品营销工程师流失率开始上升。经调查，公司管理人员发现了几个根本原因，其中最突出的问题是他们不确定自己的未来会怎么样。他们日复一日地承受着高负荷的工作，还要应对来自各方面的要求。他们期待挑战——这是在塞普雷斯工作的意义——但他们想知道未来的发展方向。换句话说，鉴于他们投入的人力资本，他们想更好地了解可以期待的回报，还想知道回报和工作投入在时间上是如何匹配的——与合同期限的匹配，他们的要求就这么纯粹和简单。

为了解决这些问题，公司仔细调查了工龄两年的产品营销工程师的生活状况。两年大约是新雇用的电气工程师在这个岗位上的工作时长；在这之后，他们希望转到另一个岗位。如例4-2所示，公司将产品市场工程师的这两年时间分为三个阶段：培训生、贡献者和教练，从而使其步入正规化的发展阶段。这样的路径结构让产品市场工程师人选清楚地知道公司在每个阶段期望什么样的人力资本投入，以及将会有什么样的投入回报。

工作的内在因素发挥了作用，学习和发展以及财务回报也发挥了作用。塞普雷斯企业文化中的认可体现在对高绩效员工的重视，对于那些获得认可的人来说，他们的发展机会会更多。在两年结束时，成功的产品营销工程师可以从多种职业发展路径和下一个工作机会中进行选择，包括客户管理、战略营销和产品工程。这些不同阶段都很紧凑，投入和投入回报是同步的。塞普雷斯在招聘产品营销工程师的过程中就把这些正式公之于众，每个人选从一开始就了解这一规则。

例 4-2　产品营销工程师上岗后最初两年的计划安排

实习生	贡献者	教练
开始适应环境，了解公司和工作	在服务客户方面有最大的影响力，帮助销售和市场团队成员	准备接替者，开始换到下一个工作
安排教练帮助实习生了解： ·公司环境 ·职业选择 ·公司政治 ·信息源	指导聚焦在绩效改善上，发现绩优者，以加速其职业发展	辅导有助于过渡、发展更加长期的业绩计划
聚焦于公司产品线的正规学习	强调具体的技术知识的正规学习（例如 终端设备结构），培养教练技术	正规的学习开始聚焦在更高级的销售和管理技能上
非常有竞争力的基本工资	基本工资按实际收入增加；奖金和股票期权开始生效	表现优异者有资格获得额外的酌情发放的奖金
大约6个月	大约12个月	大约6个月

资料来源：塞普雷斯公司内部文件。

当投入与回报同步时，员工就不太可能会认为自己在工作中是在超额付出。这意味着公司应该在员工应该得到晋升的时候给予晋升机会，在取得成绩后立即给予表彰，并在需要时提供培训。相反，当公司推迟兑现工作投入回报的某些方面时，将导致这些回报的价值缩水，与之相关的不确定性也会增加。环境可能会改变它们的价值（例如，公司的变化会降低希望晋升的价值），并降低它们作为当前人力资本回报的重要性。这里传递出的信息是：与员工建立一种延展的、互惠互利的关系，以确保投入与回报得以紧密匹配。

（二）具体说明对价

对价是指按照合同进行价值交换。长期以来，管理者一直把招聘看作是一个将员工能力与工作要求相匹配的过程。然而，在招聘过程中有一个更基本，或许更重要的匹配——人力资本投入者对投入回报的要求与组织所能提供的投入回报之间的匹配。

制定招聘方法要始于前面已经讨论过的经营战略分析。然而，紧接着要做的是一份客观、清晰的评估报告，评估公司能为它所需的人力资本所有者提供些什么。这意味着需要评估四种工作投入回报类型中的每一类，并对组织可以提供的内容进行检查，然后再与市场上竞争对手所提供的进行比较。薪酬水平可能是最直接的分析。大多数组织都很清楚自己的薪酬水平与同行和劳动力市场竞争对手相比处于什么位置。对其他三个工作投入回报要素——内在的工作满足感、成长机会和认可——也应该进行类似严格的市场分析。尽管对于这三个要素更难以具体描述，也更难以进行竞争性研究，但它们在个体的职业选择中所起的关键作用使得竞争信息变得至关重要。

许多组织发现，一种类型的合同不能适用于所有人。即使是在类似岗位上工作的人，心理契约也可能在微妙且重要的方面有所不同。如例 4-3 所示为我们展现了一个具有普遍性的例子，它汇集了高技术行业几家公司的情况，向我们展示了两个相似的岗位，但却有着不同的协议。这位团队明星是位天赋异禀的技术专家，他希望在工作和非工作生活中保持多样性的同时提高自己的技能。他接受这份工作，是因为这份工作能带来高额奖金，并有提升和认可他的专业技能的机会。相比之下，这位团队负责人希望能在公司里得到升职。他在技术方面的人力资本可能达不到那位团队明星的水平，但他拥有公司看重的其他东西——对综合管理的兴趣和喜好。他想在一个强调团队导向的环境里工作，让他接触到现任高管，并给予他在公司晋升的机会。一个需要各种各样的人力资本的公司必须准备为不同的员工制定不同的协议，根据特定的需求和动机（特别是非财务方面的）来制定合同。

例 4-3　不同的协议

投入回报要素	团队明星	团队领导
内在工作要素	·和聪明人一起做很酷的项目 ·可以频繁地选择项目 ·能够接触到最新的技术	·接触高级管理层 ·参与大型交易 ·管理重要项目的机会
成长机会	·参加技术培训 ·在继续教育方面得到支持 ·分配到关键团队工作	·参加领导力培训
认可	·有资格根据已援予的专利申请公司的年度奖励 ·有在专业会议上发表论文的机会 ·有在当地大学教书的机会 ·可以从项目经理的自由支配基金中获得奖励	·有资格被认可为成功项目的负责人 ·管控可自由支配的基金，以奖励表现优异的员工
薪酬	·按市场平均数计算的基本工资 ·基于个人业绩的奖励 ·双倍于市场平均价的期权	·按市场平均数计算的基本工资 ·基于团队业绩的奖励 ·基于市场平均价的期权
福利	·标准的健康和福利津贴 ·401（k） ·灵活的工作时间 ·服务6年后的休假	·标准的健康和福利津贴 ·401（k） ·标准工作时间

＊401（K）计划也称401（K）条款，401k 计划始于20世纪80年代初，是一种由雇员、雇主共同缴费建立起来的完全基金式的养老保险制度，是指美国1978年《国内税收法》新增的第401条k项条款的规定，1979年得到法律认可，1981年又追加了实施规则，20世纪90年代迅速发展，逐渐取代了传统的社会保障体系，成为美国诸多雇主首选的社会保障计划。适用于私人盈利性公司。（译者注）

（三）通过合同灵活性使变更有据可依

希腊哲学家赫拉克利特（Heraclitus），以及从那以来的很多人都说过："万物在变，唯有变化不变。"随着企业、行业和整个经济的重组，合同必须随之而变，以反映新的现实状况。唯有适应才是我们的选择。组织和员工面临的挑战是建立双方合同，以反映和确保即便环境变化，交易仍是双方可接受的。就像马戏团的柔术演员那样，合同（和立约者）也必须能屈能伸，而不至于破裂。

合同灵活性对期限和对价都有影响。灵活性有三种形式：调解、演变及更换。这些形式有四种变化方式：所涉变更的幅度、变更的持久性、变更的速度，以及变更契约与原始合同结构的持续性。如例4-4所示，总结了这些形式的主要差异之处。

例4-4　合同变更的三种形式

变更因素	变更形式		
	调解	演变	更换
幅度	稍许变更	重大变更	完全替代
持久性	临时的	永久的	永久的
速度	立即的	缓慢的	快速的
持续性	同一份合同	很长一段时间相似，通常保留核心要素	全新合同

当一方允许合同条款发生短期的，通常是很小的变更时，就需要进行调解。当公司要求员工接受临时冻薪，意味着希望他们能愿意忍受收入在短期内减少。调解将这一概念扩展到对价以外合同的其他方面。举个例子，某公司通知，为让部分员工提前退休，将提供一次性补偿。公司希望尽快缩减人员，有效缩短部分员工的合同期限（那些愿意拿钱走人的员工）。这对整个员工队伍影响很小，而且变更计划也是临时的（假设公司不会进一步裁员）。此外，这种变化发生得很快（特别是如果这个提议只在短期内有效），并且原有合同基本上保持不变。

合同演变涉及员工和公司之间的交易发生了更大的变化。演变是一个长期的过程，并且是缓慢稳步地进行。与合同调解不一样，合同每一次变化都是永久性的，公司并不期望回到原先的合同。一方面，真正的合同演变可能是不会停顿的；随着环境的变化，员工与公司的关系继续反映新的现实状况。当下的（虽然不是最终阶段）演化阶段可能看起来与原始合同完全不同。另一方面，不同时间点的合同情况通常会揭示该合同在其变化前后的类似状况。其核心价值观仍然存在，被公司和员工珍视和维护。例如，惠普公司（HP）在20世纪80年代经历了一段时间的并购和积极的招聘。长期以来，反映就业稳定的延长合同一直是惠普承诺的一部分。然而，到了20世纪80年代末，惠普发现自己处于成本紧缩的境地，需要减少就业人员。通过使用诸如公司内部服务这种方法，将被裁员工与内部招聘的空缺岗位进行匹配，公司成功地减少了员工数量，同时又不失去增长动力。这样，惠普还维护了自己保持长期就业稳定的声誉。虽然惠普的员工和公司之间的关系已经发生了演变，但合同的核心部分完好无损。

合同更换是所有变更形式中最为极端的一种。更换算是一个大"手术"——对公司的重要"器官"进行"移植"。[6]这时需要一份不同的合同，表明一场戏剧性、永久性的变化已迅速展开。一波又一波的裁员、宣布员工今后要对自己的工作保障负责、突然组建工作团队来取代正式的组织机构等，这些都表明需要进行合同更换。

如果你在过去15年间曾服务于贝尔电话公司，就一定经历过合同更换。以下是管理学教授丹尼斯·卢梭（Denise Rousseau）对贝尔公司系统变革所做的一段描述：

当法院20世纪80年代初下令资产剥离，将一家非常成功的规范的企业拆分成独立的竞争性企业，这个过程改变了雇用合同的深层结构。那些在公司工作多年，心中已形成"贝尔情结"的员工，他们从不缺勤，为一份有保障的工作和退休而忠心耿耿地工作，现在也开始要应对创造业绩的要求，并对市场需求作出响应。15年的不确定性、解雇以及将人员从运营公司调整到新的高技术业务部门，从根本上改变了员工及其与因拆分而成立的许多新组织之间的关系。[7]

在一个完美的世界里，当事人会在合同订立伊始就定义预期的可接受的变更程度。企业应知会员工过去发生过的合同变更，以及根据这些先例，未来会发生什么。你会说这不切合实际，预测企业变化犹如预测天气一样。很少有企业愿意公开谈论未来可能发生的事情。这很公平，但是在处理职场合同变更方面，还是有好的和坏的处理方式。那些希望改变心理契约的公司应当制定一个处理变更的流程。我在变革管理部门工作的同事制订了帮助公司准备和修改职场合同的一系列步骤。他们的经验和研究表明，管理层通过一个"五阶段流程"可以帮助员工理解和应对合同变更。

阶段一：与过去决裂。为变更提供合理的、经外部验证的理由。例如，通过指出合并前业绩的弱点或公布更为严厉的竞争标准，管理层可以帮助员工理解为什么旧合同必须变更。实际上，组织必须向员工解释为什么他们需要不同的人力资本，或者以不同的方式运用相同的人力资本，以便与不断变化的经营战略保持一致。

阶段二：为变更进行动员。清楚地表明变更即将开始。变更的征兆可以有多种形式：从外部引进新的高级经理，采用新的公司名称，或者改变众所周知的单位的工作地点。确保尽管要变更，员工还需要继续做该做的工作。当长远的未来还不清晰时，明确的短期目标就尤为重要。

阶段三：理解新的合同。要依靠一线经理与员工签订新的合同。人力资源部门可以帮助制订和强化执行合同，但制订和磋商新交易的角色应该主要由一线经理来承担。作为合同的维护者，一线经理的作用变得尤为重要。

阶段四：嵌入新合同。通过改变组织结构和人员管理流程来巩固新的心理契约（如薪酬和绩效评估）。这需要经现实检验，尤其是那些对员工影响最明显的领域，例如新的组织安排。对一些员工来说，除非他们与新上司和新的同事建立起关系，否则新合同就不算落地实现。

阶段五：履行新合同。要确保从首席执行官到一线经理就新的做事方式发出一致的信息，并做到言行一致。不一致性会导致不确定性，不确定性将耗尽本应用于变更的能量。

如果你要负责一次合同变更工作，可以调整并使用上述流程。然后，当你出去招聘员工时，你可以告诉他们，在他们的心理契约发生任何变化时，你有一种方法可以让这种变化成为一种可以容忍，甚至是丰富的人生经历。最终，改变心理契约的难易程度在很大程度上取决于雇用时所确定的灵活性。

三、过程就是信息

　　人才甄选技术的许多最新发展都聚焦于从众多应聘者中挑选到合适的人选。然而，招聘的挑战不仅在如何挑选出优秀人才，还在于如何吸纳人才。公司应当把招聘过程视为寻找合适人选的过程，不仅需要人选与公司价值观之间匹配，或是人力资本可用性与战略需求之间匹配；而且这种适配性还包括员工对工作投入回报的需求与公司所能提供的回报之间的匹配。我们来看一下美国国家航空航天局（NASA)管理者所面临的挑战吧。NASA 在 20 世纪 70 年代早期发展起来，以响应肯尼迪总统在未来十年内将人类送上月球的目标。美国宇航局的领导者必须招募到成千上万有才华且富有献身精神的人才。飞行操控主管克里斯·克拉夫特（Chris Kraft）需要找到痴迷于太空飞行的人，这些人情愿拿着相当于政府部门的薪水，每周却要工作 60 小时。美国宇航局需要对技术人才大量投入，提高他们的科学知识、强化他们坚定的目标导向精神，并投入无限的努力。作为回报，这份工作提供了巨大的内在满足感。这种满足感很高，但却是一种间接的公众认可（ 宇航员获得了大部分的荣誉），而报酬收入也只是一般而已。[8] 过去几十年美国太空计划的成就，归功于美国宇航局成功地建立和维持了这种协议。

　　企业应该如何管理甄选流程，才能使它标志着一段美好关系的开始？这里有一些策略，可能会影响最终能否找到合适的员工。这些观点支撑着一个关键主题——将潜在候选人视为投资者，他们在招聘和甄选过程中获得的信息量应该与他们提供的相等。

（一）确保甄选过程加倍有效

　　用一位学者的话来说："甄选并不是应聘者与组织建立联系而必须

通过的大门，它本身就是这种关系的一部分。"[9]人选所经历的一系列招聘活动不仅仅只是一种形式。招聘活动就是一种信息，它告诉未来的员工，"这就是我们怎么对待那些对组织有价值的人才"。招聘经历可以帮助应聘者了解潜在的雇主将如何对待被雇用的人选，如何看待自己的社会责任，甚至他们的产品有多值钱。[10]招聘过程为双方达成协议提供了首次机会。

当人力资源经理谈论有效性时，他们通常指的是甄选过程中确定能胜任这项工作的候选人的合法性。然而，每个人都有自己的合法性标准，并将这些标准应用在招聘过程中。一个人对雇用程序的态度取决于他对社会效度的认知。社会效度包括开放、公平、尊重和理性等概念。[11]社会效度超越了表面效度（应聘者认为甄选程序反映工作内容的程度）和预测效度（程序对未来工作表现的可预测程度）。[12]学者们一直在思考一些标准，这些标准给一些甄选技巧披上了有效性的光环，而另一些甄选技巧则像采访托尔克马达（Torquemada）一样吸引人。[①]心理学家海因茨·舒勒（Heinz Schuler）认为，从候选人的角度来看，四个因素使整个人才甄选场景具有社会效力。

1. 参与并控制甄选过程。候选人在甄选过程中的控制感增强了其对有效性的感知。有几项研究也支持同样的结论——与任何其他的甄选方式相比，面试能让人选感觉自己更像是过程的一部分，更能掌控自己的命运。[13]潜在的人力资本投资者希望获取口头信息。

2. 甄选技巧使用的相关性。对甄选方法相关性的感知取决于候选人是否有能力看到企业如何衡量与工作相关的人的特性，如何解释结果，以及如何运用结果作出招聘决定。在所有甄选方式中，工作样本方式和聚焦性成就测验的相关性得分最高。[14]

3. 向候选人提供有用的反馈。应聘者想知道他们在评估过程中的表现，他们不希望自己的结果像 D 日计划那样被对待。尤其是精明的组织能够从人选对公司反馈的反应中收集有用的信息。在《福布斯》描述的一个案

---

① 托克马达（1420-1498）是西班牙第一位宗教裁判所的大法官，大审问官。这里形容面对极其严酷的拷问。（译者注）

例中，一位候选人发现自己在咨询分析案例中表现不佳。她不厌其烦地寻求建议，以提高自己在其他面试中的表现。毫无疑问，她意识到在寻找咨询工作的过程中，她会有更多的案例分析面试。在询问面试后评估结果的几天后，她收到了公司的录用通知。招聘负责人解释了公司的选择："开放的学习心态对我们来说非常重要。"[15]

4.关于工作要求和组织特征的信息。为求职者提供有关工作和组织信息的甄选程序在候选人的心目中增加了有效性。特别是候选人想知道他们面临什么样的工作和要求，成功和失败的定义是什么，他们将如何利用发展和职业机会，以及他们怎么让自己的赚钱能力得到提升。[16]

用人力资本投入的术语来说，候选人询问的是组织期望的人力资本投入类型，以及他们可能从与工作相关的、个人发展的以及财务收入等方面获得什么。

（二）努力建立完全公开的协议

遵循上述的第四项建议，将确保员工与企业都对工作的基本构成有一个切合实际的概念。这是个很好的基础，但还不够。企业需要进一步掀开面纱，看看下面到底是什么。

赛普雷斯半导体公司就是这么做的。该公司是纪律严明的企业的典范。公司首席执行官 T.J. 罗杰斯（T.J.Rodgers）是硅谷中最强硬、最善于表达的领导人之一。他关于人力资本和其他资本管理的观点曾刊登在《哈佛商业评论》和《华尔街日报》等刊物上。在 1990 年《哈佛商业评论》的一篇题为《没有借口的管理》的文章中，罗杰斯提供了一些关于赛普雷斯公司文化的有力线索。这是一个不讲废话的地方，在这里员工制订自己的量化目标，控制预算，并且（正如文章题目所暗示的那样）不找任何借口。公司以事实为驱动力，软分析在管理决策中是没有分量的。有些人认为，赛普雷斯公司的管理方法过于死板和数据化。罗杰斯回应道，"我们的管理系统并不是用来惩罚或施压的；员工在没有我帮助的情况下给自己

施加了足够的压力。 这些制度旨在鼓励集体思考，使我们每个人每天要面对现实。" [17]

只有特殊的人才能够在这种环境里茁壮成长起来。然而，尽管其文化具有挑战性，但赛普雷斯公司并没有贬低人力资本。在他与《哈佛商业评论》的一次交谈中，罗杰斯说，要想长期获得成功，他的公司至少要比竞争对手在四个方面做得更好。其中之一是招聘到出色的人才，并留住他们。[18] 1997 年，赛普雷斯公司的销售市场部门决定提高招聘效率，并留住绩优者。人力资源部门估计，1997 年销售市场部门的人员流动率为 13%——这个数据在硅谷还可以，特别是在紧张的劳动力市场中。但对赛普雷斯来说，这还不够好，不足以保持它所希望成为的高绩效组织。[19]

销售和市场团队从多个角度审视他们的部门，以找到改善工作表现的机会。其中一组分析了组织与销售市场部门员工之间的协议（心理契约）。当然，他们找到了一些方法进行改善，其中许多侧重于更好的学习和发展机会，提高管理者的自主性，以及更有效地培养高绩效员工。协议团队（后来是这么称呼的）也认为需要更正式地定义和沟通协议，特别是在招聘过程中。协议团队要做的事情在赛普雷斯公司是有先例的；广泛共享信息是赛普雷斯公司文化的另一个宗旨。以下是该团队制定的协议声明：

赛普雷斯公司与你之间的协议

我们是谁

赛普雷斯公司致力于发明、制造和销售世界上最好的半导体产品。

公司对你的期望

赛普雷斯公司只雇用在销售和市场方面最优秀的员工，这些专业人士应当具备坚忍的意志、知识、技能、品质和精力去赢得胜利。要成为一名成功的赛普雷斯公司销售和市场营销专家，你必须具备一些重要的能力。

- 赛普雷斯的销售和市场专业人员都很聪明。你拥有我们这个行业最高水平的技术知识，并对赛普雷斯产品及其市场地位有全面的理解。

- 你可以将这些知识与对客户及其系统架构需求的理解结合起来，从而为公司和客户提供竞争优势。

- 赛普雷斯的销售和市场人员以客户为导向。你会以同理心对待客户，积极地为客户的解决方案而工作，为我们客户的业务增加价值。你遵守对我们客户的承诺，并力争超越他们的期望。

- 赛普雷斯的销售和市场专业人员目标明确。你运用分析技巧和信息驱动流程达到具体的、可衡量的目标。

- 赛普雷斯的销售和市场专业人员是可靠的商人。你的洞察力和智慧使你能理解公司成功的经营原则。你清楚自己在公司成功中的作用，并在竞争激烈的半导体市场上为赛普雷斯最大限度地提升自身价值。

- 赛普雷斯的销售和市场专业人员主动出击，行动独立。你不找借口。你已经习惯了击败竞争对手。你生来就渴望努力工作，抓住机会，解决问题并获取成功。

- 赛普雷斯的销售和市场专业人员在一个倡导辅导和发展的环境中工作。你除了自己想要成长，也要帮助他人成长。公司的经理和导师评估员工的发展需求，并采取行动支持员工个人和专业的提升。

- 赛普雷斯的销售和市场专业人员能灵活变通，迅速适应变化的环境。随着市场环境和组织结构的变化，你已经准备好改变自己运用知识、技能和个人特质的方式，以便更好地为我们的客户服务。

- 赛普雷斯的销售和市场专业人员以团队形式工作。团队成功高于个人成功，团队目标高于个人计划。我们希望员工能为团队利益作出牺牲。

- 赛普雷斯希望其销售和市场专业人员完全为公司投入这些能力，并（在公司的帮助下）努力进一步发展这些能力。

你能从公司得到什么

当你加入赛普雷斯的销售和市场部门，你就拥有这家公司。作为一名拥有者，你与公司达成了一项互惠协议。正如你有责任为公司付出你的努力和贡献你的能力那样，公司也有责任承认并奖励你通过贡献所取得的成果。你在赛普雷斯公司的投入回报包括以下内容：

你的工作

- 具有挑战性的工作，以及拥有责任和自由，去做你认为能帮助公司获胜的事情。
- 拥有职权和自行确定方向的机会。
- 对公司的成功施加影响的机会。
- 有接触高层管理者的机会。

发展机会

- 帮助你提升知识和技能的正式培训，以及帮助你成长并对动态的市场作出反应。
- 浓厚的非正式学习环境，以帮助你适应公司不断变化的需求。
- 为高绩效员工提供清晰的晋升路径和快速的晋升机会。
- 为持续学习和个人发展计划提供指导和辅导的培育体系。

财务报酬

- 具有竞争力的现金报酬（基本工资定位在行业的 75% 分位上）。
- 激进的股票期权和股票购买计划。
- 为高绩效者提供特殊的薪酬奖励（奖金和股票）。
- 有竞争力且灵活的健康福利项目。
- 利润分成。
- 电脑购买计划。

关于这一协议的内容很值得注意。首先，它包含了所有关键组成部分；表明了公司希望从员工投资者那里得到什么人力资本以及原因。它还向潜在雇员明确了未来投入回报将包括哪些。实际上，这专指的就是一种投资与投资回报的观点。而且这些观点都是以毫不含糊，且具有竞争力的条款来表达。但它并没有详细回答每个可能的问题。相反，该协议声明列出了候选人和面试官之间的讨论要点。

这份协议为潜在求职者提供了一个了解公司文化的窗口。协议中三次提及竞争对手和市场获胜。诸如"意志坚强""获胜的能量""目标驱动""具体可衡量的目标""不要找借口"这样的话，这些都传达出一种员工在赛普雷斯工作的感觉。这份协议也很清晰地表明，赛普雷斯公司是在一个动态的市场环境中竞争。换句话说，"除非你准备好适应，否则就不要来这里工作。所有一切，包括这份协议，都可能变化，所以，做好准备吧"。

一个公司可以通过在面试中提供信息的方式向候选人全面公开地说明协议的内容。现在很流行要求求职者举例说明公司想要的行为和能力。例如，如果公司需要一个擅长概念性思维的员工，面试官可能会问："请告诉我，你是如何把看似不相关的信息放在一起，以便更好地理解问题。"假如一家公司通过提供组织基本特征的具体行为实例来要求自己遵守相同严格的面试标准，应聘者在面试结束离开后会对他们有意加盟的公司了解得更多。如例4-5所示中按照工作投入回报的几个方面列出一些问题范例。如果应聘者没有主动探究公司的心理，面试官也要提供。让甄选过程中的信息丰富程度于候选人和公司而言都完全相同。未来的人力资本投资者理应享有充分的信息。

例 4-5 公司行为的范例

如果你是这么说的……	准备好相应的事例
内在工作特征	
这份工作在销售行业中算是顶尖的了——它真的会让你的销售技巧发挥作用。	举一个例子，说明这个职位的人面临的最有趣的销售情况。最成功的销售人员在这种情况下会怎么做？
在这个公司里，我们相信能为员工赋能。	描述有人代表公司冒险为客户服务的故事。那个人做了什么，公司反应如何？
成长机会	
该工作有快速发展机会，你可以很快晋升。	描述公司认为可进入"快速通道"的员工的特质。员工做了什么来证明自己的价值，他晋升得有多快？
我们会让你成为最新软件的专家。	描述公司认为可进入"快速通道"的员工的特质。公司做了什么来帮助他达到这样的地位，是提供培训、经历，还是两者兼而有之？
认可	
这个职位上的人是我们组织的核心，而且我们认识到了这一点。	举例说明该岗位的一名优秀员工如何得到其他部门同事的认可。
业内人士都知道，我们的工程师是最棒的。	描述最近离职员工的情况。他为何离职，去了哪里，找了什么样的工作？
财务报酬	
你有机会获得高达基本工资 50% 的年度奖金。	陈述过去几年的平均奖金百分比是多少，以及奖金的高低相差多少。表现最好的员工到底做了什么而得到奖励？

在西南航空公司的真正乐趣

　　有些公司不仅擅于通过面试交流和书面陈述，而且还通过招聘广告来传递其雇用协议的内容。美国西南航空公司，这家出现在公众所崇拜的公司名单上的航空公司，它所刊登的广告就体现它是一家致力于营造开心有趣氛围的公司。其中有一幅是孩子画的恐龙，线条外有大量的蜡笔痕迹。老师评价说："布莱恩很早就显示了具备在西南航空工作的潜质。"[21]

　　在西南航空工作可能是一种娱乐活动，但是公司的招聘方式的确取得极佳的效果。西南航空每年要收到约15万份工作应聘申请，涉及4000到5000个岗位。[22] 大多数申请人是由在西南航空工作的朋友推荐的，他们了解那里的情况。口碑已经成为让潜在雇员了解公司文化的主要途径。公司已经成为这种良性循环的受益者：

- 在首席执行官赫博·柯勒赫（Herb Kelleher）的领导下，公司创造了一种具有吸引力的文化，重视努力工作，同时也让工作变得有趣；
- 热爱自己工作的员工会向其他人谈论自己在西南航空的情况，而这些人将能更好地适应公司文化，并取得成功；
- 潜在的、志趣相投的员工人才库得以不断扩大，因此，西南航空可以挑选到拥有组织竞争成功所需的人力资本的候选人（包括增强轻松愉快的工作环境的行为）；
- 拥有了充足的人力资本，公司便可以战胜竞争对手，使业务蒸蒸日上，继续成为一个充满乐趣的工作场所，由此循环往复。

　　西南航空公司负责处理员工事务的部门不用人力资源这个词。负责员工管理的副总裁莉比·撒尔藤（Libby Sartain）这样解释自己的头衔："它从'人力资源'演变而来，人力资源意味着人是一种可以在被使用后抛弃的资源。"[22] 除了知道如何吸引所需人才，西南航空的人力资本战略明确区分了他们雇用的人才和他们通过培训发展的人才。撒尔藤说："我们雇用时看的是态度，技能是可以培训的。"

把这些信息提供给那些可能为你工作，也可能不为你工作的人，需要很大的勇气。你的诚实会让他们中的一些人退缩，他们会选择自己退出。有些人选择加入竞争对手，并把他们在这里的所见所闻告诉对方。就第一类人而言，你可能根本就不想要；而对于第二类人，你的竞争对手已经知道所有这些了。那些离职的老员工在加入竞争对手后，早就把这里的情况都告诉了竞争对手。与其隐藏自己的弱点，不如告诉应聘者你们正在如何改善这些问题，以及他们未来可以如何做出自己的贡献（并在这个过程中增加他们的个人投入回报）。

总结：人力资本的获取

员工与组织之间的这种"投资关系"不是从工作的第一天才开始的，而是从接触的那一刻就已经形成了。招聘过程不是舞会的前奏，而是职场华尔兹的第一步。

当心面试官的影响力

从应聘者和组织的角度来看，面试官在招聘这场戏中扮演中心角色。"面试官"是指那些（从人力资源部门的代表到一线经理）花时间与候选人面谈的人。与书面资料相比，求职者通常更相信这些公司代表。[23]

面试官带着一个看似简单的目标进入甄选过程——了解应聘者是否能为公司作出贡献。一项研究表明，招聘人员带着三个独立的工作价值定义进入面试：他们认为组织强调的价值观，他们自己的价值观，以及一套他们认为合适的普遍价值观。[24]工作价值观被定义为对成就、诚实、公平和关心他人的相对重视程度。在员工即投资者这个概念框架中，这些因素反映了工作内在的和以认可为导向的显著特征。除了这些价值观之外，招聘人员也有自己用来决定应聘者的"可雇用性"的标准。可雇用性是指求职者的人力资本对组织和整个就业市场的吸引力。

在招聘人员的思维运作系统中，经过一系列的思考过程，他们会评估每个候选人的受雇条件与组织价值观的匹配度。或许你认为招聘人员会根据公司对成就、诚实、公正和关心他人的重视程度来得出候选人与公司的匹配度。其实不然。招聘人员对候选人和公司之间基于价值匹配的评估主要取决于候选人与招聘人员之间的一致性。令人惊讶的是，人选与公司之间的价值匹配和可雇用性都处于次要地位。[25] 招聘人员似乎把事情个人化了。他们对候选人价值观和自身价值观之间匹配度的独特感知，影响了他们最终对候选人的兴趣。然而，是候选人与公司的匹配，而不是候选人与招聘人员的匹配，决定着职场的真正契合度。

在面试官扮演的所有其他角色中（事实发现者、解释者、信息传递者），还有一个值得注意的角色。面试官也作为合同制定者，代表公司与候选人进行敏感的首次谈判。而且，面试官在如何向潜在员工表达心理契约的方面也有很大的自由空间，"非结构化面试可能是最常见的甄选技巧，对这方面的研究表明，两个面试官经常会问完全不同的问题，并会向求职者提供不同的信息。如果这些人传达了不同的信息，他们可能为候选人所描述的未来工作不仅与实际情形不一致，而且在就业条件方面可能与'官方'立场也不一致"。[26]

那么，公司应该做些什么来引导面试官的影响力呢？这里有三条建议：

- 确保面试官与公司共享价值观。
- 确保他们理解并至少能传递出公司心理契约的大致概要。
- 模拟求职者申请的工作，补充到面试中。让他们分析客户问题、做一个实际的销售计划、和团队一起讨论市场营销的挑战。我曾不得不证明，我可以分析吸尘器制造商的成本结构。我还得通过即兴朗诵刘易斯·卡罗尔创作的贾巴沃克（Jabberwocky）② 来证明我是英语

---

② Jabberwocky是英国作家刘易斯·卡罗尔所造的词，为其作品《爱丽丝镜中奇遇记》中一首诗的篇名，意为"颠三倒四无意义的文章"。（译者注）

专业的。最终我获得了这份工作。

在第四章中，我们首先回顾了组织将战略需求转化为人力资本需求的过程。这是一系列人力资本管理活动的第一个环节。我认为，人才发展的可行性、紧迫性以及保留的需要将影响一个组织获取人力资本的战略选择。一旦战略形成，人才的获取过程（人力资本管理链的第二环节）就始于心理契约的形成。这份合同（如果你愿意的话，也可以称为交易）会将拥有必要的人力资本的员工与需要这种人力资本的组织结合在一起。这份合同包括三个要素：期限、对价和灵活性。每个要素都很难定义，也很难说清楚。尽管如此，组织还是有义务为自己和员工个人解决这些内在问题。只要承认心理契约一定存在，并努力建立起这种契约，这就是建立互利的员工与公司关系的重大步骤。

从本质上讲，招聘和甄选过程就是寻找诸多关系之间的匹配，这些关系包括战略需求与人力资本要素、工作投入回报需求与所提供的条件待遇、组织价值观与个人价值观等。为达到正确的匹配，甄选过程必须确保双方信息交换的平衡。这个过程本身向求职者传递了有关公司的信息。组织必须把候选人视为需要两种信息的人力资本所有者：毫无保留地告知候选人，公司对人力资本投入的期望，并且全面说明公司将提供的工作投入回报有哪些。对于大多数公司来说，工作投入和投入回报的信息主要通过面试获取。面试过程可以使双方真实地了解对方，并让候选人对甄选过程有更强的控制感。有勇气的企业对自己的价值观充满信心，对自己的成功充满乐观，甚至可以向求职者提供一份书面协议。仅此一步，就将使一家企业与其他那些较缺乏敏锐度，较缺乏自信心的竞争对手区分开来。

大约30年前，莱曼·波特（Lyman Porter）和爱德华·劳勒（Edward Lawler）推测，企业最终需要考虑雇用的是那些重视公司所能提供什么样回报的人选。虽然他们主要谈的是薪酬制度，但他们的评论与招聘甄选有关：

企业建立有效回报制度的第一步是要确保它所提供的奖励是员工普遍希望得到的。这一点看似简单，却常常被忽略。在日常操作中，我们经常忘记，不管给予者或观察者给予回报的价值是多少，回报的激励作用是来自接受者对它的重视程度。实际上，公司认为非常积极的奖励，许多接受者并不这么认为。但又有多少次公司会去确认这一点呢？最终，公司可能会系统地考虑选择那些重视它能够以最简便可行的方法给予特定回报的员工。[27]

我已经强调，做好招聘工作对于获得具有战略重要性的人力资本至关重要。但获取人力资本只是整个过程中的一个环节，下一个环节就是充分利用好它。一家公司能做些什么来创造一个高投入的环境呢？这一问题我们将在第五章和第六章中进行阐述。

第五章
通过职场环境搭建平台

尽管宣扬个人原则和自力更生等道德至上的观点，拉尔夫·沃尔多·爱默生（Ralph Waldo Emerson）对世俗的交换法则却有着敏锐的感觉。他认为，这个世界现行的做法就是一种不断地给予和索取。对爱默生来说，这个定律适用于工作，同样也适用于任何其他企业：

所有形式的人类劳动，无论是削尖木桩，建造一座城市，还是撰写一篇史诗，都绝妙地体现了宇宙间的完美补偿。无论何时何地，这个法则都是至高无上的。在会计的分类账栏目中，支出和收入的绝对平衡，即凡物皆有其价，若不按该价支付，所获则非该物而是它物，无价格之物永远无法获得这一信条的崇高地位完全不亚于其在国家预算中、在光明与黑暗的法则中，和在自然界中一切作用与反作用中的地位。[1]

对爱默生来说，明智的交易是一种终极美德。我们在第五章和第六章中面临的挑战是：定义这种交换发生的条件。我们将这些条件分为两类：一类是为工作投入铺平道路的要素，另一类是直接影响工作投入的要素。本章阐述的是前一类。

我们已经证实企业应该以人力资本的术语来定义战略，明智地进行招聘，方能建立起人才库，并最终征服其竞争对手。但是和其他资产一样，人力资本如不加以利用，就会处于闲置状态。在第二章里，我们介绍了将努力作为激活人力资本的催化要素的观点。20世纪80年代早期，杨科洛维奇（Yankelovich）和伊默瓦尔（Immerwahr）在他们关于美国工作伦理的论文中，引用了三位马克思主义经济学家关于努力在工作中的作用的观点："主流经济学家认为，一个熟练或有经验的工人一小时的工作可能比一个技能和经验不足的工人一小时的工作更有效率。但他们几乎总是忽视了对工人和企业来说都显而易见的事实——一小时的工作可以用不同程度的强度和技能来完成。"[2] 竞争优势有待进一步挖掘。珂帝（Kepner-Tregoe®）的一项研究显示，近三分之二的员工和管理者认为，组织使用的集体智慧只有 50% 或更少。[3] 如果把这个数字提高到 75%，你就会让竞争对手望尘莫及；如果提高到 100%，那你就会创造出奇迹！

这是另一种看待这个问题的方式——尽管制定内容丰富的投入回报协议是一回事，但执行协议以达到最大的共同效果是另一回事。要创造一个能使协议生效，让人力资本种子能够生根发芽的土壤和环境有哪些标准呢？普华永道的研究可以帮助解答这个问题。[4] 该公司于 1995 年和 1996 年进行了一次调查，最终得出了 1997 年普华永道职场指数。从车间工人、银行出纳到高级管理者的大约 2500 名员工回应了 1996 年的职场指数调查。他们都来自拥有 500 名以上员工的公司，代表着众多不同的行业，但不包括政府机构。我们对资料的分析表明，人力资本投入最大化的环境包括三个主要因素：

1. 与企业战略保持一致。工作投入必须以实现企业战略为目标。加强与业务要求保持一致的心理契约最有可能为员工和组织双方带来利益。

2. 理解。清楚地理解工作要求和合同期望是员工愿意投入工作的先决条件。合同及其所涉及的工作必须清晰到让每个人感到舒适的程度，同时将重点放在那些可以锚定可预测性的关键点上。

3. 相互接受。双方必须相信，他们将得到一个公平的交易，并且双方都愿意遵守协议中明确和隐含的原则。与勉强接受同样的合同条款相比，员工欣然接受合同更会展现出投资者式的行为。

这三个标准如图 5-1 所示。它们在图 2-5 所示中以"工作场所环境"的形式出现。如图 5-1 所示以框架形式来展示这些标准，即用一种视觉上的隐喻来表达其语境意义。它们看起来一目了然，然而，正如我们将要看到的，每一个标准都与员工为了公司的成功而投入人力资本资产的动机有着很大的关系。

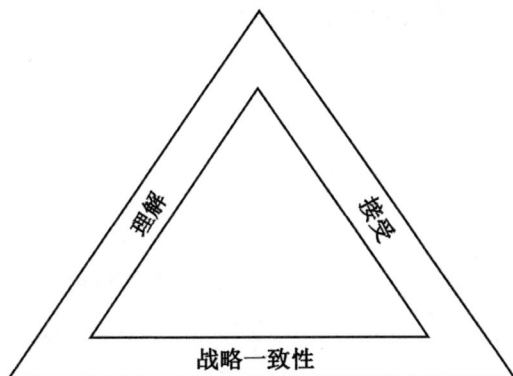

图 5-1 人力资本投入的框架

一、战略一致性：共同利益的重要性

员工意识到，除非他们的人力资本投入与企业战略保持一致，否则，无论是企业还是个人都无法最终获利。把员工的工作投入与企业战略结合起来，就可以增加企业在市场上取得成功的可能性。反过来，市场的成功带来了员工工作投入后所需要的回报（财务或其他方面的）。在第三章里，我们在企业战略与人力资本之间建立了高层次的联系。现在，我们就来探索如何让个体人力资本投资者能进一步看清楚这些联系的方法。

（一）让员工努力建立起联系

那些成功地将员工的工作投入与战略要务结合起来的公司采用不同的手段来建立这种关联。然而，最有效的方法都有一个重要的相似点。像 VISA 国际、当纳利公司（R.R.Donnelly & Sons——美国最大的商用印刷公司），以及 Gateway2000（南达科他州的电脑制造商）这些成功的公司都以各种方式努力完成一件事——让员工参与定义他们的人力资本投入与企业成功之间的联系。公司让员工找到客户满意度与公司成功之间的关系，帮助他们用自己的话术来定义公司需要什么才能成为（或维持）行业的领导者。概括起来，我们发现最成功的方式是一种垂直的、自上而下或自下而上的过程，如图 5-2 所示。

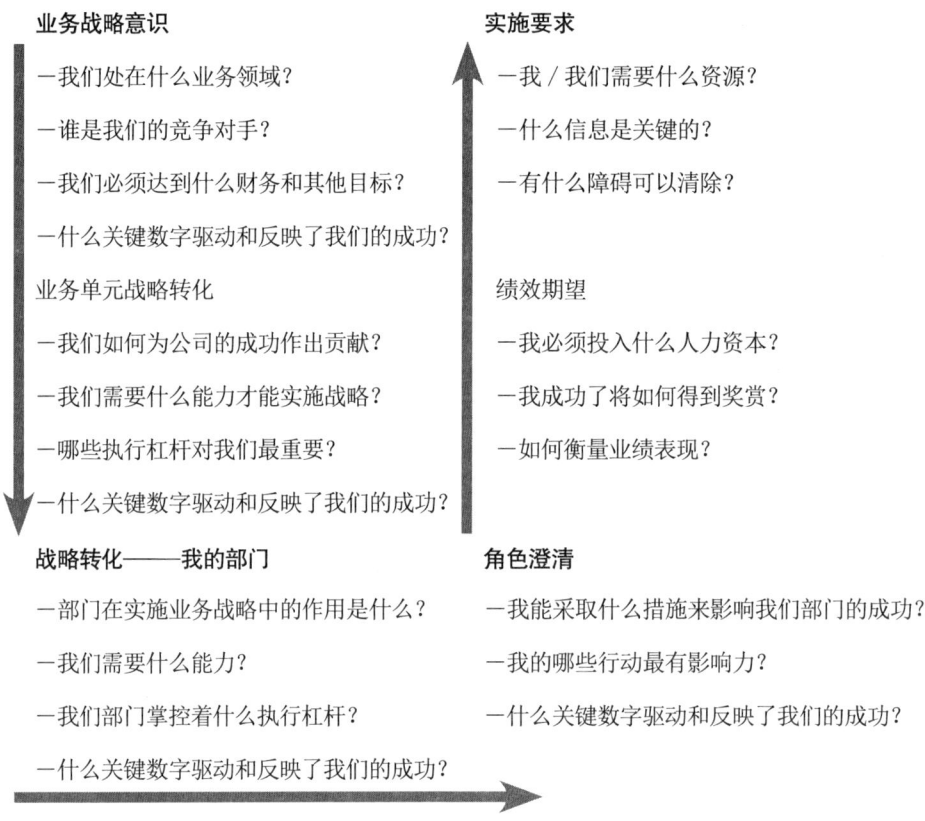

业务战略意识

—我们处在什么业务领域？

—谁是我们的竞争对手？

—我们必须达到什么财务和其他目标？

—什么关键数字驱动和反映了我们的成功？

业务单元战略转化

—我们如何为公司的成功作出贡献？

—我们需要什么能力才能实施战略？

—哪些执行杠杆对我们最重要？

—什么关键数字驱动和反映了我们的成功？

战略转化——我的部门

—部门在实施业务战略中的作用是什么？

—我们需要什么能力？

—我们部门掌控着什么执行杠杆？

—什么关键数字驱动和反映了我们的成功？

实施要求

—我 / 我们需要什么资源？

—什么信息是关键的？

—有什么障碍可以清除？

绩效期望

—我必须投入什么人力资本？

—我成功了将如何得到奖赏？

—如何衡量业绩表现？

角色澄清

—我能采取什么措施来影响我们部门的成功？

—我的哪些行动最有影响力？

—什么关键数字驱动和反映了我们的成功？

图 5-2　将员工与战略联系起来——自上而下和自下而上的方式

　　让我们回到恒久花瓣公司来看看他们是如何追踪战略成功要求的。假设人造花业务部门的主要目标是为母公司国际新颖内装饰公司创造收益。恒久花瓣公司的盈利战略要求能主导其狭义市场。它计划在引进创新性产品的竞争中保持领先地位。接下来，在自上而下或自下而上过程的第二步中，业务部门经理与其直接下属共同定义如何使创造和引进新产品有助于实现该部门的收益贡献目标。如图 5-3 所示展示了他们将制定的贡献路线图。

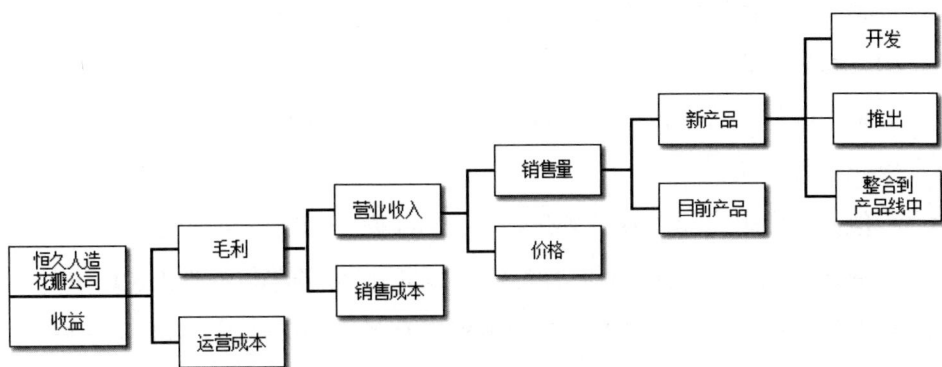

图 5-3　跟踪业务单元贡献的来源

有了这张图以后，产品开发部门就能和公司的其他部门一样，开展进一步分析，并制定出自己的贡献路线图。这没什么神奇之处，转化和提炼目标是一种常规的管理活动。然而，重要的细微差别在于转化是怎么发生的。管理者不会把自己关在办公室里，睡眼惺忪地盯着电脑屏幕，独自完成这项工作。在每个级别中，管理者都会召集其直接下属，让他们参与确定自己所负责的工作如何为上一道工序的成功作出贡献。这个过程将一直持续下去，直到公司的基层，使个人目标和激励性报酬计划与部门和业务单位的战略挂钩。这是自下而上的部分，个人目标会反映到部门、业务单位和公司目标中。

随着竞争的发展、技术的进步和个人角色的变化，为战略实施而将群体需求转化为个人贡献是一个不断完善和重新定义的过程。然而，我们可以把部门管理者和员工之间的互动看成是一个系列的三个阶段。在第一阶段里，管理者强调整个企业的大局，为员工描绘业务单位战略将如何助力企业成功，并用通俗的语言传达部门是如何履行其职责，帮助业务单位发挥其战略作用。

在第二阶段中，管理者和员工一起更为精准地定义部门的产出（商品、信息或服务）将如何为业务单位的成功提供支持。作为一个团队，大家共同描绘部门的产出贡献，即业务单位贡献路线图的部门版本。他们所描绘的内容将作为第三阶段讨论的指南。在这个阶段的互动中，部门所有人聚在一起，定义他们为团队所做的人力资本贡献。在将人力资本投入与部门成功之间建立联系的同时，员工也可以识别出以下几点：

- 最准确的方法来衡量个人和团队在支持经营战略实现中所作出的投入是否成功；
- 他们认为阻碍他们做出最有效贡献的障碍（糟糕的组织架构、资源缺乏等），清除这些障碍已经成为从部门到业务单位管理人员的责任；
- 低价值活动，无论它们在工作流程中有多么根深蒂固，都可以铲除，以提高人力资本投入的效率；
- 作出明智的工作决定所需的信息。

通过将人力资本投入与战略联系起来，员工不仅更好地看到自己的局部关系，而且对大局有更清楚的了解。信息是强化这种联系并给大局增添意义的关键。

（二）尽早并经常性地提供信息

要把人力资本投入和战略联系起来，就需要员工了解组织是如何成功的。为客户提供服务需要花多少成本？什么因素会导致这些成本发生变化？产品制造和服务提供过程中需要什么？如何更有效地利用这些资源？要使员工能够回答这些问题——不是给他们答案，而是让他们自己找到答案——就需要企业公开自己的信息。换句话说，企业应该广泛地发布财务、运营和战略信息。开卷管理并不是什么新鲜的观念。长期以来，顾问、学者和有见识的高管一直要求管理人员告诉员工企业到底是怎么运作的，并为他们提供信息，让他们能够把工作做得更好。正如著名的开卷管理专家约翰·凯斯（John Case）所言："开卷管理是公司治理的一种方式，让每个人都专注于帮助公司赚钱，就是这么回事。"[5]

有许多成功案例可以让大多数管理者去尝试开卷管理方式。聪明的企业已经找到富有想象力的方法来帮助员工了解公司的生意是怎么做的，以及他们如何控制那些决定成功的财务和其他可变因素。例如，当纳利公司创造了一种叫作"天空奶酪"的经营模拟游戏。模拟游戏的玩家经营一家在月球上生产不同种类奶酪的虚拟公司。然而，如果你透过这一异想天开的表面，你就会发现，这个游戏模拟了一个高产量印刷企业的运营模式。除了好玩以外，游戏者还可以学到如何使公司成功的一些具体细节（或基本要点）。[6]

既然有大量关于开卷管理的文献，而且有许多成功案例作为佐证，为何没有更多的企业想跟上这股潮流呢？究其原因，可能在于本能的恐惧，这种恐惧有以下几种形式：[7]

- 员工不懂得如何使用这些信息。一开始，他们确实不会。教会员工投资回报率、毛利率、市场份额，或凡是能让你的业务发展的基本知识就是最好的培训投资之一。而且，一些最重要的业绩指标也不需要 MBA 学历的人来解释。成本超支、员工人均收入、银行存款，所有这些知识都是相当直观的。员工可以很容易地理解这些数字所表示的业绩状况。事实上，他们所创建的贡献图可以帮助员工识别和理解关键数据。例如，对于恒久花瓣公司的一个产品开发人员来说，将精力集中于一些关键的业绩指标并不难。新产品的上市速度、过去一年推出的产品数量以及产品盈利能力都能充分说明该部门的业绩表现。

- 员工可能会被坏消息吓到。当情况不妙时，员工会知道。如果缺乏获取信息的渠道，他们就会忽视好消息，夸大坏消息。分享信息有助于创造一种环境，在这个环境中，发生坏事的情况会减少；即便一旦发生了，员工也能有效地做出应对。

- 我们的竞争对手会得到可以用来对付我们的信息。在这一点上，稍许的担心是有道理的。你肯定有一些绝密的数字不想让竞争对手知道。但请记住，离开公司的员工已经向竞争对手透露了一些秘密。这些信息，加上你的财务报表、行业报告以及你的客户分享数据，可能意味着内部的大部分信息已经在外面了。所以，你需要向员工解释什么信息需要谨慎处理，并确保业绩表现优异，使你的业绩数据足以击败竞争对手，因为他们无法达到像你这样的业绩水平。记住，那些从企业成功中获利的员工将不愿意泄露可能对自己不利的信息。

- 我们的客户可以利用这些信息来压低我们的价格。和你的竞争对手一样，你的客户已经得到了很多关于你公司的信息。此外，如果你以有竞争力的价格提供高价值产品，客户大概会希望以这个价格继续做你的客户。毕竟，他们要保证他们的供应商有良好的运营状况。本着合作精神，要求他们对你的业绩数据保密，然后向他们展示你的效率是怎么为他们创造价值，并为你带来企业得以维持生存的利润。

- 员工可能会知道高层管理人员赚了多少钱。如果你因表现得足够好而赚钱，那就没有什么好担心的了。如果业绩表现不佳，即便通过隐藏数据，问题也得不到解决。

位于洛杉矶中南部，地点不太好找的一家叫 Bonded Motors 的发动机再造商，其管理层利用每日的财务报告来强化员工与战略之间的联系。报告发布流程传达出这样一种信息——每个员工都有责任使公司成功，并且需要信息来做到这一点。该公司的创始人兼首席执行官说："每个员工，不论是卡车司机、门卫、秘书，都与公司财务状况有关。如果有什么问题，我们 200 人一起参与解决。"他们的心理契约认为，公司希望员工不能事不关己。他们人力资本投入的回报包括了相当于基本工资 12% 的季度奖金。公司高管说，信息共享，加上奖金计划，使公司净收入增加了 5%。[8]

与其他重要举措一样，合理地执行开卷管理是成功的秘诀。教会员工如何做生意可以从课堂培训开始，也可以通过工作模拟或游戏，就像当纳利的"天空奶酪"模拟游戏那样。然而，最有效的学习源于实际应用。让业务部门计算一下，他们工作方式的改变会对利润产生什么影响。让一线员工在每月的工厂会议上解释财务状况，使生产成本知识成为职位晋升的先决条件。最重要的是，让员工拥有利用信息改善业务的自主权。我们将在第六章进一步讨论自主权的重要性。

（三）战略一致性指数

我们可以利用职场指数的数据来展示战略一致性是如何影响投资者行为的。为了实现这种一致性，企业必须给予员工和工作团队方法和手段（资源、信息和方向），使他们能够提供高质量的产品和服务。这些可以进而使员工满足客户需求，有助于将企业推向其战略构想所展望的领导地位。职场指数中有六个项目反映了这些要求。这六个项目以及调查对象同意每项陈述的百分比（如表 5-1 所示）。除了最后一项（连接公司与客户利益）外，在所有项目中调查对象都给自己的企业打了高分。

表 5-1　战略一致性的指数项

指数项	同意的百分比
• 我的团队有明确的目标，以提供高质量的服务。	76%
• 我的工作团队有足够的资源，能够及时有效地满足客户的期望。	69%
• 我的公司能够对不断变化的客户和市场情况迅速地做出反应。	63%
• 我有足够的资源来高质量地完成工作。	71%
• 我认为我的公司正在努力成为行业的领导者。	74%
• 管理层期望我做的和客户希望我做的通常是一致的。	56%

资料来源：© 普华永道，1977 年普华永道职业场所指数（纽约：普华永道，1997）。

现在我们将这六个因素合并成单一的指数，表明个体有多大意愿投入人力资本以帮助公司成功，根据此问卷问题的调查结果来绘制指数的曲线。在第二章里，我们已将这种意愿定义为对组织的承诺。结果（如图 5-4 所示）显示，战略一致性和为公司工作的承诺之间存在着明显的正相关。事实上，如图 5-4 所示中线条的峭度表明，只要稍有一点一致性，就大有裨益。

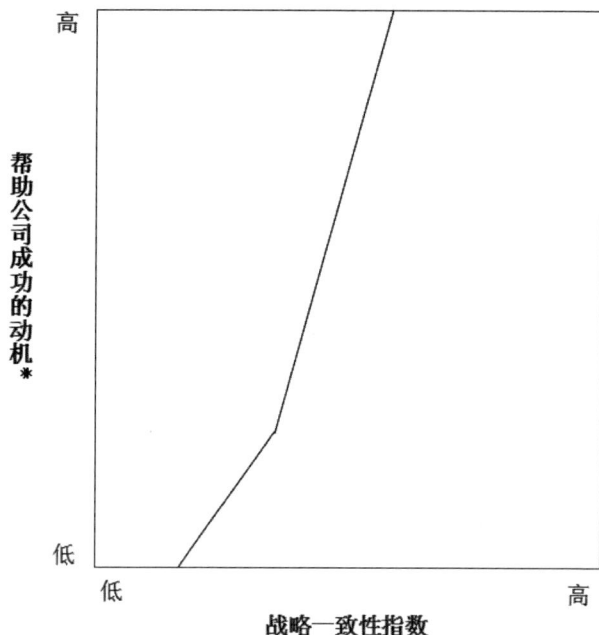

图 5-4　战略一致性与帮助公司成功的动机密切相关

* 反映了第二章中所定义的组织承诺。

资料来源：© 普华永道，1977 年普华永道职场指数（纽约：普华永道，1997）。

二、理解：在两个层面上进行沟通

作为苹果公司的首席执行官，约翰·斯考利（John Sculley）用这样的措辞来阐明公司的合同，以促进员工的理解："新的公司合同是：只要你答应将自己和我们的梦想捆绑，我们将为你提供一个表达自我和成长的机会，至少是在短期内。"[9]斯考利对投入（"将自己和我们的梦想拴在一起"）和对价（"表达自我和成长的机会"）做了一个大致粗略的表述。他用"一段时间"这个短语来指一个期限，但也暗示了无固定期限的灵活性。作为一个精干的公司，在招募有才华、富有创新精神、市场上非常抢手的人才时，他非常清楚地表达了自己的想法。如果你和在斯考利时代的苹果公司工作过的人交谈，会听到他们理解并接受这个简单的契约。

在建立和解释自己的心理契约时，每个员工将与许多不同的组织代表打交道。企业合同的制定者包括招聘人员、主管、一线经理、高级管理人员，以及该组织的指定代表（如猎头）。每个人都有机会从组织的角度对合同进行解释。[10] 在不那么正式的情况下，合同期望可能会在员工组成团队时，从事项目工作的过程中，或平时工作闲聊时，在同事之间相互传递。对于员工来说，要理解公司对自己的期望，关键在于消解由众多不同合同制定者所产生的噪音。

（一）从整体部分开始

那些希望确保员工了解自己如何适应成功的战略的公司应该一开始就起草一份高规格的宣言来阐述其人力资本投入的宗旨和心理契约。例如，伊斯曼化工公司的首席执行官制定了一套被称为"伊斯曼之道"的指导原则。鉴于其历来的家长式管理作风，公司的协议要求避免裁员，重新培训员工承担现有的工作，并通过约 19 家公司赞助的俱乐部提供娱乐活动。通过遵守协议中规定的条款，公司取消上下班打卡，加强员工对职业生涯管理的控制权。截至 1996 年，员工在公司的平均工作年限达 18.3 年，这样连续工作的年限令人印象深刻。在一项化工行业的调查中，员工对伊斯曼提供工作保障的评价为 85%，而其他 15 家化工类企业的平均评价为 45%。[11]

消防员基金保险公司（Fireman's Fund Insurance Company）采取了一个大胆的步骤，为员工个人和公司之间的心理契约起草了一份清晰的顶层宣言。每个员工都会得到公司一份所谓的"合伙人协议书"。整个协议看上去像是一份投资文件，开篇是消防员基金公司总裁兼首席执行官乔·斯蒂内特（Joe Stinnette）的一封信。他在信中的第一段中明确指出了该协议的目的："随着我们朝着新的目标迈进，公司对增长抱有很高的期望。为了实现这些目标，就需要你承诺分享技能、发挥才智并付出辛勤的工作。反过来，你也有权要求公司作出承诺。这个合伙协议表达了我们对你个人作出的详细承诺。"[12]

员工通读协议书后，接下来的部分与工作环境有关。这几页里描述了工作与生活平衡选项，如工作分担和压缩工作周。协议书还有关于学习机会、领导力发展和社区工作计划等。最后，关于财务回报的讨论在第9页。这部分包含了具体针对员工个人的工资和奖金信息。合伙人协议书没有回答每个问题，但它仍然是我见过的最好的尝试之一。它为员工与组织之间的心理契约描绘出了一个宗旨框架。

（二）来到具体部分

尽管公司高层的文件在阐述经营宗旨方面很有用，但对于员工来说，真正的意义在于个人目标的表达方式。如果制订得当的话，目标宣言有一个特定的目的——使员工知道公司期望他们完成什么工作。此外，目标宣言传达了（有时是微妙的，有时是直截了当的）成功所需要付出的努力（人力资本投入）。目标宣言还会提到（有时在同一处，有时在另一个文件中）成功所能得到的成果（报酬）。目标宣言甚至可以提供关于灵活性的信息，在某种程度上，它们意味着未来战略方向可能发生变化。进而言之，当个人目标宣言与部门、事业部的成功联系在一起，并最终与业务单位联系在一起时，可以作为非常有效的合同文件。

个人目标宣言有各种形式，从纸质的、电子表格的到粘贴在桌子边上的备忘纸条。在我们公司旧金山办事处，我们增加了一种新方法，一个用人力资本投入术语表达个人年度计划的方法。我们还有一种普通的由多个部分组成的记分卡。这要求我们明确年度目标，并给每项目标确定一个权重。权重反映了每个目标的战略重要性及其对我们年终奖金的影响。然而，多亏我们一个同事的主动性和聪明才智，我们有了一份容易填写的、更聚焦于人力资本的表单。这份表单要求每人考虑在这一年里计划投入什么，以及期望的投入回报有哪些。我的同事将这份表单称为工作投入计划书（IPO）。正如该计划第一页所述，它的目的在于"通过个人工作投入计划来使个人回报最大化"。简单来说，工作投入计划书是这样的：

工作投入计划书的第一部分，定义工作投入回报，阐明了人力资本投入的核心概念。它首先定义工作投入回报率（ROIw）：即回报（Return）（从工作中获得的四个要素）、投入（Investment）（投入的人力资本）和工作（Work）（作为公司的一员所扮演的角色）。第一部分还解释了人力资本投入如何帮助企业成功，从而使企业能够为员工支付其贡献所应得的回报，并要求员工能够为企业的不断成功付出更多努力。

第二部分为工作投入计划书的使用，即操作流程的说明指南：

- 1月，仔细考虑并完成这份文件的填写，同时在标准的平衡计分卡上设定年度目标；

- 3月和9月，与导师和经理共同回顾工作进展，并对工作投入方法作出必要的改变（如时间的运用、精力关注方面），还要注意投入回报是否与个人期望有任何落差；

- 12月，回顾一年的表现，计算最终的工作投入回报（见第五部分），并与工作投入的顾问一起评估。

第三部分，定义预期的回报，由员工逐一了解工作回报的四个要素，请他指定哪个要素的权重最大。在每个类别中，员工必须回答以下问题：

- 内在工作满足感：你觉得你的工作最有趣、最具挑战的是什么？是什么让你的工作有趣？

- 成长机会：公司如何通过技能培训、教育和项目机会来促进你提升能力？

- 认可：当公司了解你所做的贡献时，你最在意谁的意见？

- 财务报酬：你认为有竞争力的基本工资水平是多少？什么样的年终奖金才是对你所做贡献的公平奖励？

没错，工作投入计划书要求员工说出他们对薪酬的期望。这有什么不行呢？薪酬显然是工作投入回报中的一个重要元素，而且每个员工都应该了解薪酬是在一定的框架内管理的。没有理由不放到桌面上来说。

根据与先前定义工作投入回报所使用的格式和细节要求相类似，员工在第四部分的"定义工作投入"中，明确他意向做出的工作投入。这一部分并不要求每个员工列出自己的全部人力资本。相反，每个人需要考虑更基本的要素：

- 作为团队一员，他要做出的主要贡献；
- 在领导力方面团队能够期待的主要贡献；
- 他将如何运用创造力和创新力来改善公司的业务；
- 他将在这一年中如何为他人能力的发展作出贡献。

最后，第五部分是计算工作回报，要求员工对一年来的工作质量和数量从 1（不太好）到 10（优秀）进行打分。尽管这种打分相当主观，但作为对自己要求严格、专注的人力资本投资者，大多数人似乎仍可以对自己的表现作出清晰的评估。对于一年所得的工作回报，每个员工也做了相似的评分，采用的规则也相同。这样做虽然主观，但也出人意料的合理。然后，每个人审视两个数字之间的关系，同时对两者之间明显的不匹配保持警惕。对于任何较大的正偏差和负偏差，每个人都必须通过下一年度的工作投入计划书加以解决。

在设定正式的年度目标的同时制订工作计划书，可使人力资本投入与个人目标所支撑的经营战略无缝对接。每三个月回顾一次，以确保工作投入和回报不走偏，这与第四章所述的期限一致。也许最重要的是，这个过程将员工的经理或导师确立为其工作顾问。通过这个角色，导师或经理可以指导员工工作，使员工和组织双方获得最大利益。

管理者和员工面临的共同挑战是用理解心理契约的方法来补充人力资本与战略匹配的方法。这样做，组织和员工便可达成这样一个工作投入交易，它的功能体现为：

- 反映组织层面的宗旨宣言中阐明的那些条款，就像消防基金保险公司合伙协议中所表达的那样；
- 支持连接业务单位成功与员工人力资本贡献的贡献图所阐明的战略；
- 确定员工具体的人力资本投入和规定他能期望的投入回报。

（三）理解的指数

在职场指数调查的 60 个项目中，有六个项目与员工对职场规则的理解有关。如表 5-2 所示列出这六个项目以及同意各项的百分比。 那些遵循理解指数所反映的准则的公司会增加员工对自己与公司关系的深刻认识，进而增强了他们对公司目标的承诺。除了清单上的第一项（了解公司决策背后的原因）外，所有受访者对该指数中的其他陈述都表示高度赞同。

表 5-2　理解的指数

指数项目	同意的百分比
• 我理解公司决策背后影响我的原因。	56%
• 我对公司的总体目标、目的和方向有清晰的认识。	78%
• 我的角色和职责已经清楚地传达给我了。	74%
• 我明白我和公司之间的协议，即公司对我的期望，以及我对公司的期望。	75%
• 我了解使我的公司在财务方面取得成功的因素。	81%
• 我知道如何帮助公司实现经营目标。	75%

资料来源：普华永道，1977 年普华永道职业场所指数（纽约：普华永道，1997）。

如图 5-5 所示，在帮助组织成功方面，理解与承诺之间有着清晰、积极的关系。如同战略一致性，这条线的急剧上升，表明公司会由于理解的增强而获得高额的回报。

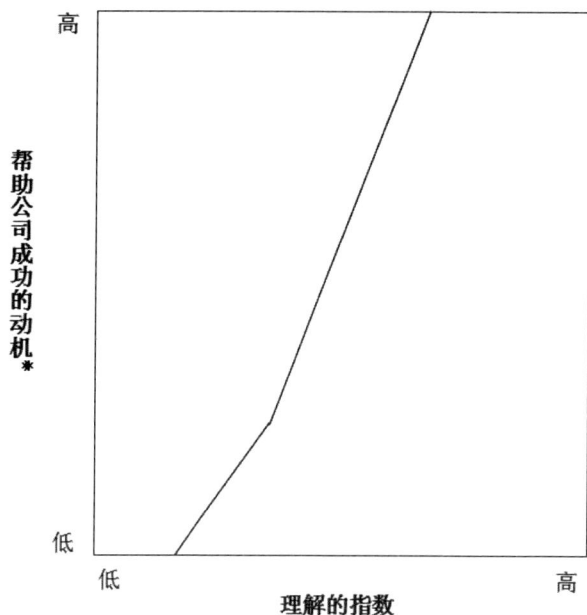

图 5-5　对交易的理解也与动机有关

[*]反映了第二章中所定义的组织承诺。

资料来源：普华永道，1977 年普华永道职业场所指数（纽约：普华永道，1997）。

三、接受：信任的影响力

如果各方都相信自己完全的付出会得到公正的评价，以及各方都相信对方会遵守合意的交易，那么各方都可以对结果的可预测性抱有信心。信任是相信心理契约能够持续下去的关键。信任是指我们相信别人会以符合我们最大利益的方式对待我们。信任他人的人愿意使自己易受他人行为的影响，甚至没有能力控制（或监视）自己的行为。信任犹如社会黏合剂，将公司、街头帮派、童子军以及各类社团从一盘散沙的状态转变成为有目的、运作正常的团体组织。

信任有两个来源，一是社会规范，建立在历史基础上。我们今天信任他人，是因为我们共享深埋于过往经历中的价值观、信仰和本源。橄榄球运动员相信自己的队友一定会阻止对方拦截，因为这一招他们已经练了上百次。而且，他俩都明白为什么这很重要，他们都想赢得比赛。一个核物理学家信任自己的同事并与之分享资料，因为他们对什么是好的研究有着共同的理解。对于使用借来的资料和剽窃的界限，他们之间也有很好的相互理解。此外，他们相互信任，因为在相似的学术环境中的经历，使他们建立了一种道德规范，可以让他们分享科学知识。

　　然而，我们并不在一起长大，也不在同一个球队打球，大学里学的专业也不一样。因此，任何一个企业可能都没有社会赋予的那种信任程度要求员工一起有效地工作。然后呢？这就是第二种信任的来源——社会结构。在现如今多样化、无边界、虚拟化的组织中，越来越少的人共享一套共同的道德规范。[13] 有些人就试图通过提出（并采用）能够产生信任的社会行为来填补这一空白。部分人可能会从事反社会活动，通过欺骗或恶意行为破坏或利用这个团队。这让我们想起一些旷工、小偷小摸以及虚报费用的人。更多人是想搭便车，利用团队成员的身份从中获益，但他们对共同的事业所做出的贡献甚微。如果要管控那些想占便宜和不劳而获的人，同时强化合作与分享，就需要等级和制度。兰德智库的社会科学家弗朗西斯·福山（Francis Fukuyama）指出："等级制度是必要的，因为不能始终相信所有人都会遵守内在的道德规则，作出公平的贡献。我们需要通过明确的规则和惩罚来震慑他们。"[14]

　　信任的来源对交易成本有着不同的影响。彼此不信任的人仍然可以合作，但他们需要一个强大的社会结构：规则、规章和契约。在信任度低的企业里，员工必须对每一项协定进行谈判、详细写出、强制执行，甚至可能提起诉讼。这都需要时间和金钱。因此，对一个组织的普遍不信任就是对商业活动征收了一种税，而这个税收减损了人力资本投资的收益。[15] 图 5-6 说明了信任来源与交易成本之间的关系。

　　当组织成员遵循支持信任但需要较少正式管理的社会规范时，成本就会下降，人力资本投资将会产生更高的净效益。

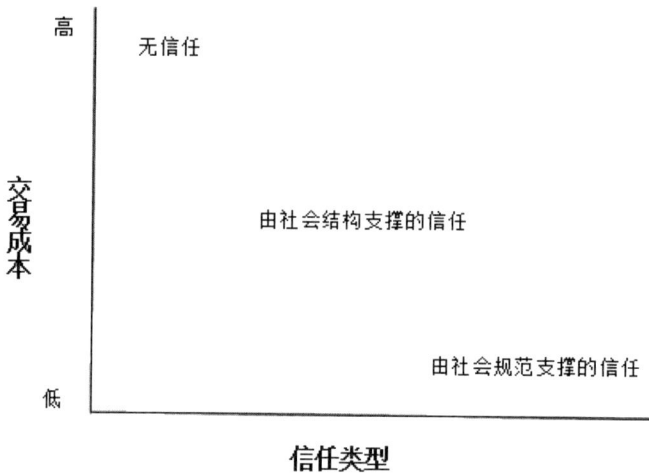

图 5-6　社会规范降低成本

资料来源：摘自福山，《信任：社会美德和繁荣的创造》，纽约：自由出版社，1995。

（一）通过参与建立信任

在一项关于信任的研究中，问卷调查者询问了 103 名大学生，请他们评估管理核电站的不同方法对信任的影响。受访者表示，只有一种方法能大幅提高人们的信任度——设立一个公众顾问委员会，负责监督核电站，并且在认为它不安全的时候有权进行关闭。换句话说，只有直接参与和控制那些影响他们的问题，才能增加他们对管理体系的信任。[16] 参与加速了行为规范的形成，这些规范可以取代更为正式、僵化（和昂贵的）的社会结构。需要规则和等级制度的信任是需要组织付出代价的。这种结构可能是必要的，但不一定是永久的。一旦团队建立了他们可以接受的规则，并表现出遵守规则的意愿，规则可能就变得多余了。一旦一个团队对其规范基础感到满意，去除无关的上层建筑机制就应该成为第一要务了。

价值的一致

公司是一种了不起的发明。通过这种形态，它们提供有限责任和其他法律优势，以吸引股东投资。由于拥有足够的财力购置大型机器并承担巨大的风险，它们可以通过生产个人无法生产的产品使消费者受益。若不介意我问，你能想象一家由个人单独执业的飞机制造商吗？公司可以成为效率的典范，亚当·斯密那个经典的别针制造案例就说明了这一点。 据他观察，10个针匠把工作分成不同的步骤，一天就能生产出48000枚别针。如果每个人单独工作，估计将生产不到20枚别针。[17]

这个经验是显而易见的——由商业组织实现的劳动分工，提高了生产率，降低了生产成本和消费价格。各地的别针购买商站着获益，当然也包括制造商。公司创造了一个市场，在这个市场中，员工不仅可出售自己的人力资本，而且增加了人力资本的价值。

企业致力于通过一系列项目来取得并保持成功，使自己充当起人力资本市场。尽管这些举措通常能够强化组织或提高其提供的工作回报，但结果有时会以奇怪的不平衡方式显现出来。换句话说，公司做的一些事情是以牺牲组织来伤害员工，而其他一些做法则产生了相反的效果。所有这些招数的最终结果可能对员工和组织都有利，但得与失的高峰与低谷是显而易见的。如表5-3展示了员工如何看待一般职场福利计划的分配。

表5-3　员工对谁从什么中受益的看法

职场举措	员工受益	公司受益	从未听过
激励奖金	75%	18%	4%
自主的工作团队	58%	27%	11%
授权	40%	41%	14%
组织重组	15%	79%	3%
组织再造	10%	64%	20%
裁员	4%	89%	4%

资料来源：摘自M.霍普金斯和J.L.赛格林，工作中的美国人，《股份有限公司》，关于小企业状况的特刊，1997，卷19第7期，第82页。

在员工看来，只有授权才能为个人和公司带来大致相等的利益。他们认为，其他的不是对个人不利，就是对公司不利。然而，1997 年公司调查的受访者中有 82% 表示，他们的雇主给了他们机会做自己最擅长的事；85% 表示，雇主的使命是让他们觉得自己很重要。[18] 综上所述，职场的人力资本市场与其他任何市场差不多一样。人力资源市场偶尔也会遭遇低迷，让人才经历一些意想不到的波折，但从长远来看，人才市场通常还是能产生良好的结果。

在大多数组织中，参与建立信任的机会比比皆是。管理大师提倡员工参与，认为这是解决包括从士气低迷到库存周转缓慢等一切问题的良方。然而，就人力资本管理而言，在几个关键时刻的参与会让员工对心理契约的信心产生深远的影响。参与在两个时间点会产生最关键的影响：当心理契约形成的时候，以及之后当需要对其进行重新评估或变更的时候。请看我们在本章和前面几章讨论的一些有关心理契约的事例：

- 通过明确招聘条件与工作要求之间的关系，以及完全披露公司准备提供并遵守的交易内容，让求职者有一种参与感和掌控感；
- 让员工负责确定业务单位战略与个人人力资本投入之间的关系，并让这种责任持续下去（而不是一年一次），因为战略肯定会变化，执行战略所需的人力资本也是如此；
- 在业务运作过程中，通过员工教育来强化他们的参与意识。为他们提供所需要的信息，使他们可以尽一切可能来影响业务成功。

这是人力资本投资者参与的经验法则——即把他们当成人力风险资本家。他们不是拿别人的钱在玩，而是在拿自己的人力资产冒险。因此，员工需要对工作计划和投入进行控制，而这正是最为警觉的风险投资家所需要的。可以预料他们会经常密切监控自己的工作投入回报状况，就像风险资本投资者仔细审查其投资的季度业绩时所做的那样。可以预料在进行任何可能影响其工作投入状况的重大决策中把他们纳入其中。我们需要把员工视为一个特别活跃的单人董事会，他们要对自己的工作投入和回报负有最终责任。

（二）信任一旦建立，应当用心培育

即使信任已经根植于社会规范和社会结构中，它仍然是脆弱的。一个不守信用的承诺，可以在一瞬间将其摧毁。在第二章里我们所引用的证据表明，尽管信任并不能直接使员工在工作中愿意做出额外的努力，但不信任往往会抑制员工的工作投入意愿。对管理来说，这意味着承诺要谨慎，说到就要做到。信任的不对称性加剧了其脆弱性。正如风险管理专家保罗·斯洛维奇（Paul Slovic）所言："破坏信任比创造信任容易。"[19]研究公共政策和政府管理领域的信任问题的斯洛维奇认为：

- 破坏信任的事情比积极的（建立信任）事情更容易被人看清；
- 消极事件比积极事件会带来更多的心理负担；
- 坏消息的来源往往比好消息的来源更可信；
- 一旦产生不信任，往往会加深和延续更多的不信任。

就强化心理契约而言，书面的或口头的文字，都无法替代行动。在《人力资源管理》一书中，精神病学家大卫·莫里森（David Morrison）评论道："人们通过感知和记忆所发生的事情来建立他们的期望。契约是根据人们的所作所为制定的，而不是根据他们说他们会做什么或者别人说他们应该做什么。正是由于这个原因，心理契约比正式的政策更为现实。事实上，这就是现实，而不是某人所说的现实应该是什么样子。"[20]在个人层面上，谁被雇用，谁被解雇，谁被提拔，谁被忽视，谁的报酬高些，谁的报酬低些，这些才是真正的合同。裁员、重组、合并或拆分虽都有现实的一面，但有时与公司印刷在员工手册或年度报告上的东西是矛盾的。

或许通过行动建立信任的最佳方式就是，即便情况由好变坏，也要坚持大家一致认同的心理契约。回想一下20世纪70年度末至20世纪80年代初，如果当时你在储蓄贷款机构工作（像我一样），那你真的要疯了。放松管制开始改变资产负债表的两侧。可变利率抵押贷款和禁止储蓄及贷款机构提供支票账户这一障碍的打破，永远改变了资产和负债管理。利率创历史新高；最优惠利率在 1981 年 8 月达到 20.5% 的峰值。一种叫货币市场账户的新产品威胁着要榨干银行和储蓄机构。所有这一切加剧了储蓄机构面临的由来已久的借短贷长的两难境地。聪明的储蓄和贷款机构不再做 30 年的抵押贷款。相反，他们将资金投到会随利率波动的投资中。

那时候不适合做住宅按揭的贷款人，除非你在加州的金西金融公司（Golden West Financial Corp.）工作。这家由赫博（Herb）与莫丽安·桑德拉（Marion Sandler）夫妇经营的储蓄机构知道一个好信贷员的价值。不管经济问题多么严峻，也不会迫使他们裁掉这些曾经为公司发展作出贡献的员工。换句话说，他们不愿意放弃这些人力资本——信贷员的判断力和销售技能。管理层反而在公司内部为信贷员安排其他职位，让他们发送邮件、分发办公用品，做任何需要做的事情。没错，这远没有从事按揭贷款工作有趣。然而，和其他公司的同行相比，这总比丢掉工作好得多。桑德拉夫妇继续雇用他们，坚持心理契约的核心，以持续巩固信任。后来当利率下降，贷款再次成为公司战略的一部分时，他们所采取的行动也为公司的快速启动奠定了基础。时至今日，金西公司（以全球储蓄的形式运作）仍然是美国管理最好的消费金融机构之一。

（三）接受的指数

来自 1997 年职场指数的四个项目表明了员工认为组织接受和遵守他们心理契约的程度。这几个项目（如表 5-4 所示）共同反映了对合同交易公平性的认识。答卷人在这份职场指数问卷调查中给驱动接受项目的打分低于给其他项的打分。也许是 20 世纪 90 年代早期的裁员所带来的怀疑仍然存在。或者也许是支付给首席执行官们的丰厚报酬让人们怀疑公司财富是否真的分享了。

表 5-4　接受的指数

指数项目	同意的百分比
• 一般而言，公司能够公正并一贯地执行员工政策。	56%
• 一般而言，公司能够公正并一贯地管理员工晋升。	45%
• 绩优员工比绩效一般或不良的员工可以获得更多的收入和认可。	44%
• 如果我的公司在财务上获得成功，我将会分享那份成功。	56%

资料来源：普华永道，1997 年普华永道职场指数（纽约：普华永道，1997）。

　　如图 5-7 显示，表示接受和工作投入动机之间关系的线条始于与战略一致性和理解相关的线条稍靠右的一侧。我们可以得出这样的结论：要获得员工最初的那点承诺，坐标上表示接受的单位要略多于表示一致性或理解的单位才行。这种比较很有意思，这表明在增强员工投入人力资本的倾向上，接受比理解的一致性提供的初始杠杆作用更小。

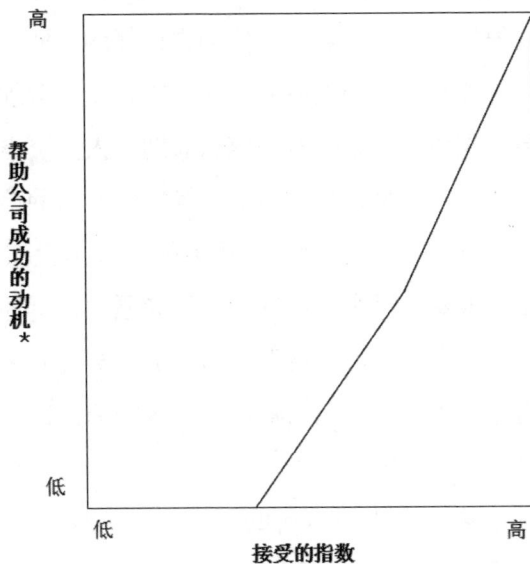

图 5-7　第三个框架因素：接受交易

*反映了第二章中所定义的组织承诺。

资料来源：©普华永道，1997 年普华永道职场指数（纽约：普华永道，1997）

总结：人力资本投入框架

在构建为人力资本投入最大化的框架时，本章着重分析了与心理契约相关的三个因素：战略一致性、理解以及接受。每个因素都与员工为企业投入人力资本的承诺有着很强的正相关性。

这三个因素通过相互之间的关联得到了强化。有效地把战略与人力资本投入结合起来的企业能够提高自身产生财务和其他回报的机会，而这进一步加强了对心理契约的接受程度。员工参与定义工作投入与战略之间的联系，不仅可以提高两者之间的一致性，而且还可以增加理解，加强对接受起支撑作用的信任。企业为建立信任所采取的行动增强了员工的理解，从而使一切得以延续。

两个重复的主题——参与和信息——贯穿此章。我们看到了参与在合同制定和执行过程的几个关键点是如何加强信任的。此外，当员工参与定义人力资本投入与战略之间的联系时，这些联系变得愈加清晰和稳固，使得企业更有机会去成功地实施战略。信息有助于人力资本与战略之间的匹配，有助于员工理解，并强化员工接受职场协议所需的信任。

本章介绍了另一个重点——管理者作为人力资本投入顾问的概念，这是他们所承担几个重要角色中的第一个。作为顾问，管理者和导师（不同角色，但有时是同一个人）可以极大地影响员工管理人力资本投入过程的能力。随着我们探讨的继续，我们将看到一线经理在人力资本投入过程中还需要扮演其他重要的角色。

作为一个整体，第五章中所探讨的三个因素将我们带回组织承诺这一概念。每个因素都是员工和公司之间的纽带。在讨论中，我把这三个因素看作是相互独立、大致相同的。但在我看来，在这些地位相等的因素中，通过信任凸显的接受占首要位置。一方面，增加信任对承诺的影响可能不如战略一致性或理解交易的收益那么显著。另一方面，我们应当把信任看作是拱门的基石——其他石头赖以支持的部分。如果没有信任，战略一致性便毫无意义，理解也将崩塌。

　　第五章确立了人力资本投入最大化的三大背景标准，现在我们继续讨论另外三个标准，它们直接影响员工看待工作的方式，而他们正是通过这些标准来进行人力资本投入的。

第六章
为人力资本高投入铺平道路

马克·吐温知道工作和娱乐两者的区别，因为这两者他都经历了很多。"工作就是身体必须做的任何事情……娱乐就是身体没有义务去做的任何事情"。[1]《汤姆·沙耶历险记》中的一段情节，也许是美国文学中最著名的一幕，它说明了两者之间的界限是非常难说清楚的。汤姆的姊姊波莉指派汤姆周六去粉刷屋前的栅栏。他的反应和其他热血美国男孩一样，试图摆脱这一苦差。在这绝望的一刻，眼睁睁地看着一天的大好时光就要被毁，汤姆忽然想到一个好主意。也许他可以和小伙伴们做笔交易——用一次令人满足的粉刷经历，来换取他们的工作投入。反过来，他可以在许多人的陪伴下，享受他的休闲时光。事实证明，他得到的远不止这些。他让粉刷栅栏看上去是件相当诱人的差事，以至于他的朋友为了做这件事，都需要付钱给他。汤姆获得了许多宝贝，如拴着一条绳子的死老鼠（方便提在手上摇动）、十二个弹珠子、六个鞭炮、一只独眼小猫和一个狗项圈（不带狗）。

就像吐温的短篇小说那样，这部小说让我们深入地了解了人性的一面。与我们最相关的概念是：在精心设计的交易中，所有各方都对自己获得的价值感到满意。第五章确立了这种交易的组织环境。在本章中，我们将进入这个框架,研究那些为高投入和高回报铺平道路而聚焦执行的要素。我们来看看这三个因素：

1.胜任力：胜任力包括完成一项要求很高的工作所必需的全部技能、知识、才能和行为。强调员工胜任力的企业不仅增加了潜在的职场投入，而且有助于释放这种潜能。

2. 自主权：员工拥有自主权所含的那种自由，就可以为个人行为制定原则，然后采取相应的行动。自主性强的员工比那些自主性较弱的员工投入更多的人力资本，因为他们工作不受限制性的规章制度约束。

3. 强化：我们已经用了足够的时间来阐述职场投入回报这一概念，这是一种广义的回报，用来交换员工的人力资本投入。但我们没有花太多的时间在组织兑现投入回报的方法上。通过遵循一些简单原则，组织可以确保人力资本投入的回报在下一次人力资本投入时产生最大的影响力。

如图 6-1 所示，将这三个要素放在第五章所构建的框架内。战略一致性、理解心理契约以及接受契约三者构成了整个组织环境。胜任力、自主权和强化使员工在工作中投入人力资本。在图 2-5 中，这六个要素统称为"职场环境和工作执行要素"。

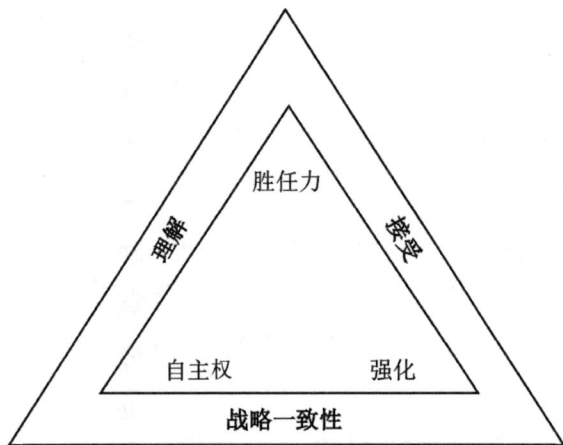

图 6-1 将胜任力、自主权和强化嵌入人力资本投入的框架

一、胜任力：行动能力

对胜任力的追求是人们了解并控制环境的心理机制。著名儿童心理学家让·皮亚杰说："我们需要了解效果，我们自己就是效果的制造者。"[2] 心理学家罗伯特·W. 怀特（Robert W.White）在 1959 年所写的一篇极为重

要的文章中认为，胜任力是一个动机性的概念。他说，人们有一种自然倾向，即通过探索新的环境和掌握新的方法来控制环境，从而寻求一种自我效能感。他将胜任力的动机层面称为效能，并这样来描述它："对效能的满足感会大大增强我们的兴趣，而这种兴趣往往能使我们在日常行动中保持良好的状态，尤其是当我们正在从事的工作有不断的新奇的成分出现。"[3]

胜任力通过两种方式对人力资本投入产生影响。首先，很显然，胜任力不断提高的员工有更多的人力资本可供投入。当可供投入的、能产生回报的资产增加时，个人和组织都会获利。其次，能提高胜任力的机会是有效人力资本投入的强大催化剂。消防员基金保险公司在其合伙人协议书中是这样表述的："当你提高自己的专业技能和经验时，就可以做出比竞争对手更好的决定，为团队做出更多的贡献，并为客户提供更好的服务。这将有助于我们在追求组织目标的过程中提高并维持利润增长。就个人而言，你可以学到更多的技能、知识和经验，提升岗位工作表现，有助于个人在事业上获得成功。"[4]

第七章将专门讨论提高胜任力的学习方法，这些方法与我们已经确立的人力资本理念是一致的。在本章中，我们将从更广泛的层面上研究一个组织如何能够创造一个促进胜任力建设的环境。

（一）将人力资本模型联系起来以支撑战略

许多组织将人力资本模型（通常称为胜任力模型）用于人才招聘、绩效评估、员工发展规划或薪酬管理。然而，我和我的同事发现，尽管胜任力模型得到了广泛应用，却很少组织协调他们的行动，以形成连贯一体的人力资本系统。招聘计划通常没有与发展模块挂钩，而且绩效评估方法可能只是恰巧与基于技能的薪酬结构相似。创建起这些应用模块之间的一致性，并将它们与战略联系起来，对于推动组织的能力建设工作至关重要。

特色家居用品零售商威廉·索诺马（Williams-Sonoma）公司已经着

手在其人力资本应用体系中建立这种链接。[5]该公司经营三个零售集团，通过店铺和商品目录销售产品；公司还有两个仅通过商品目录进行销售的部门。公司在过去几年里取得了令人瞩目的业绩，净销售额从1993年的4.4亿美元增长到1997年的9.33亿美元。该公司在36个州经营近300家店铺，每年邮寄1.35亿份商品目录。即便在管理这一井喷式增长的过程中，威廉·索诺马公司仍然改善了质量和客户服务。管理层明白，公司无论如何不能停滞不前。不断改进人力资本管理对确保公司能够持续成功将起到关键作用。为此，威廉·索诺马公司开始致力于协调招聘、绩效评估、员工发展计划以及继任计划，构建起一个包含十个部分的人力资本架构。该公司的人力资本模型要求管理人员使用这一基本设计框架进行员工招聘、培育和职业规划。该模型强调组织层面的人力资本要素，如沟通技巧、以客户为中心、业务知识和思维技巧。威廉·索诺马公司前任人力资源高级副总裁安迪·里奇（Andy Rich）说，成功的秘诀并不在于该模型中那些具体的要素："我们费了好大劲才让大家同意这十个因素是正确的。我们让所有人都参与进来，最终达成一致。然而，这样做的魅力在于定义的过程，而不是定义本身。除此之外，关键是要确保将招聘、评估和培育联系起来。"

里奇认为，尽管公司使用多因素人力资本模型的频率很高，但通常它们之间的联系是缺失的。"我认为只有不到1%的美国公司把人力资本管理全过程结合起来。"怡安顾问公司的研究数据证实了这一点。在怡安公司1997年人力资源趋势调查的受访者中，70%的人表示，他们公司的绩效管理体系需要提供更多的职业发展支持。近40%的人表示，加强与发展培训的联系将改善他们目前的绩效管理流程。[6]

为了将这些模块间所缺失的链接创建起来，组织必须首先定义执行战略所需的人力资本。第三章已提供了一个战略制订框架。除此之外，把招聘、甄选、培育、绩效考核和薪酬体系整合起来，是在共同的人力资本基础上建立特定应用程序的艰苦过程。以下有几条适用的原则：

- 确保人力资本的定义适合所有实际应用需求，例如，如果所创建的定义只适合指导培训和发展，而作为招聘条件又过于复杂，就没有意义了。

- 仔细评估（使用如图 4-1 所示的框架类型）每个要素是否可以由组织开发，或在招聘过程中需要特别关注。
- 按图 4-2 所描述的那样进行分析，以区分招聘与培育需求，并确定组织在选择"内部培养或外部招聘"这两者间有多大的自由度。
- 让员工和管理者广泛参与每个不同应用程序的设计过程；保证各设计团队共享成员身份，以确保相互得益。
- 在组织内部广泛沟通这些计划（以及支撑这些计划的人力资本基础）。
- 培训各级管理人员和员工，并强调计划之间是如何相互强化以构建公司的人力资本基石。
- 召集经理和员工团队，召开每个应用程序的季度设计评审和修改会议，并在计划推出后的头两年继续召开会议。
- 定期召开校准会议，检查计划之间的一致性，确保它们支持关键人力资本的建设。

（二）用愿教愿学者充实组织

胜任力作为人力资本的一种形式，包括两个主要组成部分：即教和学的能力。这两个方面都包含行为和智力，外加某种技能。精明的组织（以及那些想变得精明的组织）知道必须雇用那些这两种特质都非常突出的人，然后培养他们发展。马萨诸塞州纽顿市教育发展中心研究人员从他们对所谓"教学型公司"的研究中，得出了这样的结论：

一个企业能够影响的大多数因素都与外部强化有关，比如财务激励、认可、职业发展、增加权力和责任等。因此，在提高员工个人内在的学习动机上，企业似乎是无能为力的。企业看来能做的最多就是挑选那些有学习内驱力的员工。我们所做的访谈清楚地表明，员工对学习有不同的倾向和态度。成就导向高或具备自我激励的员工更有可能在企业内部寻找发展和成长的机会。有利于非正式学习的个性特征包括雄心、好奇心、竞争力、社交能力、想象力、反思能力、批判性思维以及自信等。[7]

对学习（和授课）能力和行为的评估应成为聘前评价的重点。根据第四章所赞同的全面公开协议的观点，面试官应该描述组织如何营造一种有利于学习和成长的氛围，一种能让员工充分利用其提升能力偏好的氛围。

（三）使胜任力成为组织的价值

教育发展中心在其研究中识别出组织为提高个人学习能影响的若干因素："研究注意到，当学习成为组织文化不可或缺的一部分，或成为组织的价值观时，组织就能营造出一种让每个人都学会欣赏学习的价值的环境。在一个学习得到强化、重视、欣赏和公开讨论的环境中，员工内化了学习的价值，并将其融入自己的行为中。"[8]

与企业日常活动的其他许多方面一样，价值的持久力取决于高管层的行动。如果高管的行为体现出胜任力是重要的，那么胜任力就会变得重要；当成本压力上升，但对有价值的培训的投入依然保留，那么就会凸显培训投入的重要性。如果高管本身达到持续提高能力的标准，那么他们就会理所当然地要求员工遵守同样的标准。如果高管有自己的人力资本发展计划来指导他们培养那些定义明确的能力和行为，那么员工会更愿意接受这样的计划。

为使胜任力成为一种组织价值，企业必须抵制轻易用不聪明的机器替代聪明人的做法。诚然，日常例行工作的自动化对员工和组织来说都是一个巨大的利好，但是它也有隐藏的代价。为了硬件和软件而牺牲人力资本，不仅剥夺了关键能力，而且逐渐削弱了胜任力的价值。分析人员在撰写有关工作自动化的商业案例时，很少注意到这些损失。这里有两个例子说明他们为什么应该注意这些损失。

首先来看一下应付账款流程。还有什么其他程序能比它更常规、更大量地用到纸张，且更适合用电脑处理呢？许多大公司已经裁减了其处理应付账款的员工数量，有的甚至裁了 50%。[9] 节省工资成本是显而易见的，也是诱人的做法。问题在于，一个称职的应付账款员工可以做电脑无法做到的事情：发现重复发票和账单错误，而且可以发现有缺陷的商品。超额账单所节省的金额可以支付员工数倍的工资（和老板的奖金）。当所有这些裁员发生时，应付账款的损失在过去几年中每年上升了 30%，金额每年可高达 100 亿美元。计算机根本无法捕捉到这些错误，而且电脑也不总能注意到即时付款是可以有折扣的。尽管电脑又快又便宜，但它不具备一个胜任的应付账款文员脑子里所拥有的判断力、直觉、经验和对问题的质疑能力。

现在让我们看看处于不断演变中的销售艺术。随着电子客户数据库、电话营销以及网络销售的出现，威利·洛曼③ 的时代已经成为历史了吗？据一个观察者说还没有。他讲述的一些案例表明，通过个人接触，销售代表可以在复杂的交易中重新进行谈判，梳理出关键需求的证据，收集到以其他方式无法获得的市场情报。在《华尔街日报》的一篇专栏文章中，特邀作者杰克·法尔维（Jack Falvey）总结认为："高技术时代的资料收集永远不能取代人与人之间的接触——一个优秀的销售人员与客户建立信任的能力、对微妙和意想不到的暗示作出的反应、在保护公司利益的同时灵活处理客户的需求。"[10]换句话说，组织无法轻易取代一个好的销售代表（或应付账款文员）所展示出的能力。致力于发展胜任力的组织是不会忍心放弃这种人力资本的。那些聪明的组织明白，通过与绩效联系，胜任力可以支持对工作的投入，然后是人力资本投入。更好的胜任力可以带来更好的业绩表现；而更好的业绩表现继而提升了员工对组织工作的一系列任务的满意度和参与度。此外，胜任力建设作为工作投入回报的一个要素，对人力资本贡献具有正面的影响力。

---

③ 此人为《推销员之死》中的主角。（译者注）

二、自主权：不止于授权

为了强调自主权的重要性，让我们区分一下自主权和它的远亲——授权。授权意味着放弃权利，将控制权由经理转移给员工。在很大程度上，授权运动是为了打破长久以来弗雷德里克·泰勒科学管理的枷锁。泰勒认为，给予没有积极性的员工工作的自由裁量权，只会使他们偷懒并妨碍生产力。他主张将控制权交给管理者，由他们规划工作流程，直至每个细节。用泰勒自己的话来说："每个员工的工作都是由管理层至少提前一天完全计划好的，而且，每个人在多数情况下都会收到完整的书面作业指导书，详细描述他要完成的工作，以及完成这项工作的方法。"[11]

矛盾的是，授权有时会强化上级管理者和下级员工之间的等级关系。正如员工经常发现的那样，组织可能授权他们把事情做正确，但不能犯错误。例如，在伊斯顿公司（Easton Corp.）的一家小型锻造厂，管理层热情地拥抱一种形式的授权，这种授权包括由团队对错误进行公开的惩戒处分。但这种授权有时会产生适得其反的结果。"他们说这里没有老板，"一位在工厂工作很久的员工说，"但如果你把事情搞砸了，很快就有老板出现。"[12]

自主权的意思就不一样，它比授权更进了一步。它源于希腊语中自治的意思。引用心理学家爱德华·德西（Edward Deci）的话，"自主……意味着一个人的行动是出于自愿的，他的选择是有意识的，且享有灵活性和个人自由。它是能让人以符合自己的兴趣和价值观负责任地行事的一种真正的意愿。自主的反义词是被控制，也就是说你的行动、思考和感受是为某种特殊的方式所逼迫的"。[13]与一些管理者的担忧相反，随自主而来的真正控制并不要求他们放弃行使自己的权力。换句话说，控制不一定是一场零和博弈，它会随着越来越多的人拥有而扩大。懂得这个概念的管理者会鼓励其下属担负起自己的工作。[14]这增加了员工的控制能力，能够自主做决定的员工更有可能配合好管理层的政策。因此，管理层的影响力也增加了。

这并不是什么盲目乐观，只是多一些选择和灵活，少一些控制。《商业周刊》1994年的一篇文章描述了自主权不仅可以在高技术、新生代企业中发挥作用，而且在一般的企业里也是可行的。在马萨诸塞州剑桥市的韦恩·史蒂文森（Wayne Stevenson）汽车修理厂里，当汽车在修理厂时，车身保养员就要负起责任，从头负责到底。"我们有一套参数指标，"史蒂文森说，"然后他们要做的就是必须负责任。"我们对工人们进行交叉培训，使他们学到新的技能，并让他们每年回到学校重新学习，以确保不断更新他们的技能。五年来，汽车维修厂的客流量每年都翻番[15]。

自主权以三种方式提高人力资本投入和工作绩效。第一种方式很直接——有自主权的员工，即那些拥有信息并能自由工作的员工，可能比那些受到更严格控制、信息不那么灵通的员工表现得更好些。第二种方法来自工作投入回报提高后的影响。随自主而来的自由及对工作的掌控构成了对人力资本投入的内在回报，内在回报的增加将产生更多的努力付出。因此，当自主权得到提升时，员工和公司都将获益。家庭和工作协会在其研究中证实了员工自治的有益影响。"当员工拥有更多的工作自主权，和对工作计划有更多的控制权时，他们就觉得不会为工作所累，对工作将更满意，在工作中会更加主动。此外，拥有更大工作自主权的员工更愿意把工作做好，对雇主更加忠诚，而且与其他员工相比，他们计划在公司工作更长时间。"[16]

自主权的第三个益处是降低了与管理相关的成本。下面我们将探讨关于管理者如何增加自主权的一些想法。

（一）松开工作流程中的刹车

在当今知识经济的时代，管理者几乎不可能希望对工作流程采取泰勒主义式的管控方法。我们生活在一个裁员后的世界里；企业已经得出结论，一个控制范围狭窄的中层管理团队所占用的成本是站不住脚的。其他管理者因工作过于复杂、繁重，无法进行详尽的工作规划，就更不用说泰勒所提倡的那种提前一天做书面工作计划了。正如《华尔街日报》一位作者所言："经理人现在必须监督分布在不同地点，甚至不同大陆的众多员工。他们必须管理多个职能部门，比如设计、财务、市场营销和技术人员都要向他们汇报。如果公司建立工作团队，管理者就必须扮演一个更加模糊的领导角色。他们必须是变革的推动者，是最近的流程再造或组织重组的拥护者，即便他们与计划的制定毫不相干，或者不同意计划。"[17] 最重要的是，他们应该规划员工的工作吗？

创造一个支持自主的工作环境的秘密其实根本不算秘密，好的公司已经这么做了几十年了。詹姆斯·柯林斯（James Collins）和杰瑞·波拉斯（Jerry Porras）在《基业长青》这本书中称赞惠普在其公司文化中植入了自主权。他们指出，为了支持在员工个人和业务单元层面的自主权，"惠普一开始就采用了一种管理方法，即'提供一个明确的目标，给予个人尽可能多的自由来实现这个目标，最后，通过确保员工的贡献在整个组织中得到认可来提供激励'。后来，随着该公司在20世纪50年代的迅速扩张，它将这种管理方法扩展成为一种高度自治部门的分权组织结构，这些部门都成了小型企业"。[18]

自主权将我们在其他地方讨论过的许多原则结合在一起。根据之前的观点，以及惠普的经验，我们可以得出这样的结论，当公司做到下列这些事情，就可以培养起员工的自主：

- 确保员工知道需要做什么工作，这是一种通过将员工与企业战略联系所培养出的精神状态。
- 建立一支咨询顾问 T.J. 麦考伊所称的"知情自决"的员工队伍。[19] 关键因素是信息——关于业务如何运作、如何赚钱、如何衡量成功、员工的贡献如何以及为什么会产生影响；我们在考虑开卷管理和自上而下或自下而上战略之间的联系时谈到过这些问题。
- 培养有效工作的能力。这让我们回到胜任力问题，我们可以将胜任力定义为有效自治的能力。

罗伯特·怀特关于获得胜任力的动机的概念与上述有关自主权的观点的确紧密相关。要获得胜任力就需要有自主权；对个体所处环境进行过多的外部控制将削弱激发学习冲动的内在新奇感。个人的发展以牺牲自身所处的周围环境为代价。刚性的边界限制了知识和自治的扩展，因而抑制对胜任力的追求。

相反，胜任力通过为个体提供行使自决权的机制来支持自主权。德西认为，"由好奇心和兴趣驱动的对能力和自主权的追求，是一种互补的成长力量，它们使员工变得越来越有成就，并在一生中持续学习"。[20]如图6-2所示中的矩阵所示，只有当两个要素共存时，员工和组织才能互利。

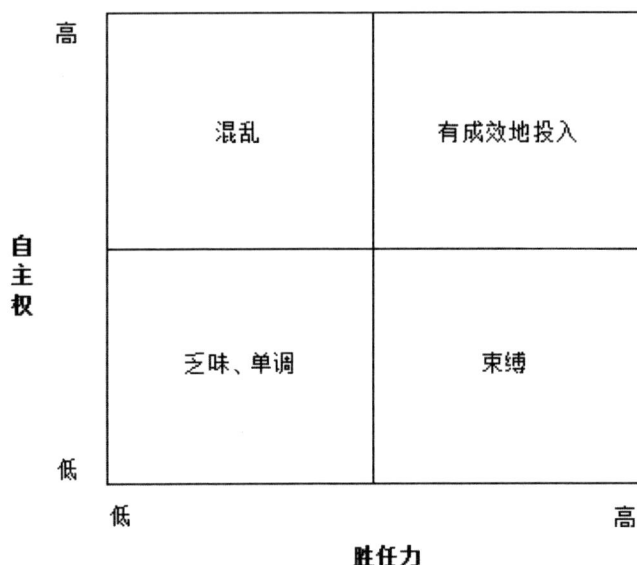

图6-2　自主权加上胜任力提高了人力资本投入

资料来源：摘自E.L.德西与R.弗雷斯特，《我们为何做我们要做的事：理解自我激励》，纽约：企鹅书局，1995。

我们的目标是营造一种既支持自主权，又培养胜任力的环境。如果自主程度低，胜任力高，就意味着榨取员工；自主程度高而胜任力低则意味着员工做了一些非常没价值的工作。

（二）用奖励支持，而非用奖励控制

公司建立奖励体系是为了在员工中激发（或至少是提升）他们的动力。管理者认为自己生来就知道如何激励员工——奖励他们想要的行为，这种行为就会持续下去。对于行为主义者来说，这个等式很简单。以员工采取行动只是为了获得奖励或避免惩罚为前提，他们制定了两者兼顾的薪酬计划。那就是，做得多，挣得也多。如果没有达标，那你就拿不到钱。要是按照"风险薪酬"计划，员工没有达到业绩指标，那么他的所得可能甚至比得到奖金之前的薪酬还低。

一些心理学家认为：问题在于，从行为主义系统发放的奖励会削弱自主权，从而降低积极性，而不是增强积极性。那些不赞同行为主义方式的人将他们的论点建立在以下三个要点。首先，他们认为企业所提供的奖励都是外在的。其次，外在因素产生不了内在奖励所引发的那种自发的人为努力；这一点我们从第二章的交易型和关系型的工作回报讨论中已经了解到。第三，而且最微妙的是，金钱奖励通常来自一个控制体系，一个削弱自主权的系统。

心理学家特丽莎·阿玛贝尔（Teresa Amabile）分析了金钱奖励、控制力和创造力之间的关系。在一项研究中，她和她的团队比较了以获取佣金为目的和不以获取佣金为目的的艺术家的作品。他们发现，那些以赚取佣金为目的的艺术家的作品没有那些不以赚取佣金为目的的艺术家的作品有创造性。"重要的不是明显为酬劳而签约这件事本身，而是艺术家在多大程度上受到佣金条款约束。"[21]

然而，阿玛贝尔强调说，外在和内在的奖励是可以共存的。例如，一些艺术家认为佣金赋予他们艺术创造的手段。如果把金钱对积极性的影响归结为非善即恶就太简单化了。给金钱的方式决定了它是释放还是束缚积极性的内在来源，是与积极性的内在来源相一致还是相矛盾。正如阿玛贝尔在 1997 年接受全国公共广播电台采访时所说：

我认为，说通过奖励可以轻易地提高创造力显然是错误的。这太过于简单化了。奖励会扼杀创造力，这个说法也过于简单化。折中的观点应是，员工必须感觉到他们所做的并不是为了得到奖励，而是他们在做自己感兴趣的工作，他们在意自己所做的工作。如果这一点得到实实在在的落实，那么支持胜任力的奖励，那些使员工能够做他们感兴趣的事情的奖励，确实可以将创造力提高到更高的水平。[22]

如果你接受阿玛贝尔所表达的观念，那么岗位设计和工作投入回报中的非现金要素的制定就应该先于整体薪酬体系设计。与其说我们建立"你干这活，因为你会得到这份报酬"的薪酬系统，还不如把目标定为"做这项工作，因为……"

"你帮忙设计了如何完成这项工作。"

"你知道这对组织的成功有多重要。"

"这本身就很有趣，还能发挥你的创造力。"

"它可以帮助你提高你的技能和知识。"

"组织会认可并赞赏它对团队成功的贡献。"

三、强化：兑现工作投入回报

确保奖励不会导致自主权流失的想法引发了一场更广泛的，有关企业应该如何向员工投资者兑现工作回报的讨论。我们的口号是公正，即公平地分配生活中的好东西。公正本身并不会使员工投入人力资本。然而，一旦公正缺失，就像在路面设置了减速带，将使员工在职场上减少人力资本的投入。失去的生产力可能很难衡量，但这的确是真实存在的。例如，来看看华尔街金融机构每年的薪酬分配：

除非你见过在发放奖金时候的华尔街，你就不知道什么是无政府主义。在劳动节离我们渐渐远去，而随着感恩节到来，每家公司都成立了一个委员会来决定员工的奖金，而每个员工都试图用各种方式让委员会相信，自己的工资太低了。这里所采用小招数就是既要指出去年所拿到的

685000 美元非常不公平，又要不显得自己是荒谬可笑或忘恩负义的……那些远离奖金纷争的人，就像那些站在加尔各答机场传送带后面的人一样，他要用下半辈子的时间来等待自己的行李。[23]

可以想象一下，所有人才都在消耗能量，重新计算和谈判奖金，而不是把精力放在和客户做生意上。此外，请注意对公正的感知是有一个相对的（非绝对的）基础。如果你认为你应该得到高达 70 万美元的奖金，那么即便是 68.5 万美元的巨款也是不行的。别管这两笔钱中的任何一笔都能够养活危地马拉一个城镇的人口一年了！

通过展示公正，组织的运作方式可以铲除这些阻碍进步的绊脚石。公正有两个来源：内在程序的公正性和结果的公正性。[24] 第一种形式，程序的公正性取决于过程。它要求组织作出的决定（并分配奖励）能够让大家都满意。第二种形式，分配的公正，这取决于结果。分配的公正是用个人结果，比如奖金的收入，来预测满意度。

（一）确保程序的公正性

程序的公正和那些更为明显的工作回报要素在员工满意度中都起着重要的作用。要记住：奖励是调节绩效和满意度两者的因素。对薪酬制度影响的研究表明，员工对薪酬程序公正的认知比实际薪资水平对工作满意度的影响更大。[25]

我们可以通过路易维尔（Louisville）④一家叫蓝泰克（Lantech）的小公司所经历的事件，看到员工如何操纵或规避他们不信任的系统。[26] 蓝泰克管理层曾经根据五个独立部门各自的利润来确定奖金。高绩效部门的员工可以拿到正常基本工资 10% 的奖金。然而，各部门的工作是相互依赖的，这使得要分清利润成了一场噩梦。各部门不择手段相互竞争，试图将成本转嫁到其他部门，为自己争取收入。"由此引起的暗中筹谋、拉帮结派和闲言碎语多到令人难以置信。"公司首席执行官如是说。员工甚至在为谁应该负责购买厕所的卫生纸而争论不休。有人建议会计部门根据每个部门

④ 美国肯塔基州北部城市。（译者注）

的性别构成来分配卫生纸的费用。他们的依据是女性比男性使用的卫生纸更多。

在构建一个公平的职场工作回报分配体系上，管理者面临着严峻的挑战。一方面，薪酬体系管理的原则在人力资源从业者中尽人皆知：即要做到简单、将薪酬与业绩挂钩、与每个人沟通薪酬结构。薪酬毕竟是工作投入回报中的一个交易要素。某种正式的协议或政策支配着大多数薪酬管理体系。另一方面，当工作投入回报中那些无形的、关系性质的要素发挥作用时，规则就变得不那么清晰了。例如，什么指南适用于员工认可的分配？薪酬管理原则只是一个好的开端，但不够深入。一位研究社会公平的学者提出了评价决策公正性的六项标准。他的标准为那些掌握关系型工作投入回报分配的管理者提供了有效的指导。[27]

1.跨越时间和人群的一致性。确保当下的决定经得起先例的严峻考验。

2.没有个人私利。不让个人的偏见或偏爱影响奖励的决定。

3.使用准确的信息。只依据客观信息，而且经过所有相关方审查后，反映大家共同一致的意见。

4.有纠错机会。为那些认为自己受到不公平待遇的人提供申述流程。

5.考虑所有相关人员的利益。不要以牺牲一方为代价而让另一方获利。

6.伦理和道德标准的应用。用奖励来鼓励那些对组织有积极影响并强化组织价值观的行为。

如果你读了这份清单，然后对自己说："这将有助于建立管理者与员工之间，以及员工与组织之间的信任。"那么恭喜你了，能够在引发人力资本投入的诸多因素中发现这种细微的联系，你应该为自己点赞加分。

（二）别忘了个人公平

心理学研究支持这样一种结论：人们会构建一个个人奖励与努力的比例。说到具体的奖励，比如薪酬，当个人的奖励与努力的比例越大，对奖励程序和结果的满意度就越高。[28]相反，如果我认为我应该得到的和我实际得到的之间的差距越大，我就越不满意。[29]

再者，一年一度的华尔街道德剧可以教会我们，人们是如何个性化地看待他们应得的东西。20世纪90年代中期，沃伦·巴菲特曾设法改变所罗门兄弟公司（Salomon Brothers）的薪酬管理方式。根据他的构想，该公司200名常务董事中，除少数几位外，其余的都将获得40万美元的固定工资。当公司利润达到一定水平时，每人还有资格获得后续的奖金。在1994年即将结束时，公司准备公布税前亏损近10亿美元。根据巴菲特的计划，奖金将会少得可怜。随之而来的骚动是可以预见的，所有未离职的员工都威胁要离职。标准普尔将公司这样大规模的动荡和人员离职列为降低所罗门公司信用评级的理由。[30]最终，所罗门公司放弃了巴菲特计划。这么一来，巴菲特原来想在华尔街公司首先尝试实施的"个人应为整体利益牺牲"的理念也就此寿终正寝。

为解决这种个性化的现象，管理者必须注意，员工有许多不同的方式获取有关组织现象如何影响他们的信息。根据"行动胜于雄辩"的理论，组织必须特别关注那些反映组织现实的关键事件。管理学教授丽莎·冈德利（Lisa Gundry）和丹尼斯·卢梭（Denise Rousseau）都用"顿悟"一词来描述那些在人们生活中留下印记的互动时刻。[31]在一项对某电子制造公司新聘的工程师的研究中，研究人员引出了一组对关键事件的描述。这些描述涵盖了一系列工作场景中积极和消极的经历。有些类型的事件会让员工感到组织将提供一些关系型的工作回报激励要素，如成就感、自我实现，以及相互支持的人际关系。有助于建立员工对积极的人际关系的信心的事可以分为下列几种：

- 主管的支持：获得一线经理的支持。
- 下属的主动性：有同事通过自主行动取得成功的证据。
- 获得更大的责任：通过扩大行动边界来加强自主权。
- 从事具有挑战性的项目：有机会体验更多内在的工作满足感。

相反，动摇员工对组织支持的个人看法的重要事件与下列现象有关：[32]

- 违反政策和规则；

- 枯燥的工作；

- 部门之间矛盾；

- 与团队或经理疏远；

- 在晋升和报酬方面的不公平行为；

- 上下级之间矛盾。

从以上"应做"和"不应做"的清单中，我们可以得出两个结论。一是每一次积极的经历都会增强员工的信心，使他们相信个人成果来自人力资本的持续投入。在第五章定义的术语中，当员工越是相信组织会恪守契约，他们就越信任组织。但也要注意坏消息的影响，负面的重大事件会对信任造成一种放大的破坏性影响。二是一线主管对许多增强或削弱员工对组织会公正对待自己的信心的重大事件有着惊人的控制力。在很大程度上，主管在涉及关系型投入回报上把握着公正的尺度。

（三）给员工最大的选择余地，但要小心权衡

组织需要与员工个人分别达成协议，因为每个人都带着不同类型的人力资本来工作。这种定制化的协议意味着需要有一系列不同的工作回报要素供员工选择——当然，这样做会很吓人，肯定会带来无休止的谈判和行政管理上的麻烦。但要记住两点。首先，员工对工作回报要素的一种特殊平衡的需求必然会随时间的推移而改变。这个因素本身就要求管理者谨记，没有什么单一的和长久的协议。协议的改变不只是由于组织改变了员工，还因为组织内的员工也发生了变化。职业生涯早期的员工可能想要有挑战性的工作、基于业绩的奖励、工作与生活之间的平衡以及大量的技能提升机会。而年纪稍大的员工对工作保障更为关注，更渴望基于年资的奖励、协助过渡到退休以及财富积累的机会。根据这些不同的情形，个体差异性将不可避免地促使组织对员工群体进行细分，并制定多种不同的一揽子协议。

其次，对灵活性的最大需求出现在关系型工作回报类别中，而灵活

性是最容易管理的。薪酬和福利计划受到法律、税务和道德等方面的约束，这些约束限制了公司为相似岗位的员工提供完全不同的待遇。相比之下，公司可以在诸如工作团队的组织结构、工作类型的选择、地点的选择、晋升通道和发展机会等方面提供更为自由的选择。

但是，建议组织在设置工作投入回报整体组合方案时提供选择，并不意味着允许它们在投入回报要素中可以做出单方面的调整；只有员工才能这样做。问题是职场投入回报的要素无法通过一致的单位来表达。如图6-3 所示，以三维空间呈现四类工作投入回报。代表个体性的轴显示，工作回报要素的价值取决于个人独特的衡量标准。[33] 高度个性化的工作回报并没有一个放之四海而皆准的可接受的计量单位。正如情人眼里出西施，价值的高低很大程度上取决于个人的认知。内在的工作满足感、发展机会以及认可都属于非常个性化的要素。相比之下，金钱的价值就不那么个性化了。虽然金钱的重要性因人而异，但我们有一套既定和广为接受的货币价值体系。我们可以自由地交换。 代表显性的轴是指工作回报要素的具体性。在四个工作回报要素中，金钱回报显然是感知度最高的，而内在满足感则感知度最低。

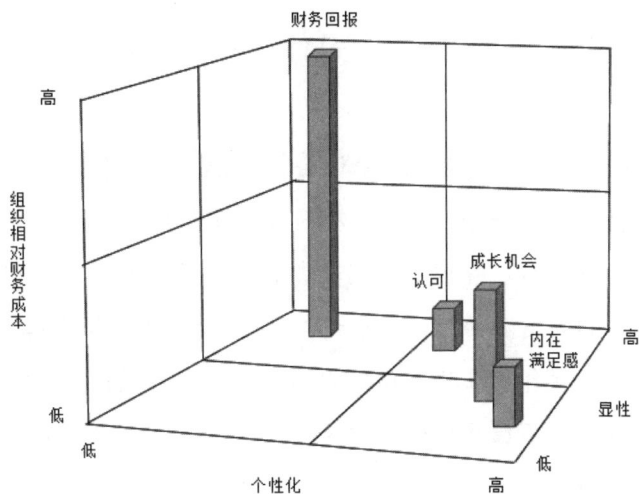

图 6-3　投入回报的组成部分具有各种各样的价值指标

第三个维度是组织的相对财务成本。很显然，金钱奖励对财务的影响最大。即使成长机会要求公司在培训和发展方面投资，对财务的影响也是比较温和的。对于内在的满足感和认可，相比之下，其财务影响一般（或可能）不太大。

通过这种可视化的方式来呈现工作回报要素，使我们知道组织在提供有吸引力的报酬作为投入回报时所面临的机遇和挑战。我们知道，员工有时会在选择工作回报要素时进行利弊权衡。他们可能在无形的工作回报要素之间做出取舍，例如，他们宁愿坚守在能够带来满足感的工作岗位上，而不愿意接受被晋升到职位更高，但实际上并不那么吸引人的岗位。他们也可能用那些对自己财务影响较小的个性化和无形的工作回报要素来换取更大的财务回报。老师放弃教学去从事保险销售，就是这样一种权衡选择。

然而，对于那些试图强迫在内在的工作回报要素间进行交换的企业来说，问题在于，只有员工才知道那些个性化、无形的工作回报要素之间的交换价值。在员工的心目中，工作回报要素的特定效用取决于其实用性和吸引力。如果企业强制推行与员工进行这些要素的交换，可能会降低工作回报的价值，从而导致人力资本投入的减少。

头衔是什么？

1994 年 11 月，美国营养膳食协会（ADA）的高管决定将工作回报中的一个要素换成另外一个要素。[34] 公司取消了组织内部一向被作为认可和地位象征的职位头衔。管理层希望在各职能部门之间以及组织各层级间形成有益于工作的沟通和协作。通过此举，美国营养膳食协会释放出一种"原动力"。一位专栏作家在描述该组织的这一举措时说："如果你相信自己对雇主的价值，而不在乎地位、竞争和职业发展，那么平等的组织架构对你是有吸引力的。但你们中间有多少人能适应得那么好呢？"就员工而言，他们想知道，当他们通过工作所获得的一种回报形式彻底消失了，那他们干嘛还要继续干下去。一个员工说，"如果你工作，却得不到什么可以证明自己，那干嘛还要花更多的时间呢？"此外，组织还不得不努力解决在没有头衔作为指导的情况下发放奖金的问题。一位高管表示，公司必须给员工更多的赞赏，以弥补他们缺失自我膨胀的头衔。一位资深员工表示："我认为员工感到自己变得有点像无名小卒了，有些贬值。"

管理者还负有受托责任，他们要明智地使用为员工提供工作投入回报的资金。这意味着通过提供工作回报来获得员工最大的人力资本投入（从公司角度来看就是投资回报率）。这并不像削减培训预算和把少量资金投入每月最佳员工计划那么容易。为了公平地对待员工和股东，管理者就必须做到：

- 了解员工想要做的选择，制定出吸引人的一系列工作回报项目；
- 了解工作回报项目所能产生的人力资本投入的战略价值；
- 弄清所提供的这些工作回报项目的成本，而且至少从整体上，将其与人力资本的战略价值进行比较；
- 提供一系列工作投入回报的选项，在节约组织资源的同时，最大限度地激发关键人力资本的投入。

当然，要完成上述清单最后一点所暗示的最佳化问题绝非易事。我们将在第九章里全力应对这个混合的衡量方法所带来的挑战。现在我们只能简单地说，组织不能过度设计提供给员工的工作回报项目计划。只有在现实财务背景下提供选择，公司才有希望制定反映员工和组织双方最佳利益的个人契约。

总结：完成拼图

我们现在有了一幅大小适合第五章所建立框架的图画。总的来说，第六章所讨论的这些要素往往通过工作敬业度的增加来发挥作用。对于胜任力和自主权来说尤其如此，前者是员工投入工作的源泉，后者确保员工工作时有不受特定工作限制的自由。胜任力和自主权两者的组合能够有力地激发员工投入工作。例如，它们对于将突现战略变为现实至关重要。

强化对工作和组织都有影响。与同事和上司的日常关系深深地影响着员工对于奖励是否代表公平的投入回报的看法。同时，组织在奖励分配中起着重要作用，它必须克服在工作回报项目各要素之间单方面地进行调换的诱惑。许多交易型和关系型工作回报的价值差异很大，且完全取决于个人的主观判断，使得企业策划制定的工作回报项目难以实施。我们可以将强化归类为一种边界扳手，它会影响划分工作与组织、承诺与敬业界限的所有方面。记得在第五章里，我们可以将战略一致性归为同一跨界类别。我们看到了战略一致性是如何将个体人力资本投入与工作和组织联系起来的。

我们在第六章里还提出了其他几个要点，有些是先前介绍过的，有些是后来补充的。我们之前见到的一个问题与主管的重要性有关。主管不仅扮演顾问角色，而且在兑现职场投入回报时起着重要的作用。随着我们讨论的继续，我们将使一线管理者的角色更加丰满起来。展望未来，我们为第九章提出了一个挑战——从员工和组织的角度来确定投入回报。最后，本章介绍了员工胜任力概念。我们会在下一个关于人力资本建设的章节中继续讨论这一观点。

第七章
建设人力资本

问题：哪一个更能提高生产力，是在员工教育上增加 10%，还是在股本上增加 10%？

答案是：把你的钱投在教育上。

这个吸引人的结论来自 1994 年美国国家劳动力教育质量中心（EQW）所进行的全国雇主调查（NES）。该机构是通过电话对大约 3000 家雇用 20 名或更多员工的企业的经理和雇主进行的。调查结果表明，员工受教育年限的增加对生产力的贡献比股本或工作时间的增加更大。在所有调查公司中，10% 的教育费用增长可以带来 8.6% 的生产力提升。而增加股本 10%，生产力仅提升 3.4%。在非制造业领域，结果更为引人注目。在教育、工作时间和股本各增加 10%，相当于生产力分别增长 11%、6.3% 和 3.9%。[1]

在第四章里，我们介绍了组织可以从几种不同的方法中选择建设人力资本的概念。新员工为组织带来的正规教育只是一种来源。我们在某种程度上只考虑了选择通过外聘，现在是时候考虑在组织中实施学习策略了。尤其是在知识和技能方面，学习对员工个人和整个人力资本都有显著的贡献。

在本章中，我们评估了正式培训和非正式学习方法的优点。我们为组织找到了两种方法——并在两者间建立起联系——来创造人力资本增长背后的强劲的动力。第七章是建立在我们已知的制订人力资本战略，雇用具备所需要素的员工，以及引发这些要素投入的基础之上。

一、检视培训偏差

雇主普遍都清楚（而且越来越清楚）地表明要致力于通过组织资助的培训来建设人力资本。在各种不同规模的企业中，超过 80% 的公司提供了有组织的或正规的在岗、在校（也就是技术学校）的培训。[2] 几乎所有的大公司（员工人数在 1000 人以上的公司）都提供了正式或非正式的培训。培训要求公司做出相当大的改变。《培训》杂志的年度调查显示，1998 年，拥有 100 人以上的美国公司为培训提供了 607 亿美元的预算。[3] 作为一个整体，他们将预算从 1997 年的 586 亿美元和 1991 年经济衰退期的 432 亿美元提高了。[4] 这些数字包括了培训师工资、外部支出、设施和管理费用。

但这里存在一个悖论——尽管大多数公司表示他们提供培训，但只有不到 20% 的员工表示他们在雇主那里接受过正式培训。问题的部分原因可能在于术语的定义。花时间观察员工并帮助他学习一项新工作任务的经理可能将这段时间视为培训，而员工则可能认为经理所做的只是一次不经意的闲聊。但这并不能完全解释这种差异。一种更为可能的解释是，尽管大多数公司都提供培训，但实际上只有少数员工接受了培训。当研究人员丽莎·琳奇（Lisa Lynch）和桑德拉·布莱克（Sandra Black）回顾培训项目数据时，她们发现培训的分布是不均匀的——大公司那些受过良好教育的员工、经理和专业人员比其他人更有可能得到公司资助的培训。[5] 对加利福尼亚工作技能培训现场的研究分析显示，大约 2/3 的大学毕业生参加过工作培训。相比之下，仅有 43% 高中毕业生得到类似机会。[6]

培训费用数据证明了这一点。1998 年，在分配给培训的 607 亿美元中，公司为经理和专业人员提供了 331 亿美元（54%），对销售人员的培训也达到了 86 亿美元，其他人员总共得到的培训预算为 190 亿美元，略低于总预算的 1/3。然而，有大约 70% 的受访组织为中层经理、高管以及一线主管提供培训，而那些生产产品、为顾客提供服务的员工却遭到冷遇。仅有 37% 的受访企业为生产工人提供培训；而客户服务提供者的参训比例也就 49%。[7] 因此，在一个需要不断提高技能和知识来生产产品和服务客户的世界里，谁得到了最大的一块培训蛋糕呢？不是产品制造者和客户服务人员，而是经理人员和专业人士。一位前劳工部长和他的合著者直言不讳地说："绝大部分美国一线员工在找到第一份工作后，根本没有接受过进一步的正式教育和培训。"[8]

正式培训除了在许多组织受到限制外，还存在另一个局限——它往往不是员工学习的最佳方式。1996 年，美国教育发展中心（EDC）开始分析职场的学习情况。他们以一个简单而有力的前提作为起点，即美国工人的长期就业能力和灵活性取决于他们的在岗学习能力。[9] 他们根据 1966 年美国劳工部统计局的一份报告，对他们所谓的"教学型公司"进行了研究。该报告称，多达 70% 的职场学习可能是非正式的。教育发展中心将非正式学习定义为个人以组织无法决定的方式获取知识。非正式学习可以是员工询问同事如何使用绘图软件、如何在电子图书馆中找到文档或如何填写牙科索赔表单等。在我们讨论的这个阶段，持续的、非正式的学习的普遍性应该不足为奇。我们知道，人们都有一个共同的动力，就是通过一种自主的方式来提高自己的胜任力，从而完成自己的工作。支持胜任力建设是一个关键的组织价值观；一旦组织有了这种价值理念，员工就无须非得进入课堂才开始学习技能和知识。

正式或非正式的学习几乎没有纯粹的类型；一种学习都包含了另一种学习类型的一些要素。尽管如此，这两种方法通常在重要方面还是有所不同。如例 7-1 所示，我们总结了其差异点。

例 7-1　非正式学习和正式学习的特点

非正式学习	正式学习
与个人需求高度相关。	与某些人有关，与其他人相关性不高。
学习因人而异——学习者根据需要学习不同的东西。	所有学习者的学习是持续不断的——学习者接触的内容都是相同的。
当前知识与目标知识之间差距不大。	当前知识与目标知识之间的差距不一。
学习者决定学习的方式。	培训者决定学习如何进行。
可直接应用（"即时学习"）。	应用知识的时间可变，可以在接近学习结束时，在结束之前或在学完之后。
发生在工作环境中。	（通常）在非工作场所进行。

资料来源：改编自员工发展中心，教育发展中心有限公司，《教学型公司：富有成效的工作与学习交汇的地方》，纽顿，马萨诸塞州：员工发展中心，教育发展中心，1988 年 1 月，第 177 页。

非正式学习有一些值得注意的好处：

- 由于员工可以选择自己需要和想要学习的东西，因此，他们在学习中付出的努力有明确目的，并聚焦于自身的直接需求。而在正式培训中，材料的相关性对于参训人员必然会因人而异。
- 非正式学习通常包括偶然听到一则信息或采取一种渐进的步骤来理解。而正式培训提供的材料对某些人来说可能已经过时，而对另一些人来说则过于超前。
- 非正式学习者可以确定如何获得自己所需要的知识，而且必须主动整合不同的知识点。正式培训则整体性更强，但也更同质化。
- 员工在工作中非正式地学习，可以立即应用自己所学到的东西。正式培训通常安排在非工作场所，有时是为了团队，而不是个人的便利而安排的。

或许，当下盛行的以员工为资产中心的观点将管理推向了传统的，但收效甚微的培训投入。如果员工是资产，那么你灌输给他们的知识越多，他们对组织的价值就越大。就像被动的容器，它们装满东西时，价值一定比空着的时候大，所以公司开始用学习这个灵丹妙药对员工进行灌输。问题在于，无论你如何衡量，传统的"将知识灌输到他们头脑中"的培训方式在两个方面都存在缺陷：既不能充分利用个人的学习能力，也不能利用组织提供学习机会的能力。员工不是需要填满的罐子，他们应积极参与到学习中来。员工是人力资本所有者，他们需要控制学习过程，参与智慧的创造和传播。

赞美直觉

我们已经看到，在某些情形中，非正式学习相对于正式学习具有教学优势的几个原因。然而，一些常规培训方法的观察者认为，正式培训的缺陷是更深层次的。他们认为，这些缺陷的根源在于未能完整理解人类大脑和身体的神经处理系统。

在西方社会中，人们已经开始接受以勒内·笛卡尔，这位 17 世纪法国哲学家和数学家为代表的二元论。笛卡尔主张精神和肉体干净、彻底地分离。他认为，这两者不仅是截然不同的，而且在界定本质自我时，心智也更为重要。我思故我在，他将身体置于次要地位，显然只赋予了它不那么高贵的生物容器的地位。在笛卡尔看来，身体的存在主要是为了容纳心灵，并把它从一个地方带到另一个地方。[10]

身心分离影响了学校和企业所选择的知识传授模式。在 1988 年接受《培训》杂志调查的组织中，足足有 88% 的组织表示，至少他们的一些培训课程是要求员工坐在椅子上，远离工作，听别人授课。[11] 这里潜意识传递的信息是，培训脑子，不用管身体。另一种观点，在东方哲学里更为常见，认为身体在吸收知识过程中也起着重要作用。与笛卡尔二元论不同的另一个学派，是由依阿华大学医学院神经学博士和教授安东尼奥·达马西奥（Antonio Damasio）提出他所谓的"躯体标记假设"。[12] 据他观察，在许多涉及复杂决策的情况下，人们没有时间（或能力）来分析一系列变量并做出理性的选择。有时，我们大多数人会跟着感觉走。达马西奥说的是好的老式的直觉（并认为是站得住脚的）："因为感觉是出自身体的，我给这个现象一个专业术语叫躯体状态（'soma'为希腊语，意为身体）；因为它标志着一个形象，我称之为标记……简而言之，躯体标记是由次要情感中产生的感觉的一种特殊实例。这些情绪和感受通过学习与预测某些情景的未来结果联系在一起。当一个负面的躯体标记与一个特定的未来结果并列时，这个组合就像一个警钟；而当一个正面的躯体标记与一个特定的未来结果并列时，这个组合就会成为激励的灯塔。"

一个人是如何获得一套运行正常的躯体标记呢？不是坐在教室里，头脑专注，身体分离，让老师像通过漏斗那样来灌输知识。在这里，东方的观点很有启发性。加州大学伯克利分校哈斯商学院专门研究知识管理的教授野中郁次郎（Ikujiro Nonaka）描述了日本人关于产品开发和市场分析的观点："在开发产品和确定市场时，日本企业鼓励人们使用通过与客户互动形成的判断和知识，以及通过个人的身体体验，而不是通过'客观的'科学概念。在日本，个人、团体及组织之间的社会互动，是组织知识创造的基础。"[13]

个人自主应对新环境的乱象促进了身心两方面的学习。的确，主要是通过发现个人意义和在不确定的情况下做出个人选择，我们才学会如何控制这种局面。因此，不确定性和行使个人控制权两者是不可分割的。[14]用野中郁次郎的话来说，"混乱或间断可以在个体与环境之间产生新的互动模式。个体重新建立自己的知识体系来考虑产生于组织及其环境的不明事件、裁员问题、干扰信息或不确定因素"。[15]

因此，让员工走出教室，到现场去处理客户问题，或管理一个不熟悉的项目，或纠正质量偏差，他们可能会犯一些错误，但是他们会比盯着白板学得更快。他们还会养成一种直觉，知道什么有用、什么没用，这些是再多的课堂时间也无法给予的。

说这些是否意味着组织应该终止正式的培训计划？现在还不行，正如我们将看到的，正规培训在人力资本建设战略中是占有一席之地的。

二、共享内隐知识

许多像野中郁次郎这样的学者发现，知识有两种基本形式：内隐的和外显的。[16] 内隐知识包括人们知道但无法轻易表达出来的东西。人们通过动作、符号、类比、隐喻以及其他认知表征来传递内隐知识。外显知识或编码知识是指人们通过正式、系统的语言创造和传播的知识。如表 7-1 所示给出了这两类知识的例子，并揭示各种形式的知识如何存在于个体和群体之中，并且在个体和群体之间传递。

表 7-1　内隐知识和外显知识

知识类型	个人	团队
外显	工作技能	最佳实践
	设计规则	故事
	程序	工作流程
内隐	本能	经验法则
	诀窍	传统
	常识	信息源
	判断力	生存要求

资料来源：摘自 P.A.加拉甘，寻找工作的诗意，《培训与发展》，1993 年 10 月，第 36 页。

该模式表明，一个人（或一个团体）工作所需的大部分见识是下意识的、隐蔽的，无法通过正规培训获得。这种知识和技能超越了程序手册

（外显知识）的内容，包含了一些小技巧，让员工能更有效地使用手册。例如，在一家大型复印机公司，维修技师绕过了旨在指导他们完成维修程序的精密复杂的专家系统。他们避开了需要费力地回答一连串的"是"和"否"的问题，这些问题是为了诊断故障（并且帮助他们思考问题的）。相反，他们会跳过这些问题，检查答案，然后进行判断，选择最合理的下一步。[17]他们没有遵循诊断图，而是根据导图即兴发挥，利用自己的判断力和经验进行诊断。

真正的工作实践在很大程度上包括了这种程序化的和即兴探索结合的方式。学习研究所是一家研究员工如何学习的非营利组织，它的副所长苏珊·斯塔奇（Susan Stucky）称这种"不按套路出牌"的方式决定了员工是如何工作以及如何学习工作的。[18]教师（或者录像带制作者、CD制作者）根本无法将其转化成为培训媒介。因此，在人与人之间传递内隐知识的最佳方式是就是创造和利用机会，将拥有知识的人和需要知识的人集中在一起。

（一）创造一个支持非正式学习的环境

教育发展中心的研究人员确定了13种经常发生非正式学习的工作活动。[19]团队参与成为非正式学习的第一场所。教育发展中心的研究人员随后发现了一系列普遍因素，这些因素增强了团队促进非正式学习的能力：

- 决定结果的权利；
- 有清晰并可达成的团队目标，而且有充足的时间和资源达成这些目标；
- 团队成员可以有不同的观点，以及容忍冒险的氛围；
- 能够合作解决问题并进行集体决策；
- 有效领导；
- 与达成目标相关的奖励机制；
- 有工作保障，员工会因此而知道自己可以把经过努力所学到的东西付诸实践。

教育发展中心在分析研究结果后，将非正式学习分为四种类型：实用型（工作所需要的具体知识和技能）、内在型（职场的应知应会、解决问题和应对变化的个人技能）、人际交往型（人际互动、合作、与团队和其他人一起工作）和文化型（理解组织规范和行为期望）。[20] 教育发展中心的研究人员利用对波音、福特、西门子和摩托罗拉等公司的实地分析来测试并完善他们对非正式学习的理解。

在摩托罗拉公司，教育发展中心研究了非正式学习，特别是团队的结构，对生产业绩的影响。研究人员在走访摩托罗拉几个生产基地的过程中，发现了该公司现有的几种不同的团队组织结构形式。大部分团队都是全面客户满意团队（TCS）——其特点是自动自发、短期的，并且以项目为中心。这些团队的组建源于 1989 年公司发起的倡议。在其他情况下，摩托罗拉组建了一些团队来解决部门级别的管理人员发现的具体战略问题。正如一位经理告诉教育发展中心研究人员的那样，"全面客户满意团队的实际工作提供了一个比任何课堂模拟更好的应用学习环境。"[21] 摩托罗拉的团队展示了那些支持非正式学习的特点在其团队中的变化。[22]

- 自主权。团队成员是自愿加入的。针对发现的问题，团队有提出解决方案的主动权。他们可以选择从事与业务目标相关的任何方面的工作。每个团队都有一名工程师或主管作为顾问，但团队领导通常是来自一线员工。

- 战略聚焦。管理层希望团队选择一个与当前业务目标相关的项目，并鼓励他们发现客户需求、设定积极的目标、对标最佳实践、运用复杂的分析技巧，并且通过与其他摩托罗拉团队分享自己的解决方案将改善之处制度化。团队存在的时间有限，摩托罗拉团队平均持续 9 个月。

- 培训支持。团队成员接受正式的培训课程，内容涉及团队建设、统计过程控制、分析技巧的使用，以及质量管理等其他方面。

当然，即便非正式学习不是明确的团队目标，这些也是构建团队的有用标准。尽管如此，考虑这样一种可能性还是很有意思的：如果将团队构建成为一个充满学习氛围的组织，这不仅可以产生更多的知识，而且还可以产生更好的直接业务成果。

为了建立团队学习与业务成果之间的关系，教育发展中心研究了摩托罗拉从 1994 年 1 月至 1995 年 9 月，跨度长达 21 个月的业绩表现。他们将一个非正式学习的替代物（由员工组成的自愿团队的数量）与三个结果测量指标（成本、质量和周期）进行关联。研究人员发现在他们研究的四个部门中有三个，非正式学习与低成本之间在统计上有显著关系。在这三个部门中，非正式学习也与缩短周期时间相关。[23]

对于教育发展中心所观察的四个部门中的一个，已经有足够的信息来计算摩托罗拉在非正式学习上的投资回报率。这些投入包括员工在团队会议和活动上所花的时间、为团队成员提供正式培训的成本，以及与全面客户满意程序相关的管理费用。他们估计，由于团队活动而节省的生产成本比相关成本高出三到五倍。[24] 教育发展中心的研究小组指出，他们对非正式学习的分析没有将未来几年生产成本节省的好处计算在内。这为另一个有趣的推测打开了大门——比如职场团队的一个主要好处不在于它们能够带来的近期改善，而在于它们能够鼓励学习——在未来几乎或没有额外成本的情况下产生效益的学习。

（二）鼓励实践社团

埃蒂纳·温格（Etienne Wenger）是学习研究所的一位资深科研人员，他用实践社团这个术语来描述职场形成的非正式的、新出现的工作小组。我们可以把实践社团看作是一种特殊的团队——一种在没有得到管理层的官方指定（甚至认可）的情况下，有机地结合在一起的团队。实践社团之所以形成，是因为人们在工作时需要相互建立联系。[25] 为解决一类客户问题而一起合作的销售人员和技术人员，为进行大扫除而组织起来的同事，找到更好方法来控制文件传递流程的秘书和文件制作人——这些都属于实践社团。社团成员相互交流、合作、分享信息、互帮互学。他们这么做并不是因为老板要求他们这么做，或是组织结构图把他们框在一起。他们这么做是因为他们需要彼此来完成工作。员工在组织里的岗位和所处的层级与实践社团几乎没有关系。实践社团接纳所有人，不管他们的头衔、教育背景或参加过多少公司培训课程。组织结构具体规定的是管理层认为公司里的做事流程和方式；实践社团才更能说明公司里实际发生的事情。[26]

学习研究所的斯塔奇讲述了一群在斯坦福大学攻读电气工程硕士学位的惠普工程师的故事。[27]当他们被迁到距离帕洛阿尔托北部两小时路程的圣塔罗莎后，往返校园之间就变得不可能了。为了让这些学生能够继续他们的课程，将讲座录像后发送给他们，让他们在教室里放映。一位准专业导师（没有教学经验的实习工程师）到场引导课堂讨论。导师每隔5到10分钟会暂停录像播放，鼓励大家提问。学生收到的讲义和家庭作业与在校的小组的完全相同，他们的成绩也基本上以相同的方式进行评估。在课程结束时，他们的成绩比那些接受直播课程或者非辅导视频教学的学生要高。此外，令所有人惊讶的是，他们的得分也高于那些在现场上课的学生。

社会学习理论可以解释为什么。事实证明，圣塔罗莎的这些学生并不只是一群随机组合起来的工程师，他们在上课前就已经相互认识了，并组成了实践社团。因此，他们有共同的语言，并分享一系列经历。这些为他们打下了讨论和应用从录像中学到的东西的基础。这个故事的寓意是，"关注社会条件是值得的……一旦人们这么做了，就会发现，团队中的社交过程及其协作工作实践与团队在学习和工作方面的表现有很大关系"。[28]换句话说，学习是社会性的（非个体化的），而且是通过同伴互动（不仅仅是从老师那里）交流而习得的。

友谊的价值

 每个人似乎都喜欢远程办公。员工喜欢是因为减少了通勤时间，而且可以让他们免受办公室环境的影响，可以穿着睡袍办公。老板们则认为这可以提高员工士气，降低办公室成本，提高生产力。[29] 然而，远程办公并没能很好地促进员工关系网的发展，从而使工作成为一项社会参与的、富有成效的活动。

 远程办公的倡导者认为，工作的个体方面和社会方面是完全可以分开的（另一种形式的二元论）。他们认为，员工可以完美地把工作做好，无论是在家里或在任何可以放置电脑或阅读灯的地方。学习研究所的研究人员认为，这里存在一个谬误。"个人工作和社会工作并不是自然分离的；是一个工作流向另一个工作的；与某人合作的需求源于个人工作；合作或沟通的结果继而重新聚焦了个人工作。"[30]

 友谊成了居家办公的牺牲品。传统观点认为，工作团队成员间的友谊可能会损害团队的工作表现。一些观察人员认为，社会交往促进了愚蠢行为而不是工作成果。[31] 但事实上，最近的一项研究结果表明，职场上的友谊可以提高工作效率。宾夕法尼亚大学和明尼苏达大学的研究人员发现，朋友组成的工作团队的表现要好于那些成员只是泛泛之交的团队。他们的结论既涉及需要运动技能的体力劳动（建模的团队工作），也涉及需要合作判断的决策工作（研究生院申请人的评估工作）。这项研究指出了关系友好的团队表现优异的四个具体原因：[32]

 1. 对团队的承诺。认同自己的朋友，能使团队成员更加努力地工作，保护团队和个人的声誉；更努力地工作会取得更好的业绩表现。

 2. 合作。在朋友组成的小组里，成员互相帮助完成任务，从而提升了努力程度和生产率。

 3. 监督。由朋友组成的团队会根据截止日期来评估工作进度，并计算完成团队目标所剩余的工作量；这提高了按时完成任务的整体机会。

4. 信息共享。增加朋友间的信息交流，使所有团队成员都能获得对任务至关重要的宝贵见解。

如果我们能够在一群朋友中把工作做到极致，那么组织会从把员工送回家里工作中得到什么呢？管理层把员工推出公司本部，也许可以减少华丽、铺张的办公空间，以降低租金费用开支。但这样是否矫枉过正了？我们越来越接近没有实际办公场所的公司，只存在于象征性的电子版地址中。我们不应忘记我们人类毕竟是群居动物。我们需要群聚效应来激发我们的能量，点燃我们的创造之火。[33]约翰·多恩（John Donne）在他写到"没有人是一座孤岛"时向现代管理者们传递了这一信息。[34]

管理者如何鼓励实践社团的形成和运行呢？他们可以从意识到实践社团已经在大型组织中参与学习开始。只要员工需要学习和适应来完成工作，实践社团就可能已经非正式地、自愿地出现了。然而，管理人员可以做（或避免做）一些事来帮助成熟的或初创的社团。[35]可做之事有：

- 看到实践社团时，除非是有其他原因，就应当加以认可，避免阻碍其发展进程；
- 为实践社团提供一些资源，如会议室、公司资助的聚会、公司内部网的公告栏；
- 如果实践社团有了一些很棒的主意，就要求他们找到传播这些好点子的途径；
- 使实践社团的工作合法化，并重视它们所创造的知识；
- 让实践社团扩大到组织外围，它们可以分享一些有价值的信息，但同时它们也会带回一些有价值的信息。

不应做的事有：

- 不要试图通过行政管理命令来建立实践社团，它们是自然形成的，别无他法；
- 不要给予过多的资助，强迫他们制定章程，或逼迫他们做一些由管理层单方面要求的事情；

- 避免宣布实践社团是一个组织单位，并将其体现在组织架构图上。

很好，你说——实践社团听起来不错。你保证要让它们演化和学习，不会抑制其发展。但是，如果你发现现有的实践社团并不拥有具有重要战略意义的知识，这时怎么办？组织会采取什么直接行动，使其获得能在市场上制胜所需的知识？

一个答案集中在中间人的跨界角色上，他可以携带信息或促成合作。[36]中间人对一些工作的实质了如指掌，在不止一个团体的成员中享有可信度。这种人可以为某一工作带来新的信息，或将几种不同的工作做法聚焦于某一共同的问题上。一个熟悉技术的销售代表，一个曾当过护士的医院管理人员，一个曾经在该领域工作过的人力资源专家，每个人都有可以充当中间人角色，可以跨界，建立起真正的跨职能团队。我们需要发现这些人、鼓励他们、奖励他们、让他们有时间扮演中间人角色，因为他们能够激活社团，使它们集中精力，解决对大型组织至关重要的问题。

归根结底，实践社团的存在转瞬即逝，难以被设计。然而，我们可以将正式培训与社会学习结合起来，以确保实践社团内所产生的关键知识传播到社团外。在下一节里，我们将定义组织所必须采取的几个步骤，以传播实践社团形成的知识。这样，实践社团才能把自己的智慧转化为整个组织的财富。

三、传播外显知识

到迄今为止的讨论中，我们强调了非正式学习的价值及其主要结果——将内隐知识从拥有者传递给需要者。然而，并非所有知识都是内隐的。知识也有外显的，且具有一些重要的特征，其中之一就是持久性。一旦外显知识以具体的形式表现出来，就可以在创建和记录它的人离开很久之后，仍然保留在组织里。不管你费多大的劲来挽留最有价值的人力资本所有者，还是肯定会失去一些你希望挽留的人（第八章将讨论人力资本所有者的保留问题）。尽管如此，一个活跃而有效的劳动力市场意味着，将一些人力资本转化为一种更为持久的形式，这是组织对其利益相关者应该负有的责任。

（一）在正式与非正式学习之间创造协同增效作用

讨论到这里，人们可能会得出这样的结论：正规培训是人力资本建设策略中的红发继子[⑤]。然而，对于某些类型的学习需求，正式培训比非正式学习更有优势。例如，对正规培训的投资在以下情形中会特别有价值：

- 信息特别复杂，或以需要全神贯注才能理解的集中爆发的方式来传播最为有效；
- 主题需要运用抽象概念或模型，而这些概念和模型不能马上在工作中应用；
- 这些话题关乎整个组织，而不是针对特定的工作；
- 许多员工同时需要相同的知识和技能；
- 能够促进经验和观点的分享，以极大地丰富学习内容。

例如，课堂培训可以有效地向员工传授开卷管理所依据的财务概念和一般的商业概念。想象一下，员工是怎么在教室里对恒久花瓣公司提出的业务单元贡献图进行辩论并加以完善。在正式学习和非正式学习两种模式中，很少组织坚持只用一种。同事间的反馈会议、导师计划、各种形式的在岗培训、备有书籍和影像资料的学习中心——这些都代表一端是非正式学习，另一端是培训这样一个连续体上不同的点。

教育发展中心在摩托罗拉的研究结果表明，员工在工作中所学到的知识与其在教室里学的知识之间，可以且应该存在密切的联系。两者可以互鉴对方的长处。教学型企业项目联合主管莫妮卡·艾琳（Monika

---

[⑤]　通常指一个人或一件事受到排斥或不公正地对待。（译者注）

Aring）说："我们想传达的关键信息是，通过改善培训与非正式学习之间的关系，企业管理层可以从正式培训的投入中实现巨大的收益。"[37]

然而，当你与专业培训师讨论将正式学习与非正式学习联系起来时，讨论往往会转向明确的设计步骤：需求分析、课程开发、培训实施机制。"不如就直接到员工那里问，'我们能帮上忙吗'。"埃蒂纳·温格建议说。"我认为，把正式学习与非正式学习结合起来的最佳方式，就是参与实践，从正式培训中提炼出相关事件，然后设法将这些事件重新结合到实践中。"[38]

对大企业的培训部门来说，温格关于如何将正式学习与非正式学习联系起来的建议具有发人深思的意义。他们可以为自己设定两个不同但相关的目标。第一个是寻找团队和实践社团，提供有针对性的指导，帮助成员更好地完成工作。第二个是成为从团队和实践社团中获取内隐知识的手段，将其形式化，并在整个组织中传播。

这对专业培训师意味着什么呢？他们应如何安排时间？肯定不是躲在自己的小办公隔间里编制下一年度的培训目录。培训师应该（实际上，必须）考虑如何重塑自我了。

培训师应成为顾问。他们应该找到团队和实践社团，并向他们提出两个问题。一方面，你们需要知道，什么可以让你们的工作做起来更轻松些，业绩更好些？摩托罗拉通过聚焦于团队活力和分析过程的培训回答了这个问题。另一方面，产出的知识中有哪些方面满足了组织其他部门的战略需求？也许公司想要提升客户服务或产品质量或新品上市速度。培训师顾问可以找到现在做得最好的单位，并寻找组织周边可能已经存在的社团。他们可以找到销售代表、技术人员或客服人员，这些人已经掌握了技术，只需稍微调整一下，便可以帮助公司其他人了。培训师应该与业务人员和不同业务之间的中间人交换意见，以决定如何让正规培训能够加速普及业务知识。

培训师应践行人种学。学习研究所的利比·毕肖普（Libby Bishop）建议培训师应采用学习研究所在其客户中使用的实地观察方法。[39]人种学者通过迁入并与当地人同居来研究人口。培训师也要这么做：找到工作出色的人，坐在他们旁边，观察他们的表现，注意他们是如何完美地完成任务。通过对一组人员进行近距离观察，培训师能够识别出可以帮助其他员工把工作做得更好的知识和技能。

培训师应该成为培训师的培训师。让那些有能力的人成为老师吧。当发现有部门取得良好业绩后，培训师应当确定这些部门里谁能最好地传播已经形成的好点子。这些能干事的员工也要学会如何教授他人。这是培训部门专业人士的理想角色。

培训预算制定者应当有大局观。不管企业采取什么方式来培训，仍然必须制定预算，并管理培训资金的投入。和午餐一样，培训也不是免费的。不管这些钱是给教师的薪水，还是给顾问的费用或者是课外学费，最终都要有人开支票。经典的人力资本理论认为，企业应只为直接对组织有益的知识和技能的发展付费。以下是埃里克·弗兰霍兹（Eric Flamholtz）和约翰·莱西（John Lacey）在他们的人力资本理论专著中对此问题的解释：

人力资本对人事决策最重要的影响可能源于这样一个概念，即培训支出可能是投资，有人会从中获得回报。就一般培训而言，回报将由雇员所获，因此这是对参训者的投资。专项培训的收益可能主要归雇主所有，因此这是雇主的一种投资。任何免费提供的一般培训可被视为直接转移支付给了雇员。这种支出对雇主的未来很少或根本没有好处，不应被视为能产生直接回报的投资。[40]

情况看来很清楚了，如果培训对公司有帮助，那公司就付钱。如果培训只是帮助员工提高一般技能和知识（员工可以在其他公司兑现），就让员工用自己的时间和金钱来支付。幸运的是，对于那些未来计划为员工培训付费的组织，在工作场所发生的大部分学习只需要很少或根本不需要直接投资。就新兴的实践社团而言，只需精心地构建团队，稍许提供一点资助，基本上并不会耗费企业多少资金。

然而，当我们考虑在员工学习方面投入更多的资金时，问题的复杂性就会增加。企业应该如何决定是否以及何时投入大量的真金白银进行培训？当然，这项投资的预期回报率是一个因素。公司通过培训获得的直接投资回报率是难以计算的。但是，文献中还是有一些有用的指导方针。即便如此，纯粹的金融投资回报率并不能回答所有必要的问题。另一个同样重要的问题是公司提供的培训的投入回报价值。如果培训提高了工作投入回报足以增强员工对组织的承诺度，那么，这可能是一个明智的投资，因为它提高了员工留任率。

无论如何，竞争优势源于比其他公司拥有更多的知识（以及其他形式的人力资本），并更好地加以利用。任何组织都不应仅仅因为学习有可能使其他组织受益而停止对培训投入。这样做就好比不愿训练自己的篮球队员，因为有些人明年也许会成为自由球员。更好的办法是好好培养他们，这样他们就能赢得冠军，并决定留在一支成功的球队。

（二）建立知识市场

转化是对员工流动性增加的另一种回应；如果你不能留住人，至少得留住他们投入人力资本所带来的有价值的东西。

公司经常把知识看成是一种需要管理的资源。假设我们接受这个概念并对其进行详尽阐述，同时通过考虑一个加速知识转化和传播的内部市场，来创造出一个意涵更为丰富的隐喻。为了有效运作，知识市场需要具备与其他有效市场相同的组成要素：一种产品、一个有意愿的生产者和销售者、一个有需求的客户以及一种交换媒介。

产品是由内隐知识转化而成的一种外显的、持久的形态：一份文件、一块电脑磁盘、一张 CD。买方对产品的需求是因为出于某种原因（也许是距离），他不能加入实践社团，或以其他方式获得知者所知道的信息。这为消息灵通的生产商和销售商带来了一个创造知识产品的机会，并将其提供给消费者，从而使双方都获益。某些有价值的东西必须在客户和提供者之间传递以完成交易。

当我们谈到交易的相关方时，第三个实体——既不是生产商或销售商，也不是客户——进入了我们的视野。组织在转化和传播知识时有自己的利益考量点。这些可能包括，但远远不止于个体生产商和买家的利益。例如，专业服务公司迫切希望伦敦办事处与纽约、洛杉矶和新加坡的同事分享其数据库和客户服务方法。当这些地方的同事在需要一个新的想法或一些信息时，他们最多只能看到走廊尽头的其他同事。要找到超出字面或隐喻意义上邻近范围的解决方案或许太难了。相反，有全职工作的员工可能不愿意努力从自己知道的东西中打造出知识产品，无论他们的见解对组织中的其他人多么有价值。

有时处理这些问题可能就像让团队、社团和个人分享他们工作中自发产生的见解那样容易。在其他情况下，组织也许看到将分散在内部的知识进行整合并加以提炼的可能性。为了鼓励转化和传播更为显性的知识，组织可以扮演几个不同的角色：

- 发现值得转化和传播的知识；
- 为知识的转化和传播过程提供资金；
- 为知识的创造者、传播者和受众提供激励，从而向知识市场注入能量。

发掘有价值的知识。假如一个组织的管理层了解到其内部有某种见解、信息或技能，并且这些对组织的其他部门也是有价值的，那么下一步就是找出这些隐藏的知识，并将其公之于众。但问题在于，知识毕竟是无形的。它无味、无嗅、无色，犹如弥漫在组织里的一种气体，虽然不为人所注意，但确实存在。通常你会从结果中得知，但你可能要像狩猎那样，寻找并发现组织内部所形成的知识是如何帮助提升业绩的。 在欧洲的兰克施乐公司（Rank Xerox），一个来自销售、服务和管理部门的人员组成的团队开始寻找组织内最佳的创收实践。[41]通过分析几个星期的销售数据，该研究小组发现八个表现非常出色的案例。随后他们积极获取信息，派人到每个被认定为有着成功增收方法的国家。有些组织发现，特许专项特别小组去寻找并记录模型、流程和信息，是发现隐藏的有价值的东西的有效途径。

　　为知识转化提供资金。内隐知识中最宝贵的部分有时深埋在组织这座宝矿中。我们通过转化知识，将内隐知识中的原料变为外显的，供没有经验的外行人使用。在兰克施乐公司，研究团队将他们的最佳实践信息汇编成书，书中描述了顶尖员工的工作以及他们取得的成果。[42]这种工作通常需要一群专门的人来收集信息并制作成册。由于其结果具有广泛的应用范围，组织可以为开发知识产品所投入的时间、差旅费用、材料和所需的分析支持支付费用，以加快整个过程的进度。

　　为知识创造者和使用者提供奖励。与其他任何市场体系一样，货币交换也是知识转化机制中的润滑剂。对于直接产生于团队和个人工作的可用知识，以非正式方式制定的报酬支付方式可能就足以保持产品的流动。汤姆·达文波特（Tom Davenport）和拉里·普鲁斯克（Larry Prusak）认为，信息提供者和购买者之间有三种人际支付形式：互惠（如果我现在帮你，你以后要帮我）、声誉（公开承认我是信息源）和利他主义（不要给我任何东西——我会帮助你，因为我知道这有利于你和公司）。[43]

　　对于更为复杂的知识转化工作，公司应该用正式的激励措施来奖励成功创建知识产品的团队。这个术语我们现在应该再熟悉不过了，即与团队成员投入的人力资本相匹配的工作投入回报。企业应该通过晋升、正式和非正式的认可以及财务奖励来传递一个关键信息：对于公司来说，创造有价值的、并可广泛应用的知识创造者，与那些制造和销售公司产品的人一样重要。

（三）设计最具吸引力的知识产品

　　在任何市场体系中，产品特性都起着至关重要的作用。有时候，一些想法和信息只需稍加转化即可，例如，人们可以像原创者构想的那样，轻而易举地运用成功的销售和服务技术。在其他时候，提炼和升级原创知识可能需要更为复杂的转化工作。

　　到目前为止，我们已经或多或少地交替使用了资料、知识和信息等术语。现在让我们把它们分开，以强调其转化的各个阶段。以信用卡业务中竞争对手资料的汇编和发布为例。如果你是维萨卡（Visa）、万事达卡（MasterCard）或美国运通卡（American Express）的员工，你会对你的竞争对手近期的信用卡发卡号码非常感兴趣。很有可能你的国内和国际地区有数字，但这些地区（和数字）是分布在全球各地的。单独来看，这些资料（构成转换原材料的少量事实知识）可能没什么价值。然而，添加一些背景材料（比如若干年的数字），并将数字格式化，使之呈现出某种模式，就可以将资料转换为信息。有些组织就此止步，尽管信息并不能充分发挥出内在应有的潜力，但更多潜在的价值仍然存在。通过深入研究信息，分析模式，识别根因和驱动因素，组织可以将信息变成情报。如果你知道竞争对手精简了开发流程，从而加快了产品上市速度并增加了销量，那你就拥有了制定自己新品反应速度的宝贵情报。知识转化的最后一步就是将情报变为信息资本。这种转化需要组织采取以下行动：

- 确定哪种形式的情报具有最大的战略价值，并将获取和分析这些情报的流程制度化；
- 通过设计恰当的信息渠道，让主要使用者分享情报；
- 建立正式的流程，将情报纳入竞争战略的规划和执行中。

如图 7-1 所示说明了这个流程。

知识类型	范例	通过......转换到下一个层级
数据	● 每个竞争对手一年发行的信用卡数量	● 添加相关数据 ● 格式化和创建报表
信息	● 信用卡发行的历史竞争趋势 ● 相关的市场份额	● 分析数据 ● 探究根本原因和潜在模式
情报	● 确定市场份额的驱动力	● 确定最高价值的情报 ● 分发给关键用户 ● 建立在计划过程中 ● 并入开放式管理教育
信息资本	● 界定增加市场份额的措施	

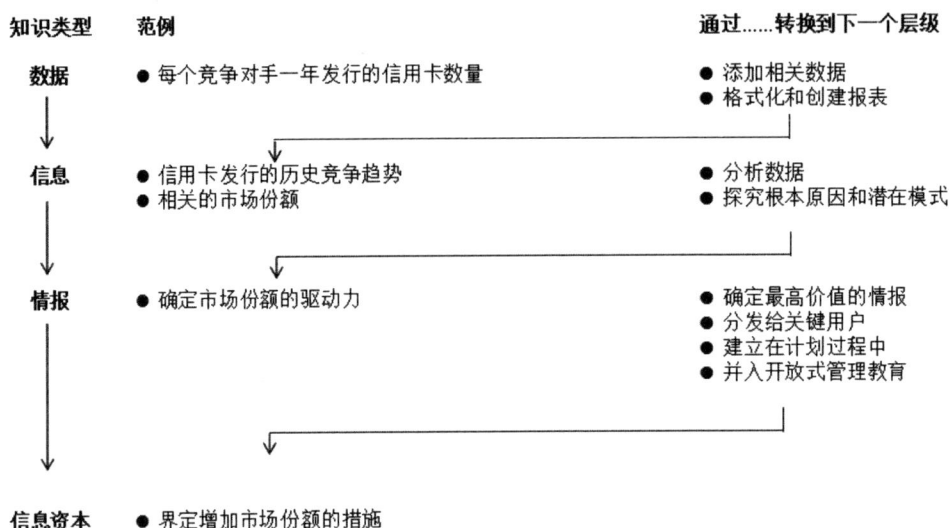

图 7-1　将资料升级为信息资本

有用的信息资本产品应当包含以下特征：

- 场景引导作用：具有引导性的和框架搭建性质的材料，告诉用户知识如何发挥作用，如何解决问题，以及运用知识时需要哪些技能和资源。

- 全面性：对产品涉及的所有问题，都有答案或答案的来源。产品可能不包含关于某个主题的所有知识点（的确，通常也不应该），但是它应该有足够的深度告诉用户其某个特定的方面是否解决了他的问题，并给他一个更详细的解释。

- 可及性：可以通过一种需要启动电脑次数最少，且受故障影响最小的方式进行传播。如果只有电脑迷才能了解这些必要的知识，那还不如把它们埋在玛雅墓穴里。

- 层次分明：信息的分类能让用户不仅可以深入了解信息，也可以便捷地查询。

- 与源头连接：鼓励用户联系那些为产品贡献了特别智慧的人。

- 培训支持：由从事产品开发的人员提供指导。指导可以是正式的、由公司资助的培训（最好是提供给当地的团队和实践社团）到非正式聚会，其间有经验的内行和没有经验的外行分享个人经历。

- 持续不断地演化：为用户提供的内置流程让知识产品开发人员知道随着实际经验的增长，会出现什么更深刻的认识。每次使用都会产生更多有用的知识，它值得被纳入一个有生命力、不断发展的知识产品中。

要满足这些具体细节要求无异于要把铅变成金一样具有挑战性。但尝试这种组织炼金术是值得的，因为营销的一个关键原理不仅适用于其他产品，也同样适用于内部知识产品——对设计关注得越多，结果就越有吸引力，也越有益。

总结：人力资本的宝库

亚里西斯·德·托克维尔（Alexis de Tocqueville）在他的《美国的民主》一书中做了这样的评论："他们（美国人）认为知识的传播必然是有好处的，而无知的后果是致命的……他们承认，今天对他们来说是好的东西，明天可能会被更好的东西所取代。"[44]这是托克维尔在1835年所看到的，如果有什么区别的话，那就是今天变得更加真实了。他的话可以成为那些坚信持续改善和知识管理的人的信条。

组织不仅可以从自身的知识储备，也可以从知识的产生和传播效率两个方面来获得竞争优势。为了让知识发挥其全部影响力，拥有知识的人数必须增长，而且要快速增加。此外，那些获得知识和技能的人必须能够将所学之物大部分应用到工作中。公司可以通过自身能力（个人和组织层面），使员工A的所知所能高比例地传递给员工B以及更多其他员工，从而获得竞争优势。

本章中大部分讨论的内容都聚焦在知识转移和技能发展的非正式机制上。非正式学习有一些关键优势，尤其是学习的速度。团队和实践社团仅仅通过把员工聚集在一个地方，并给大家一个谈论共同感兴趣话题的理由，就可以创造内隐知识。正如学习研究院的温格所言："学习与社会参与之间没有区别，这使得学习成为可能、持久和有意义。"[45] 考虑到它的社会属性，学习是完全自发的，不可能把它压缩包装起来，限制在一个三环活页夹里。学习与工作实践相互交织得太紧密，因此不能局限在教室里。

然而，课堂学习在大多数人力资本建设战略中仍占有一席之地。实践社团催化剂、知识共享促进者、最佳实践交流中心——这些都是培训部门应当追求的角色。只有沿此路径重塑自己的人才能找到属于自己的位置，成为人力资本宝库的贡献者。他们通过帮助企业将内隐知识转化为外显知识，并将外显知识传递到更多人的手中（和头脑中）。

在完成了对摩托罗拉和其他拥有先进学习策略的组织的调研工作后，学习发展中心的研究人员得出结论，组织文化对非正式学习有着深远的影响。虽然我们没有用"文化"这个标签，但我们可以把这个术语应用到第五章和第六章的工作投入诱导要素中。我们可以看到，其中一些支持工作投入的要素不仅可以作为人力资本投入的先决条件，也可以作为鼓励学习的先决条件。请记住这四个要素：

1. 寻求胜任力，它既支持人力资本投入，又随着知识和技能的发展而提升；

2. 自主权，贯穿人力资本投入的另一个因素，它有助于非正式学习活动的有效性；

3. 强化个人和团队的努力，刺激所需的人力资本投入，以寻求和转化个人的和局部的知识；

4. 保持在知识建设方面所做的努力与经营战略的一致性，这是第五章中提到的环境因素，也是使知识产品价值最大化的先决条件。

每个因素都有两个效果：促进人力资本增长和鼓励人力资本投入。因此，对组织而言，每个因素都代表一个可实现两次沾光人力资本的机会，即出一次价获双份利。

任何想要影响未来的公司必须找到不仅支持个人学习的社会化发展，而且留住这些员工的方法。说到底，组织本身不会学习，就像它们不能拥有员工的人力资本。"学习型组织"对于一个群体的集体能力而言，是一个有价值的隐喻，它能不断扩展自己创造未来的能力。[46] 然而，是学习的个体的聚集与合作创造了这样一个组织。用《财富》作家托马斯·斯图尔特（Thomas Stewart）的话说，"人力资本就像一个联合支票账户，你和你的雇主都可以从中提款"。[47] 因此，对于即将成为人力资本所有者和投资者的管理人员而言，问题不是"我们如何控制在人力资本建设方面的投入，使员工学习那些只在本公司可以使用的知识"。相反，我们的问题应该是："鉴于我们已经帮助建立起员工人力资本，我们如何将他们留在公司，并为公司的利益工作？"

我们将在第八章讨论这个问题。

第八章
留住人力资本投资者

　　如果你必须选一个童话故事来代表现代职场经验，你会选哪一个？也许是《皇帝的新衣》，以反映某些 CEO 的自欺欺人和傲慢自大；也可能是《杰克和魔豆》，强调一个人可以通过自己的努力和聪明获得成功；我的选择是《丑小鸭》。在这个故事里，一只相貌平平的雏鸭被它的母亲和其他小鸭兄弟排斥了。后来，排斥变成接纳（更确切地说，是赞扬和嫉妒）。在 20 世纪 80 年代末至 20 世纪 90 年代初，对于那些觉得自己没有被关爱过的员工来说，肯定对这种先被排斥后被接纳的过程很熟悉。过了还不到五年，他们突然发现自己变得很抢手，从雇主角度来看，已成为"普通禽鸟占绝对优势的劳动力市场"中的天鹅了。

　　但别自欺欺人了，我们还没看到最终的人力资本买方市场。劳动力市场的持续波动使人们停下来思考：随着就业条件的变化，员工对工作稳定性的态度是否会改变？我所看到的证据表明，从一个劳动力市场到另一个劳动力市场，员工对自己坚持留在现有雇主的感觉似乎非常稳定。例如，1988 年到 1991 年的全美民意研究中心的分析认为，所有参调人员中有58% 的人说他们在未来 12 个月内不会离开现有雇主。[1] 也许你会回想起在 1991 年，岗位撤销达到了顶峰，美国管理协会调查的公司中，有 56%表示它们裁员了。[2] 像硅谷这种被誉为知识工作的摇篮，失业率在第二年达到了 6.9% 的峰值。[3] 1995 年普华永道做了一次职场指数分析，在更加紧缩的劳动力市场（硅谷失业率已降到了 5%）中，61% 的参调者作出相同的回应，他们说自己不可能在下一年找新的工作。我们在 1996 年又问了同样的问题（硅谷的失业率已经回落到 4% 以下），得到了一致的结果，

62% 的人说他们不想更换工作。[4] 家庭和工作研究所在 1997 年进行的员工调查中，询问参调人是否真的打算在下一年更换雇主，62% 的人说"绝对不可能"。这一比例与 1977 年研究所的调查结果保持不变。[5]

这个模式出现在整个经济中。1997 年，《连线》杂志进行了一项大范围调查，内容涵盖了美国人对工作、政治和社会问题等方面的态度。[6] 他们根据对技术的熟悉程度和熟练程度将受访者分为四类。这些人中，一类为高度关联型，这些人频繁使用电子邮件、手机、便携式电脑、传呼机和家用电脑。另一类为非关联型，这些人不接触任何上述技术。二者之间的为关联型和半关联型。《连线》杂志问这四类人，假设职责和工资都大致相同，你愿意 20 年做一份工作还是做五份每份持续四年的工作？在高度关联型、关联型和半关联型的受访者中，2/3 到 3/4 的人回答他们更倾向于待在同一家公司工作。而非关联型的受访者想换工作的则达到82%。

因此，企业发现自己陷入了两难境地：一边是员工希望留在组织的长期模式，另一边是劳动力市场吃紧时的周期性流失趋势。当市场吃紧时，组织的自然反应是提供吸引员工留下来的条件，让员工在猎头抛出"橄榄枝"时说"不感兴趣"。员工在决定去留问题上会挣扎，会举棋不定，他们要平衡职场为自己工作投入所带来的回报，这些回报包括有形的和无形的、交易类的和关系类的。这种挣扎虽然困难，但并非毫无道理。位于阿灵顿的德克萨斯大学的山姆·古尔德（Sam Gould）开发了一个员工如何分析离职决定的模型。他的方程式让我们看到了他所谓的离职净价值。稍加改编，古尔德模型如下所示：[7]

步骤一：你对目前公司提供的工作回报不足而感到烦恼，或者对其他地方的工作可能提供更多你想要的东西感到好奇。不管是哪种情况，你已经开始怀疑现有工作的相对价值。我们把这称为现岗位价值。

步骤二：一家猎头公司打电话给你，说一家很"酷"的公司有一个高级副总裁的岗位空缺。你很感兴趣，而且认为这家公司会提供更好的工作待遇。我们把这个称为新岗位价值所带来的高回报。

步骤三：然而，你不确定是否能得到这个职位，或者这个岗位是否真的更好，所以加入了一个概率因素，即可能真的更好。

步骤四：你打断了自己对这家"酷"公司期权价值的白日梦，并考量离开目前公司的代价。代价包括养老金和奖金的损失（毕竟你这一年也过得不错）。假如你对违背公司或团队道义感到内疚，或担心自己看起来像个跳槽的怪人，那么你可以把这些也加进来。我们用离职成本这个术语来指代这些因素的总和。

把上述这些因素加在一起，我们可以得出这样一个公式：

离职净值＝［可能真的更好×（新岗位价值－现岗位价值）］－离职成本

如果你能自信地预测到，在新公司的工作投入回报率将超过辞职的成本，那你就可以考虑打包走人了。然而，通过之前的讨论，我们知道人力资本投入不仅取决于工作回报，而且也取决于组织环境与工作依恋因素的相互作用。这种相互作用反过来影响着我们前面谈到的承诺度和敬业度。正如我们将在后面看到的，承诺度和敬业度将直接影响员工是留在组织还是离开组织去寻找更好的机会。

第四章到第七章是关于人力资本投入能力的获取、激发以及建设，而本章是关于人力资本的保留。我们首先讨论一个组织应该进行的分析，以诊断它所面临的员工保留的挑战。由此，我们接着考虑企业和员工共同增加个人工作的价值和更广泛的组织关系的途径。

一、分析流失原因

那些面临员工流失问题的公司通常哀叹自己运气不佳，咒骂竞争对手竟可以做到用期权收买员工，因此决心实施员工保留的奖金计划。他们应该做的首先是找出员工流失的原因，并解释其中的意思。这种分析才能为后面将讨论的留才举措提供合理的基础。

（一）弄清谁有离职风险

流失率分析的目的是发现那些符合两个标准的员工：他们拥有组织高度重视的人力资本，并且表现出让他们可能离职的特征。企业应该从两个不同的维度，即什么时候和为什么，去寻找员工离职的模式。

不同公司的不同岗位自然会有明显的断裂点——员工离开公司的可能性最大。这些因素包括，正式晋升的时机、专业认证所需的经验（如CPA）以及一般项目承诺的时长等都将影响员工的离职时间。俄亥俄州立大学以及阿灵顿得克萨斯大学的研究人员研究了拥有多年个人工作经验员工的离职趋势。他们率先利用劳工部对青年进行的纵向调查数据来阐释工作满意度与离职之间的一般关系。他们的计算结果显示，工作满意度每增加一个标准偏差，相当于一个员工离职的可能性降低16%。[8]

然而，研究人员也发现，工作满意度与离职风险之间的关系并非一成不变。他们的分析表明，工作满意度对任期的正面影响持续约四年。也就是说，在头四年里，工作满意度高的员工比工作满意度低的员工更不容易离职。[9]四年后，满意度的效果就开始减退。在这一点上，满意的员工和不满意的员工一样蠢蠢欲动。如组织承诺的其他因素也许对他们还有一定的约束力，但工作固有的那种满足感已经基本消失了。

对于任何一家公司来说，评估任期模式将揭示员工的"七年之痒"是出现在入职后的第四年还是在其他时间点上。当然，员工流动的时间和原因肯定是交织在一起的。因此，员工离职分析不仅要检验员工的任期，还要检验这些因素对员工离职模式的影响：

- 岗位类型（例如，经理、蓝领和白领员工）；
- 专业类别（工程师、科学家、专职辅助人员）；
- 职能（销售、市场营销、信息技术）；
- 地域；
- 处所类型（工厂、外地办事处、总部）；

- 人口统计数据（性别、种族和种族特点、婚姻状况）；

- 教育类型和层次；

- 技能和经验类型；

- 绩效水平；

- 薪酬水平和类型（高于市场水平、低于市场水平、有资格获得奖金或股票。

高水平的离职率分析的目的是要发现特定人群中存在的问题。我们知道工程师在流失，但是哪些工程师流失了？是那些具备特殊技能的，还是那些有五年工作经验的，还是那些被赋予特别职责的？对管理层来说，这些人可能是公司的主要贡献者，他们的薪酬（财务方面和其他方面）尚未完全与他们对公司的价值相匹配。对于员工本身来说，他们可以用自己的人力资本在其他地方换取（精神和其他方面的）高额回报。

赛普雷斯半导体公司的一份高级分析显示，最高比例的员工流动发生在员工任职的第一年和第五年。[10] 赛普雷斯公司发现，在第一年离职人数激增中，主要是非豁免员工和生产工人。

这样的分析告诉管理者问题所在，但分析的挑战并不止于此。组织需要更深入地研究人员流动模式。赛普雷斯公司还真的做了，并得到了有趣的结果。

（二）分析根本原因

流动率分析的下一步是分析第一阶段评估中显露出的趋势的根本原因。来自诸如经理、导师和同事的二手信息可以提供有用信息，告诉我们为什么有个性的员工或他们在特定情形中可能决定（或实际上已经决定了）离职。通过与离职高危人群直接接触获取的信息可以让我们对离职原因和可能的应对措施有最深入的了解。调查、焦点小组以及对高危人群成员的访谈可以就现有人员如何看待他们的工作提供重要线索。这些信息来源还可以揭示他们对组织依恋关系和职场投入回报的担忧。

赛普雷斯公司在分析员工流失率的基础上更进一步调查了工龄六年及以上的员工，也就是那些已经过了五年危险点仍继续留在公司的员工。人力资源部门按绩效表现等级将受调人群分为三组。他们把最近的加薪和晋升次数作为绩效指标。结果也表明，这些绩效替代物与离职机会在数量上高度相关。在加薪幅度最高的受访者中，有 42% 在六年的公司生涯中曾经历过一到三次被说服而放弃离职。换言之，他们至少有一次决定离开公司，但有人说服他们留下来。在加薪幅度最低的受访者中，约 25% 的人被说服留了下来。[11]

赛普雷斯公司要求调查组对十个让员工留在公司的因素的重要性进行排名。如表 8-1 显示了前三个因素的结果。

表 8-1　将个人与公司联系在一起的因素

问题：尽管有离职的机会，为何你还留在赛普雷斯半导体公司？

	三个最重要的因素和平均评分[a]					
	#1		#2		#3	
绩效类别[b]	因素	评分	因素	评分	因素	评分
好	有趣的工作	8.0	好工资	6.5	发展机会	6.3
中	有趣的工作	6.8	好工资	6.2	认可	5.9
差	好工资	7.0	期权	6.6	有趣的工作	6.3

a 从 1~10，10="对我留下来的决定很重要"；1="一点也不重要"。

b 在赛普雷斯公司，由加薪百分比和晋升次数决定。

资料来源：塞普雷斯公司内部文件。

调查结果为公司从何下手改善留才举措提供了重要线索。对于绩效表现为上等和中等的员工来说，有趣的工作显然对他们度过五年这个坎儿影响最大。财务方面的因素并非微不足道，但它们对除绩效垫底的员工以外的所有人都起着明显的从属作用。那些绩优者之所以出色是因为他们专注于工作而不专注钱吗？那些绩效欠佳的员工是否会由于工作要求高而感到沮丧，从而将注意力转向薪酬？或许那些只关注钱的员工不够专注而分心，从而失去了创造业绩的动力。或者是他们的计划型承诺所产生的那种焦虑感，降低了他们的积极性。

无论因果关系的方向是什么，类似的分析已开始提示组织需要将其注意力聚焦于何处。这些数据会促使公司提出一系列愈发明晰的问题。具体流程图如图 8-1 所示。

我们流失了太多工程师。

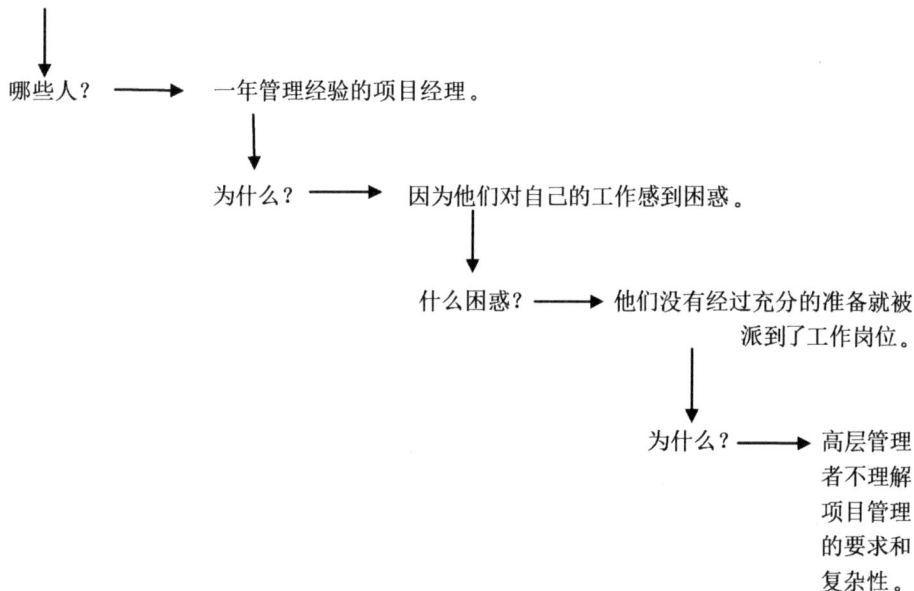

哪些人？ ——→ 一年管理经验的项目经理。

为什么？ ——→ 因为他们对自己的工作感到困惑。

什么困惑？ ——→ 他们没有经过充分的准备就被派到了工作岗位。

为什么？ ——→ 高层管理者不理解项目管理的要求和复杂性。

图 8-1　流程图

在本案例中，遵循根因分析流程将能引导组织尝试针对工作内容和为承担责任做准备的解决方案。

如果公司不深究根本原因，就有可能转而断定留任奖金是解决问题的答案（很多公司就是这么做的）。这样做看似很吸引人，但并没有切中问题的要害。

这种分析为构建面向改善员工保留的战略打下了基础。但要完成这一构想，公司还需要另外一点信息。

（三）对照竞争对手提供的待遇来分析工作回报的各个要素

在第四章里，我们特别提到了招聘时从竞争视角来审视所有职场工作回报要素的重要性。对于那些面临保留最佳人力资本所有者的挑战的企业来说，这点同样重要。这毕竟是一个竞争激烈的世界；如果你有好的人才资源，就会有人想把他们挖走。记住，仅仅不满意是不会推高流失率的。员工需要一个诱人的机会（新岗位的价值）才会打破承诺的束缚。评估你的组织的工作回报与竞争对手提供的待遇是分析基础的一个关键部分，而这正是打赢留才之战所需要的。

你可以从各种渠道获得竞争对手的信息：

- 在行业杂志上发表的或由人力资源部门员工及其他人员所属的专业团体提供的资料；
- 咨询公司提供的调查结果报告；
- 在相关人员遵守保密协议的前提下，从竞争对手那里雇用的员工提供的信息；
- 从竞争对手那里得到过工作机会，但最后决定留在公司的员工所得到的类似信息；
- 专注于你所在行业的猎头公司；
- 专门收集并分析竞争对手信息，并通常以此作为其战略规划服务的一部分咨询公司。

不要仅停留在工作投入回报的财务要素的收集上。获取其他工作回报要素的信息需要精明的头脑、坚忍的意志和充沛的精力。就我们目前知道的所有原因中，了解这点是至关重要的。

从了解一个组织的竞争地位中能得到的最明显的好处，就是有机会去应对工作投入回报中的巨大差距。认识到差距是填补差距以降低留住关键人才的相对劣势的第一步。同样，如果一家公司能够向有离职风险的员工指出其合约中的优势要素（现岗位价值），那就有可能将其离职的价值降低到零以下。

　　还有一个更为微妙的竞争优势，就是拥有一个准确的竞争视角。它与离职价值公式中的不确定因素（也许真的会更好）有关。这个因素反映了风险，这个概念我们将在接下来的几页中进一步探讨。一个考虑辞职的员工肯定知道自己现在拥有什么，但是对未来（无论看起来多么美好）会怎样只是一种感觉而已。工作投入回报中的人际关系要素不确定性极高。一个能使截然不同的工作岗位都具有竞争力的组织也能让其中某些职位免于受困未知的未来，即一个由于其不确定性而大打折扣的未来。我们称之为"一鸟在手"策略。这种策略之所以奏效，是因为人有趋利避害的本性。厌恶风险的根本原因是厌恶损失——人们对幸福感下降比对幸福感上升更敏感的倾向。[12] 经济学家甚至给出了相对风险厌恶程度的数字，他们估计，人们对失去一些东西的不幸福程度是他们获得等量东西的幸福程度的两倍。[13] 换工作通常都有风险，失去工作回报的可能性也因此降低了离职的概率及其潜在价值。

　　人们也不愿意改变。根据丹尼斯·卢梭（Denise Rousseau）的说法，"其中涉及的认知过程有惰性和保守。人们并不会努力去改变合同或任何其他固有的想法，人们会努力把自己过往的经历融入其中"。[14] 如果一个组织能证明自己提供了具有竞争力的（即便不是那么突出）的工作投入回报待遇，那么，那些原来有可能打包离职却又不喜欢改变的人就可能继续留任。

　　风险反应的另一个原则是，人们偏爱熟悉的事物。这意味着，如果他们能够轻易地记住或想象一件事，那么他们倾向于判断这件事是否可能发生。[15] 如果一个员工在你的组织中发展得不错，那么他就很有可能继续发展得不错。你的企业可以通过两种方式来加强熟悉度偏好：在交易中提供可靠的比较信息，以及为个人制定预示其人力资本投入有良好回报的计划。当然，在这种情形中说服某人留下可能需要组织与个人之间建立新的协议。要确保合约的执行对双方都有益，就要求个人和组织都要注意第四章到第六章中所阐述的合约执行标准。双方应当特别强调基于信任的承诺。这里需要警示的是，千万别提供那种连你自己都无法承诺的"请别离职"的雇佣协议。它不会长期发挥作用，违背诺言的影响将远远超出个人范围。

二、提升价值，强化关系

第二章介绍了工作敬业和组织承诺两个概念。在人力资本模型中，这两者先于工作投入，并随投入所得回报而提升。这两个概念也有助于我们对员工保留的理解。两位研究员，加里·布劳（Gary Blau）和金伯利·博尔（Kimberly Boal），曾探讨过以上两个因素是如何影响员工保留的。他们对组织承诺的定义类似于第二章中使用的术语——员工对组织目标的认同程度，以及希望维持自己成员身份的程度。他们将敬业（用他们的术语来说是投入度）定义为员工在心理上与工作的联系程度。[16] 组织承诺度高（特别是态度承诺）和工作投入度高的员工都会表现出在每个组织的愿望清单上都出现的特质：

- 他们重视工作的内在要素；
- 他们重视在工作中形成的社交关系，以及他们获得的财务报酬；
- 他们比那些承诺度和敬业度较低的员工表现更好；
- 他们倾向于保持与组织的联系。

（一）管理好关系的价值

如例 8-1 所示，高承诺度与高敬业度是相辅相成的。家庭与工作研究所在其最新的研究中发现，"工作质量高的员工比其他员工总体上来说更有可能会留在现有公司"。[17] 换句话说，一份好工作的特点——按家庭和工作研究所的定义是拥有自主权、学习机会、工作的意义、工作保障，以及个人发展机会——不仅会提高员工的敬业度，还会增强他们的组织承诺度。

例 8-1　建立承诺和敬业的结果

资料来源：摘自 G.J.布劳和 K.B.博阿，工作投入和组织承诺影响离职和旷工方式之概念化研究，《管理评论学会》，1987，2（2）。摘自 J.C.卡萨尔，寻找"明星"员工，《卫生保健营销杂志》，1996，卷16第2期。

　　我们将利用这种聚合现象来推进有关员工保留的讨论。我们将聚焦于工作投入回报，将其作为承诺和敬业的驱动力，这是现岗位价值的本质，因此，也是员工长期依附一个组织的核心。为了简化讨论，我们将所有投入回报因素的影响整合成一个功能：即"投入人力资本的意愿"。它包含了组织层面（我承诺留下来，而且以组织所希望的方式工作）和工作层面（我的工作非常有趣，我想继续努力）的联系。如图 8-2 所示描述了人力资本向综合投入回报要素的转化。整个图看上去像一条标准的传统效用曲线，它展示了对不同工作投入回报量的偏好是如何影响人力资本投入的可变意愿。我们将在第九章回到这条合并的效用曲线。我们将看到如何从其组成部分构建起这条曲线，并分析兑现个人投入回报要素的成本和影响。

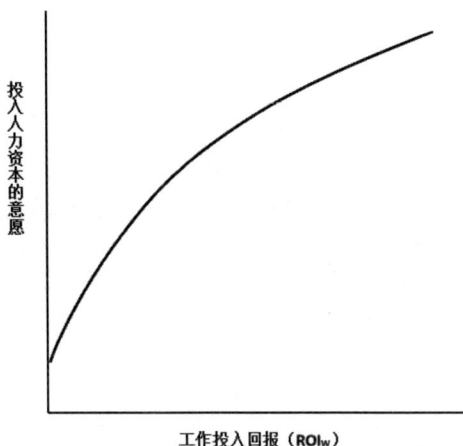

图 8-2　人力资本交换平衡曲线

就让我们把这条曲线想象成是一个理性的个体与一个同样理性的组织之间以交易为中心的交易。构成这条曲线的点表示一种平衡——员工和企业都认为投入和回报的交换是公平的。曲线的形状因人而异，反映了独特的个人倾向。曲线形状也会随个人职业生涯而改变。市场对某种技能或其他人力资本的需求的波动会增加或降低员工的议价能力，并且改变交换的平衡。

组织的目标是通过实现和保持均衡来延长人力资本的投入时间。要做到这一点，管理者必须尽可能地了解相关要素的权重和员工交换曲线的形状。如图 8-3 显示了带有另外几个参照点的交换均衡曲线。把 A 点想象成某个特定公司里的一个特定岗位所达到的平衡——例如恒久花瓣公司的产品开发岗位。在 A 点上，产品开发人员投入了 I1 的人力资本，相应得到了 R1 的投入总回报。

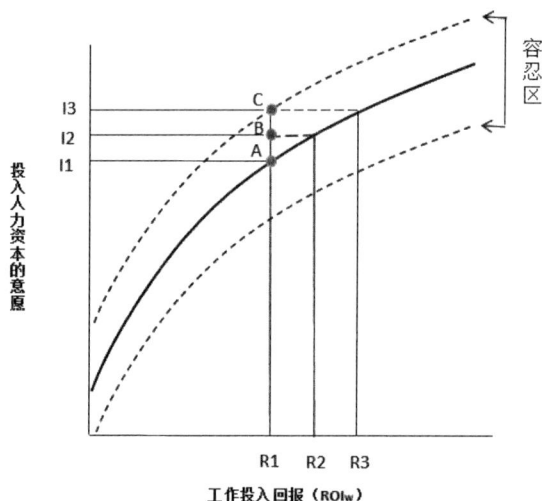

图 8-3 平衡交换曲线上下的不同点

现在假设我们这位产品开发人员的工作投入不是在 A 点,而是在 B 点,在实线的上方,但在虚线下方。在 B 点上,交换明显失去了平衡,即便只是程度轻微。根据古尔德的定义,包含 B 点的区域,即由实心曲线上下虚线划分出的区域,代表公差带。[18] 在该区域内,员工和公司都没有察觉到不平衡 (投入大于回报,反之亦然),或者他们认为可以容忍。在 B 点,产品开发人员愿意投入与 A 点位置所得奖励相比更多的人力资本(以人力资本投入轴线上的 I2 表示)。她仍然得到 R1 的投入回报,而不是维持投入与回报平衡的 R2 点。例如,她可能同意承担一个特殊项目(比如说,加入一个团队,对一个潜在的收购进行分析),同时还要承担全部的产品开发工作。如果参加这样一个团队的结果是浪费时间(可能是因为团队的限制性要求或糟糕的团队结构),她就没有从参加这样的团队中得到多大的个人价值,因为她投入额外的人力资本不多(I2-I1)。我们的主人公选择了这个职位,并且(至少是暂时的)接受了有利于组织的不平衡。

我们现在来看看处于容忍区上端的 C 点。在这点上,组织要员工投入 I3 的人力资本(接近她的最大潜力),但相对于她的工作投入,她得到投入回报仍然在 R1 上。管理层可能请该员工加入公司的公关委员会。这是一份耗时的工作，没有什么额外的工作投入回报，除了偶尔在冗长的会议上提供一些不新鲜的甜甜圈外。C 点所代表的交易不会维持太久。公司剥削了员工，可想而知，员工会提出重新调整工作投入回报关系。

对员工而言，最简单的反应就是忽略这种不平衡，像以前那样继续投入人力资本。容忍薪资冻结就是一个常见的例子。员工也可以试图向组织提出要求，提高工作投入回报，以补偿自己所损失的那部分待遇。例如，员工可以要求参加培训，以便摆脱裁员后所从事的单调工作。如果这个行不通，员工可以进一步提升自己的反应程度，减少人力资本投入，回到一种平衡状态。旷工是一种常见的降低工作投入意愿的形式。这种方式对于那些自认为无力改变雇主行为的员工很有吸引力。[19] 如果这些行动证明不能令人满意，员工将采取更加激进的措施。一种选择就是完全但暂时地放弃人力资本投入，如采取罢工。当然，对于员工来说，最为有效的解决办法就是离职，一走了之，另找东家。因此，我们可以把员工离职看成是一种由不平衡所导致的，员工、组织或双方都缺乏能力和意愿来定义一种与工作相关的交易，以便回到平衡曲线上来的现象。

平衡曲线的讨论主要聚焦在员工与组织的关系上。然而，组织的一些行为经常使一大批员工陷入失衡的境地。战略的重新定位、合并或收购、广泛引入新技术——任何一项都可能打破工作投入与回报之间的平衡。在本章稍后，我们将评估大规模变革对风险管理的影响。在此，我们先考虑组织如何使自己和员工回到平衡曲线上。

以 Wawa 食品市场为例。这是一家在亚特兰大中部地区拥有约 500 家高档便利店的公司，它为我们展示了一家企业是如何采取行动来分析和解决一个不平衡问题的。[20] Wawa 是一家私营企业，1997 年销售额达 10 亿美元。该公司雇有约 1.1 万名临时店员，其中 2/3 为女性，且 2/3 属于 X一代[⑥]。公司制定了积极增长的经营战略，到 2001 年，其收入翻一番。对于硅谷的初创企业来说，这并不算什么雄心壮志，但对于一家食品零售

---

⑥　20 世纪 60-70 年代出生的。（译者注）

商来说，这可算是相当了不起了。为了实现这一目标，公司需要 2 万名表现优异的员工，不仅仅是一般的员工而已，而是有能力提供让顾客赞不绝口的服务的员工，正是这种服务让 Wawa 公司闻名遐迩。

店铺人员的高流失率抑制了组织获取并留住扩大业务所需人才的能力。管理层因为将大部分注意力放在业务增长上，未能系统地调整员工的奖励体系来满足经营战略对人力资本的需求。结果是：员工流失率每年达100%——这在零售业也属正常，但对于 Wawa 公司来说是不可接受的。公司根本不愿意每年为每个岗位招两名员工。

Wawa 公司对人员流失的分析表明，员工离职与钱的关系不大。一项针对离职员工的调查显示，仅有11%的受访者认为薪资低是个问题。相反，员工离职与门店经理所营造的工作氛围有更为直接的关系。对于在前三年内离开公司的员工来说，他们的离职决定有大约一半的影响来自对管理质量和管理行为的担忧，没有其他任何一个因素比这更重要。那些工作三年或以上才离开公司的员工中，对管理水平和工作环境的担忧占了辞职理由的 90%。

在调整员工的合同时，该组织将重点放在 X 一代员工认为最重要的方面：提供有趣和多样化的工作，为员工开辟途径，让他们可以控制工作流程，分享公司的成功，以及通过学习和获得技能创造职业发展机会。这些因素大多与员工对工作的投入有关，而且大多数都在当地公司经理的掌控之中。一个被称为"未来店铺经理"的持续倡议将提高管理人员在兑现关键工作回报要素方面的能力。该计划开始时，公司把全部注意力都集中在一组约 20 位优秀店经理身上，且他们的店铺都取得过优异的财务业绩。他们发现人员管理技能与财务方面的成功有关联。那些生意红火的店铺经理往往通过庆祝成功来给予非正式的认可，对员工的表现给予反馈，支持团队精神，并花时间指导新员工。Wawa 公司计划利用一项正式的培训项目将这些做法传授给 100 名经理，并在之后继续普及到其他所有店铺。当然，该组织也提高了薪酬福利待遇。Wawa 公司把员工的起薪点提高到市场中位值，并允许管理人员根据当地市场情况灵活加以调整。福利方面也做了两处改进：提供医疗费用报销账户以及学费报销。

任何想要在四年内将收入翻番的组织都必须通过目标和数字来管理。因此，Wawa 公司管理层制定了减少员工流失的具体目标。该组织预计，合同中的财务方面的变化可以几乎马上使人员流失降低 10%。同时，管理层认为，通过店铺文化和学习氛围的改善，几年后可以使人员流失率再降低 30%。

解决员工流失问题没有什么灵丹妙药。均衡关系在所有人力资本管理要素中处最高地位。个体和组织共同努力寻找合适的平衡点应该反映这种广阔的视角。如例 8-2 所示，将第三章到第七章的人力资本管理系统的主要要素整合在一起，并进行了总结。它综合了工作投入回报和其他因素，这些因素决定了员工和主管能否找到最适合个人和组织的平衡点。

在执行（如例 8-2 所示）所列各项要素时，大部分责任都落在一线经理身上。事实上，是主管在为组织兑现交易。虽然主管的影响力主要体现在工作层面，但他同时也是组织的代理人。身为主管，他计算员工对公司的价值，并帮助发放相应的工作回报。因此，管理者的行为对员工是否能建立起足够的承诺度和敬业度并继续留在组织中起着很大的作用。

例 8-2　人力资本管理背景——均衡状态评估清单

战略关联度
• 员工的人力资本能支持哪些组织能力以及是否清晰？ • 组织架构、流程和技术是否能支撑和补充员工的人力资本投入？
达成协议
• 招聘过程中是否充分沟通并达成协议？候选人和组织在协议的期限、对价和灵活性上达成了一致吗？ • 从个人和组织的角度看，整个过程有效吗？ • 协议从一开始就适合个人和组织吗？
工作投入框架——组织层面
• 组织的战略要求与员工期望的人力资本投入之间是否存在明确的联系？员工是否参与建立这个联系？ 员工了解业务是如何运作以及自己应如何作出贡献吗？ • 员工与组织对目前的协议有一致的理解吗？员工知道组织对自己工作投入和绩效表现有什么期望吗？组织是否知道员工对工作回报所包含的四类要素有何看法？ • 员工是否相信组织会接受并遵守协议？组织是否信任员工按照协议的要求投入人力资本？

工作投入框架——工作层面
- 胜任力培养是否被设计到员工的工作中？
- 员工是否能自主地在合理的范围内确定并行使自己的角色？胜任力和自主权是否相互支持，从而在多样化、具有挑战的工作中实现高绩效？
- 组织是否以强化人力资本投入的方式提供投入回报？员工在构建投入回报要素组合时有合理的选择吗？奖励分配公正吗？

人力资本建设
- 正式的学习机会是否建立起了对组织最有利的人力资本？它们是否通过提高理想的投入回报而使员工受益？
- 非正式的学习方式是否使组织和员工获益？
- 员工是否有机会帮助开发和转化来自内隐知识的外显知识？

流失率分析和风险管理
- 组织是否分析了员工的流动模式？组织是否知道谁面临离职风险？为什么？
- 组织是否有行业和劳务市场竞争者提供的工作待遇的准确信息？
- 在风险期中，组织是否利用信息以及信息的传播来保护人力资本投入？

无论扮演四个关键角色中的哪一个，主管都有机会影响流向员工的工作投入回报的种类和数量。为扮演好劳动合同制定者、劳动报酬提供者、工作顾问，以及信息沟通者这四个角色，管理人员必须准备：

- 为定义战略方向和确定执行经营战略所需的人力资本作出贡献；
- 带头确保员工从一开始（并保持）就完全理解心理契约的主要要素（期限、对价和灵活性），以及组织打算如何履行协议；
- 帮助员工建立并澄清他们贡献的人力资本与企业成功之间的联系；
- 通过确保奖金分配程序和奖励分配结果符合高标准的公正，以保证组织履行其在交易中的义务；
- 信守诺言，让员工参与关键业务的决策，建立起员工与公司信任的纽带；
- 充当老师、团队建设者以及员工之间人际关系的支持者，创造一个充满正式和非正式培养能力机会的工作场所；
- 通过正式和非正式地认可优秀业绩来打造一个充满员工相互欣赏的工作场所；
- 了解员工需求，协助他们制订人力资本发展计划，以培养有效自主行动的能力；

* 为员工提供管理人力资本风险投入所需的信息。

当然，能把上面这些都做到位的管理者确实凤毛麟角，但有价值的员工值得他们竭尽全力加以挽留。或许管理者最重要的成就就是他们提高了非财务类工作回报要素的价值。这么一来，他们使员工成为猎头难以猎取的对象，因为猎头主要是通过薪酬对他们进行诱惑。聪明的公司改进自身的招聘系统，投资员工发展项目，并制定有吸引力的雇用协议，这样他们就可以建立并保留一线管理人员的能力。

这里有另一种方式来考虑员工流动——企业应该少担心让员工感觉更好，而应该多担心如何让他们工作得更好。记住，绩效带来工作满足感，而不是相反。一位 X 一代的经理对这一点的思考很有启发性。布伦特·弗雷（Brent Frei）是一位软件企业家，也是 ONYX 软件公司的首席执行官。在《旧金山观察家报》的一篇文章中，针对阻止那些下了高赌注从一家公司跳到另一家公司的跳槽者的行为，他谈了自己的一些看法。以下就是他的一些评论：[21]

"让你的员工有权判断怎样才能完成工作。"

"公司应该雇用能够自我管理的员工，让他们做正确的事情。"

"招聘有价值且能力突出的人，赋予他们充分的职责和权利，让他们分享财务报酬，确保工作充满乐趣。"

"让员工有互动的自由，这样，最好的想法就能自由流动。"

"团队经理和领导者有责任确保良好的沟通和信息畅通无阻，并提供支持、辅导和职业发展机会。"

"确保员工不会受到牵绊。"

"公司必须为其客户提供最高质量的产品或服务，并能够让员工真正引以为豪。"

弗雷的观点提出了几个关键的主题：雇佣好的员工、给他们自主权、为他们的工作提供高回报、依靠团队创造并传播知识。他表示，一家将这些原则付诸实践的公司，不用担心如何激励和留住员工，而是开始利用每位员工的积极态度、进取精神、尊重和承诺来取得成功。良好的业绩使工作充满乐趣，并带来可以增加股票期权价值的经营业绩。

受限理性

在讨论个体与组织之间的协议时，我们假定一个员工可以理性地采取行动，以达到平衡状态。然而，在现实生活中，人力资本投资者以传统上被认为只有其金融投资同行具备的理性行事的能力是有限度的。

来看看投资组合的多样化。金融投资者可以根据可用于投资的资金数量，选择任意多种不同的证券。通过多元化投资，他避免了经济学家所说的独特的或非系统性的风险，即困扰公司的潜在投资回报率波动。[22] 相比之下，员工自动地在雇用他们的公司过度投入。他们别无选择——大多数人的大部分财务收入和相当一部分其他工作回报都只有一个来源。700万从事一份以上工作的美国人更多的是为了经济上的生存，而不是为了在失去一份工作后减少遭受经济损失的机会。[23]

其次，想想金融投资者和人力资本投资者所运用的不同程度的控制。在很大程度上，股票和债券持有者可以决定什么时候买进或卖出他们持有的股票。他们基本上在购买时就选择了投资和回报的形式（债务或股权、股息、升值或利息支付）。此外，他们完全控制着这种关系是继续还是终止。投资者可以放弃他们的投资，但在大多数情况下，股票和债券发行者不会抛弃他们的投资者。相比之下，雇主和员工在终止雇用关系上拥有大致相同的控制权。组织是积极参与人力资本交易的；它们并不仅仅是员工贡献的被动接受者。因此，员工发现自己正努力与一个积极的、感兴趣的合作伙伴一起争取平衡点，而不只是为了追求最大的回报。公司可以修改薪酬计划，重新定义角色，或削减培训预算。想象一下，如果一家公司可以立即解雇金融投资者，或者用古董门把手而不是钱来支付季度分红，那么这样的公司要吸引他们会有多么困难。在一个企业掌握着大部分投入回报资源的世界里，这些都是员工投资者所面临的现实。

再次，人力资本投资者享有的投资流动性远低于金融投资者。正如诺贝尔经济学家加利·贝克尔指出的，"人力资本是一种非常缺乏流动性的资产——它不能被出售，作为贷款的抵押品也是相当差劲的"。[24] 虽然一个员工可以通过出卖自己的服务来赚钱，但是从事这项工作所需要的人力资本在他的大脑、肌肉和心脏里。除了找一份工作，没有其他办法能把它变成现金。

最后，金融投资者和人力资本投资者面临不同种类和程度的风险，并有不同的风险管理对策。金融投资者在评估和管理风险时会遇到很大的困难；而在职场上，这种困难变得更加扑朔迷离。亚当·斯密指出，我们大多数人对自己承担的风险都有一种不成熟的感觉，"每个人都或多或少地高估了获利的可能性，而大多数人低估了损失的可能性，但几乎没有一个人会在其健康状况和精神状态尚可的情形中高估损失值……对风险的蔑视和对成功自以为是的希望在人生的任何时期都不会比年轻人选择职业的年龄更加活跃"。[25]

（二）在不确定时期维持人力资本投入

例 8-2 最后一部分指的是风险管理，这个概念在离职价值等式中介绍过。在这个等式中，概率因素反映了风险。风险来自新工作投入回报的不确定性。然而，目前的工作也存在着风险。

牛津英语词典对风险的注释是"遭受到伤害或损失的可能性"。遭受是指一个人受到组织内部变化影响的程度。如果别人的部门正在裁员，而你的部门很安全，你的风险为零——暂时而已。概率是指遭受损失的可能性。它在一定的损失和一定的收益之间的范围；确定性排除了偶然性，而不确定性加剧了偶然性。损失的意义取决于可能产生的影响；意义取决于影响的大小（以美元、满意度或其他单位衡量）和重要性（附加到受影响的工作投入回报的价值）。例如，停车位分配的重大变化可能会产生巨大的影响（不再有紧挨着建筑物的车位）。然而如果停车位对你来说不重要（因为你刚买了终身巴士通行卡），那这件事就没什么意义了。

整合以上所有术语，我们可以将工作场所的风险定义为员工在工作中的投入回报可能会因员工情况的变化而显著减少。变化产生风险，风险带来不确定性，不确定性导致……暂停。但这不是停下来好好喘口气的时候。这是一个全停制动器，以便查看指南针的读数，确认好风向，了解整个地形，并且把整个事情表述出来。这就是中断人力资本投入，只不过时间短暂，不是完全撤出，但毕竟是中断了。唯一能够预防的，至少是缩短其持续的时间，就是通过风险管理。

信息是风险管理的必要条件。回到我们对风险的三个组成部分（遭受、概率和损失的意义）的定义，我们可以从例8-3看到员工渴望了解的各种信息。要回答这些问题，公司就必须管理其所提供的有关变化的信息内容，加快最初获得信息的速度，最大限度提高信息的使用频率，并慎重选择用来传播信息的媒介。

例8-3　企业应该回答风险管理问题

风险成分		
遭受	概率	重要性
谁受到影响（地域、业务部、工厂、组织层级）？	什么东西是可以确定的？	为什么会发生变化？
哪些人没有受到影响？	还有什么不确定因素？	预期会有什么变化？
损益如何分配？	什么概率可以和不确定性联系在一起？	会有多大的变化？
变化何时开始？	如何解决不确定性？是更多的分析、未来决策，还是外部行动？	组织怎么没有变化？
什么时候结束？	不确定性何时能得到解决？	有什么完全正面的影响可以预期？
变化是马上开始还是分阶段进行？		有什么完全负面的影响可以预期？

我们能做些什么才能影响结果？		这种变化是我们以前经历过或见过的吗？是类似的还是不同的？
公司准备如何应对这一变化？		
我们如何才能更多地了解正在发生的事情，是现在还是随着变化的展开？		

接下来的内容不是关于变革管理的入门，也不是全面的沟通策略。相反，它是关于组织如何利用信息来减少不确定性对人力资本投入造成影响的一些看法。

提供关键内容。在所有会产生风险以及让员工对未来感到不确定的变化中，合并一定是排在清单靠前的位置。为发现信息内容是如何改变员工在合并过程中的行为方式，研究人员大卫·施伟泽（David Schweiger）和安吉洛·德尼西（Angelo DeNisi）进行了一项实验。[26] 他们的实验室由两家类似的轻工制造厂组成，这两家工厂隶属于世界500强中宣布合并的两家公司。在作为控制组的工厂中，员工除了收到一封来自CEO的公告信，没有任何有关合并的正式信息。而在作为实验组的工厂中，管理层一开始就与员工全面交流与合并有关的信息。回答的问题涉及裁员、转岗、晋升和降职，以及工资、工作和福利的变化等情况。员工还可以每周听取工厂总经理和人力资源副总裁的简报。在整个过程中，每当管理层做出直接影响员工的决定，工厂总经理都会亲自会见每位员工。为测试增强信息交流的效果，研究人员在四个不同的时间点对两家工厂的员工进行了调查：一次在重大通知宣布之前，一次在通知发布之后，两次在宣传活动开始之后。

如果这些听起来很熟悉，回想一下在第四章中我们描述的关键招聘信息。实验组工厂的管理层借鉴那些向应聘者提供实际工作预览的公司的做法。他们使用类似的结构来提供给员工特定的信息。[27] 如图8-4所示，在实验组工厂中，信息沟通计划降低了员工对不确定性的焦虑心理，并带来了更好的工作业绩。

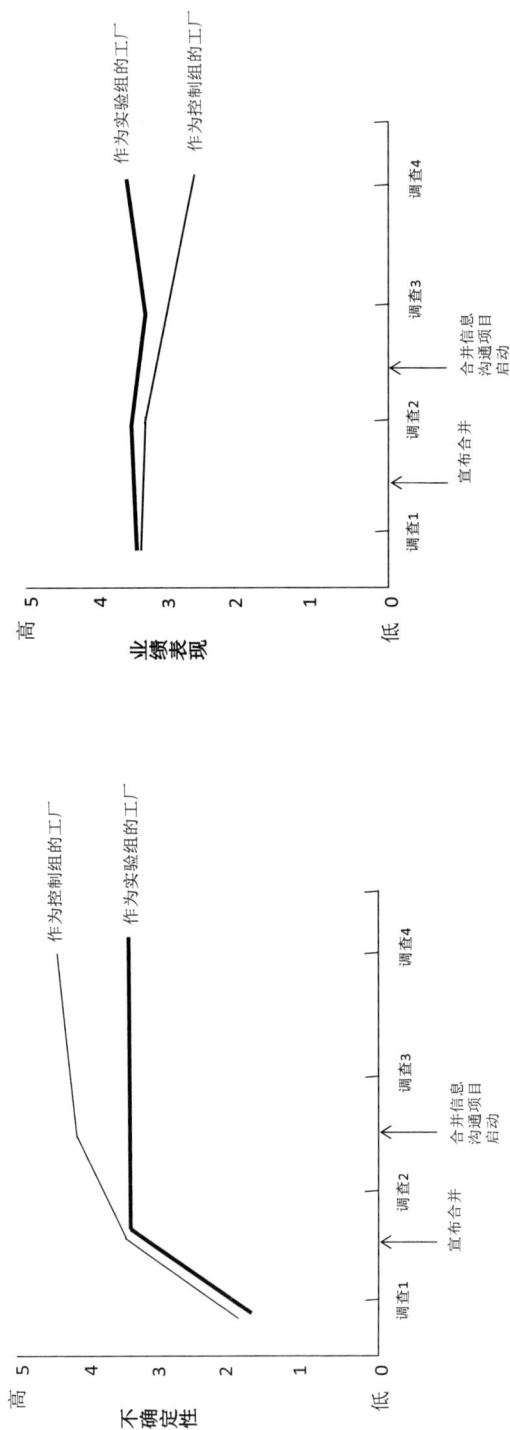

图 8-4 现实的企业合并信息对不确定性和工作绩效的影响

资料来源：D. M. 施伟泽、A. S. 德尼西，合并后与员工的沟通：纵向现场实验，《管理学会杂志》，1991，卷 34 第 1 期，第 123，127 页。经允许后使用。

尽快将信息传递出去。如图 8-5 所示说明了人们在处理信息匮乏及由此产生不确定性时的过程。当变化的可能性出现时，这个过程就开始了。一旦员工感知到变化，他们就开始评估其对工作投入回报的潜在影响。如果有足够的信息，他就能做出决定——让有利的结果最大化，或者准备应对不利的后果。此时，信息可能匮乏或缺失，因为管理者可能不知道变化将如何展开，也不知道变化的影响可能是什么。他们可能担心提醒竞争对手这里正在发生什么事情，或者担心吓跑那些无法承受颠覆性冲击的员工。[28] 不论什么原因，信息真空让员工开始或明或暗地对工作职责采取应付了事的态度，饮水机旁的闲聊和在大厅里的低声交谈占用了正常的生产工作时间。

信息收集过程仍在继续，一场危机正在形成。如果管理层坚持隐瞒信息，员工会开始问自己："我还要在这黑洞里待多久？"假如工作敬业度和对组织的承诺度足够高，答案可能是"还需要一段时间"。在这种情况下，信息搜索仍在继续，管理层为自己争取了一些时间。但如果企业诚意不大，员工将减少或放弃对工作的投入，以这种策略来重新平衡或重新定位投入回报。

施伟泽和德尼西的研究项目表明，在变革通知下达后不久就开始沟通，能够减少功能失调。换句话说，缩短如图 8-5 所示上 1 到 2 两点的时间，就降低了不确定性。他们还得出结论："沟通的象征性价值与沟通的实际内容一样重要。向员工传达关怀和关心的组织，无论信息内容如何，在组织合并过程中至关重要，并可能让管理层在适应变化方面有更大的灵活性。"[29]

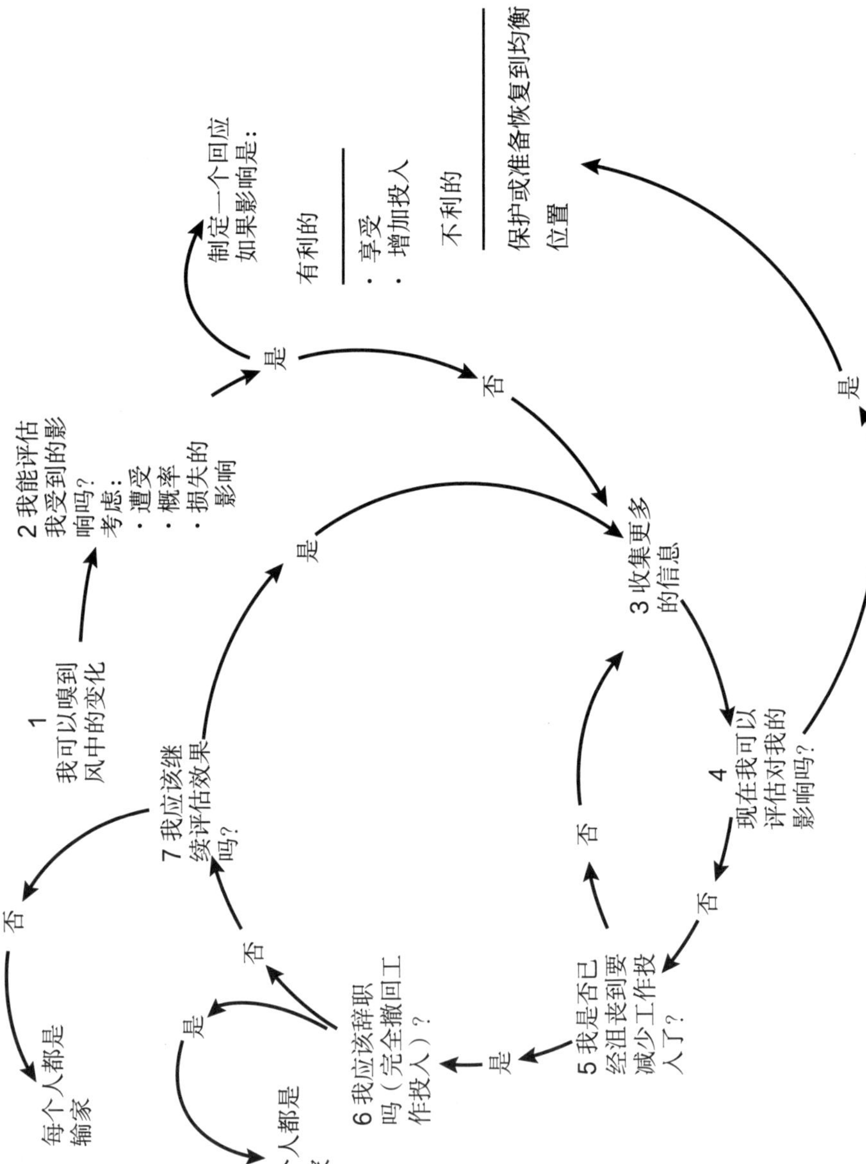

图 8-5 对变化的反应取决于对不确定性的迅速解决

　　频繁传播信息。在实验组工厂的合并沟通中，管理层明确将每周个人简报纳入计划。员工至少有机会经常与主管、高管人员和工厂负责人见面。同样重要的是，企业提供了一部热线电话，员工可以通过热线与人事经理沟通，持续了解组织变革的相关最新信息。[30]这样，随着合并的展开，员工在几小时之内就可以知道所发生的事件了。

　　1997年在MCI通信公司，不确定性伴随着潜在收购方积极的合并请求。直至MCI和其他几家有意向的公司在经过一段长时间的逢场作戏之后，世通公司最终与MCI通信公司合并成为一家公司。当MIC通信公司的高管们在接近年底仔细研究销售业绩时，他们注意到了一个令人不安的趋势——在每三次竞购后的几天里，销售额都有所下降。[31]管理层害怕员工（特别是销售代表）不再有像往日在市场拼杀的那种热情，因为他们对自己的未来感到迷茫，对公司的方向也缺乏清晰的认识。为消除因担心风险安于现状的情绪，管理层启动了一场代号为"造雨者"的宣传运动。持续频繁地更新信息在"造雨者"策略中起着关键作用。员工每天可以收到当日的重要报道，包括最新的简报。他们也可以给MCI通信公司在华盛顿的高管发送信息。"造雨者"计划为销售代表提供定制的、满足他们所需要的信函，以便向客户解释为什么尽管对合并感到不安，但他们仍应该继续与MCI通信公司做生意。这些信件来自公司总裁提姆·普莱斯（Tim Price）。虽然"造雨者"计划的实施者认为总部的沟通已经相当充分——每三天发一次简报，但是根据新的方法，频率还是增加了。

　　像MCI通信公司这样的策略可以满足个人的信息需求，回答了大部分问题，解决了多数问题，也排除了大部分的谣言。如果信息是准确可信的话，这样的策略对于让员工为变革做好准备是大有裨益的。

　　管好你的媒体。企业有一系列的媒体可供选择。MCI是一家许多员工惯于通过电子方式进行沟通的电信公司，非常依赖公司内部的计算机网络。在与世界500强的工厂合并时，管理人员通过三种媒体渠道传达信息：每月两次的合并新闻简报、电话热线，以及管理人员与员工之间的会议，包括团体会议和个人会议。

虽然通过个人接触似乎是最不吸引人的信息传递方式，但从许多方面来说是最好的。T.J. 拉金和桑德·拉金（Sandar Larkin）在《哈佛商业评论》就沟通变革直截了当地向高管们建议："下次当你向一线员工传达重大变革时，需要改变一下方式。只沟通事实，不要沟通价值观。尽量面对面交流，不要依赖视频、出版物或大型会议。并将目标针对一线主管人员，不要让高管为一线员工介绍变革。"拉金夫妇说，主管沟通会议也许谈不上是创新，但其实是。"在采用这种简报沟通方式的组织里，一线员工想要知道发生了什么只有一种方法可以得到信息——询问主管。这些信息可能是通过一对一的方式传达，并且用主管自己的话来沟通，没有大型会议，没有重要通知，没有高管参加的路演，没有通过卫星转播的演讲。之前用来不加区分地沟通的所有资源现在都用在与主管沟通上，主管由此获得信息和影响力，其权利和地位也因此得到加强。所以，他们更有可能帮助实施变革。"[32]

这是否意味高层管理人员在与员工沟通方面不能发挥任何作用了？绝非如此！这只是意味着组织不应指望有一位能说会道的 CEO 用雄辩高调的演讲来告诉员工如何应对变革和管理风险。拉金斯夫妇再次直言不讳地表达了他们的观点："不论是什么变革——合并、重组、裁员、再造、新技术引进，或者客户服务活动——一线员工听到的关于变革的第一句话应该来自靠他们最近的人——他们的主管……把 80% 的沟通时间、金钱和努力花在主管身上……主管——而不是高级经理——才是组织中的意见领袖。"[33] 由于他们在工作单位的社交网中处于中心地位，他们所提供的信息既直接又相关。这些信息来自大家所熟悉的环境，因此也提高了其影响力和可信度。

把控制权交给员工。我们在第五章讨论了信任问题。我们知道，参与和控制不断变化的环境有助于确保公平的结果。管理与组织混乱相关的风险也是一样的道理。如果越多的员工能够掌控自己的命运，帮助规划变革的架构，那么他们对高价值的工作要素的影响力就越大。在意识到这一点后，开明的组织会争取员工参与变革。有一个公司甚至把从裁员节省下来的钱留出来，奖励那些留下来后提出改善效率建议的员工。在经历了

20 世纪 80 年代的裁员后，柯达发现公司的环境为员工参与工作再设计提供了肥沃的土壤。[35] 员工对工作再设计的掌控进而提升了内在满足度。

三、提高离职的成本

离职等式中的最后一项指的是离开组织的成本。大多数管理者认为这完全是一种财务成本，管理层对这一最简单的杠杆（即货币报酬）的痴迷至今仍未消退。1997 年，美国人力资源管理协会进行了一项关于员工保留的调查，受访者根据保留员工的有效性，对列出的所有策略进行评分。[36] 接受调查的人选出的前五项中有四项都与各种财务报酬相关：薪资水平、薪资增长、医疗福利和退休储蓄计划。仅有"开放式沟通"作为非财务策略悄悄挤进前五，占据第三的位置。临时服务和招聘公司的罗伯特·哈夫（Robert Half）在报告中称，"竞争性福利"是企业用来阻止外部其他公司对本公司员工进行"挖墙脚"的首要策略。[37] 与我们对计划型承诺所下的定义一致，这个理论似乎就是：保留员工的最佳方式就是使他们离职的财务代价很高。但是，我们已经知道计划型承诺的软肋，特别是它与员工积极性之间的脆弱关系。

不过，还有一种更强有力的方式可以将员工与组织联系在一起。也许组织能构建的最强最有活力的纽带就是通过自己作为人际关系网的中心角色，让工作和员工的结合更加丰富和充实。请记住布伦特·弗雷就工作场所人际关系网的重要性所说的话。也请记住我们讨论过的有关成长和学习机会的重要性。我们知道，团队和实践社团形成了一种人际接触网，能够在情感上支撑我们，丰富我们的知识。还有什么更好的方法能让我们忠诚于对方呢？还有什么地方比在工作中更适合发现这种复杂的相互联系呢？

价值观大师布莱恩·霍尔（Brian Hall）说，矛盾的是，群体的亲密关系和支持能够帮助我们应对最基本的现实，即我们每个人都对我们做的每件事负有责任。[38] 霍尔研究了两大组织从 20 世纪 50 年代到现在的价值观演变过程，记录了从任务导向到关系导向的根本性转变。[39] 人们似乎想要分享态度、信仰、知识以及空间和时间，以便在彼此之间以及和组织之间建立起联系。当《连线》杂志询问要取得领先什么最重要时，拥有尖端技术组织的回答证实了这句老话——你认识谁比你知道什么更重要。[40] 在一个能够为大家建立个人关系网且提供良好环境的组织里工作的员工是不愿离职的。这种关系网的确就像一张黏黏的网，如果要摆脱是需要付出很高的精神代价的。

当企业领导力委员会（该委员会是个设在华盛顿特区的智库，专门研究人力资源问题）研究人员在寻找降低员工流失率的成功案例时，发现一家航空航天国防承包商采用了员工关系网策略，以减少新经理人的流失。[41] 正如企业领导力委员会首席顾问达沃斯福里·古普塔（Devashree Gupta）所说，这家价值 10 亿美元的制造商发现，技术专家很难过渡到项目管理角色。公司让他们在没有任何准备和老板关注的情况下就开始着手一项艰巨的工作。他们觉得被抛弃了，也没得到赏识。因此，近 40% 的新晋项目经理在任职一年内就离开了公司。这家公司在两方面都遭受了损失：它失去了一批稳定的高潜质领导人，而且不得不为直接的营业额成本埋单。

为此，公司建立了一个流程来帮助技术专家成为称职的经理人。他们首选那些显示出管理潜力和兴趣的独立贡献者。大多数未来的管理人员会在公司待上三到五年，以证明他们在技术知识方面的深度。这组成员作为见习项目经理，为期 6 至 12 个月，跟随经验丰富的经理学习并与其他同事建立起联系。这些人毕业后被安排在联合经理职位，为期 6 到 12 个月。在此期间，在教练的协助下帮助管理产品开发和类似的跨职能项目。一旦准备就绪，他们就会成为成熟的项目经理，能够独立处理项目，并带教学徒。公司还指派一位高级执行发起人，在整个项目过程中监督学徒的工作。执行发起人每月举行一对一的阶段性会议，协助他向高层介绍情况，并且进行项目后的汇报工作。在准备期结束时，新的项目经理加强了个人横向（与同事）和纵向（与上级）的人际网络。古普塔说，这个项目取得了令人印象深刻的成果，"公司不仅提高了项目经理的业绩，而且降低了关键员工的流失率。自项目启动以来，人员流失率下降至 2%"。员工流失率的下降不是由于薪资上涨或股票期权的三年归属期，而是因为员工的能力得到了提升，从工作中获得很高的满足感，以及将个人与组织联系在一起的强大的联系网。

总结：维持人力资本的投入

本章从一个悖论开始——如果员工愿意长期在一家企业服务，为何周期性的流失率会成为一大问题呢？或许员工的确想待在同一个地方，但当有吸引力的机会来临时，他们无法抵挡住那种诱惑。也许在裁员之后，他们不相信公司会信守均衡协议。也许公司使用了错误的策略来挽留他们所需要的员工，在无形奖励更重要的时候，却把重点放在了金钱上。

如果能够公平地平衡个人与组织的利益，均衡协议是任何成功的人才保留策略的核心。均衡除了强化组织承诺的独特但相关的贡献，也强化了员工对工作的投入。要使员工对组织有归属感，并保持员工有付出更多努力的意愿，承诺度和敬业度至关重要。布劳和博尔简明扼要地表达了其双重效应——工作本身能够使员工满足内在的成长需要，而组织能帮助员工满足社会和其他外在的奖励需求。[42]高水平的态度承诺和工作投入往往是相辅相成的，可以产生巨大的人力资本投入效应。

然而，许多组织采取短期"砸钱"的策略来解决员工保留问题。这种想法是对的——用高昂的离职代价来阻止员工离职——但是手段是错误的。一个能够提供学习机会、能力提升和极大的内在满足感的组织能够创造出持久的情感和社会联系，而这种联系比金钱更能牢牢地扣住人心。在一个健康的经济中，几乎任何企业可以通过支付更高的价格买到自己所需要的人才。极少公司能创造一个人际关系因素如此丰富，以致员工会因与钱无关的理由而离不起职的工作环境。你认为在保留竞争成功所需的人力资本方面，哪一个更有优势？

第八章也强调了主管的作用。除了在完成协议方面主管扮演的多重角色外，主管还起到信息来源和组织价值观知识库的作用。根据这个角色，主管确保员工拥有足够的信息，减轻对不确定性的担忧，以便就人力资本投入作出明智的选择。那些自决意识强的学生喜欢就这一点引用托马斯·杰弗逊（Thomas Jefferson）的话："除了人民自己，我不知道社会的最高权力有什么安全的储藏所；如果我们认为他们没有足够的智慧来谨慎行使他们的控制权，补救的办法不是从他们那里拿走控制权，而是向他们提供行使判断力所需要的信息。"[43] 知情权和知情判断力在变革时期比什么都重要。这个时候，风险造成不确定性，使员工停止投入人力资本。在风险管理的众多潜在资料来源中，主管是最重要的。

　　前八章阐述了人力资本管理体系的构成要素。在第九章，我们将把所有要素汇聚在一起，建议组织如何从全面的视角，充分运用人力资本投入与回报机制。

第九章
优化并测量人力资本投入

管理者喜欢数字。就对数字的见解方面而言，他们与威廉·汤普森·开尔文（William Thomson Kelvin）勋爵这位 19 世纪的英国物理学家属于同一类人。开尔文阐述了热力学第二定律，并将绝对零度概念化，即拥有属性完全没有热量的温度。对我们来说更相关的是，开尔文是个热衷于测量的人："当你可以测量你所说的东西，并用数字来表达，就表明你懂得了一些东西；但当你无法对它进行测量，也无法用数字来表达的时候，就显得你的知识很贫乏，也不能令人满意。"[1]

事实证明，除了（或者可能是因为）他在定量物理学方面的能力之外，开尔文是一个特别傲慢自大的人。他运用他的热力学理论推算了地球的年龄，试图一举改革自己领域之外的科学领域。[2] 一方面，他估计地球的年龄在 2000 万到 1 亿年之间，这比他那个时代的圣经年表有了巨大的进步。另一方面，开尔文的数据是基于对地球热源的错误假设。随后的发现表明，放射性在地核中产生热量，从而确定地球的年龄大约为 45 亿年。开尔文的最高估值与之相差十万八千里！

我们从事人力资本行业的人可以从开尔文遇到的尴尬中吸取教训。我们应该认同他对量化的贡献。然而，我们也应该牢记：假定所有重要的事情都显而易见或者容易测量是无益的。

本章从两个方向来探讨测量的挑战。第一部分以第八章建立的均衡投入与收益概念为基础，详细阐述如何估计均衡曲线的形状和定义合适的交换。确定这些点将成为最优化的挑战。由此，本章将说明一个环环相扣的测量系统如何反映个体与组织共同管理人力资本及其投入的有效性。我们将最后一次重温恒久花瓣制造厂的案例，看看这里的管理人员如何运用量化管理。在此过程中，对于追求量化的问题，我们将保持作出切合实际判断的意识,同时不忘即使伟大的科学家也可能有一或两个数量级的误差。开尔文的经验告诉我们，在测量无形的东西时，切忌傲慢自大。

一、优化

第六章中关于强化的讨论提到了管理者的双重责任——一方面他们要兑现有吸引力的工作回报，另一方面要节省提供这些投入回报所需的组织资源。第八章介绍了在员工人力资本投入倾向与公司的投入回报之间实现平衡的观点。将这两个观点结合在一起，就可以达到优化状态。为理解和确定最佳的交换，我们将借鉴基础经济学理论、消费者市场研究和运筹学的概念和工具。这些想法很简单（专家可以使用计算机软件，使应用更加容易），基本步骤如下所示：

步骤一：通过每个工作投入回报要素，即内在满足感、成长机会、认可以及财务报酬，来定义你的组织意味着什么。我的意思不是制定宽泛的定义，而是为公司的工作团队特别定义纳入每个要素的组成部分。例如，内在满足感可能意味着可以频繁选择不同的项目，对自己的工作计划拥有决定权，或者参与重要的战略决策。例如，在西南航空公司，让员工感觉有意义的工作环境包括可以在一个充满活力、有幽默感和富有团队精神的地方工作。[3] 一个组织中最重要的成长机会可能包括加入从事高级产品开发的团队，或参加管理培训生计划。高技术企业的员工尤其重视这些要素。认可也许包括对特定类型的业绩进行公开奖励，以及在全公司范围内对某些特殊的成绩表示感谢和肯定（也许可以用国外旅游作为对巨大的销售业绩的奖励）。制药公司的销售人员可能就是这样定位的。定义组织中看起来最有价值的要素；让员工参与定义过程，并确保整个清单的全面性。

步骤二：确定四个工作投入回报要素的效用曲线。我们在第六章介绍了这个术语，我们说效用代表了一个价值度量，反映了个人对有形的、无形的、关系性质的和交易性质的奖励的偏好。在第八章中，我们将所有工作回报要素的效用组合成单一的曲线，我们提炼了这个定义，使之表示员工投入人力资本的动机，且该动机受工作投入回报的影响。讨论相关的员工群体时，将合并后的曲线分解成若干单独的曲线，这些曲线显示个人从不同数量的投入回报要素中获得多少价值（以"有用性"为测量单位）。这种曲线有四个版本，如图9-1所示；这四个图形仅作为范例，但它们的形状还是很经典的。财务报酬曲线体现了传统的报酬递减现象。代表内在满足感的凸曲线呈现出快速上升的斜率，这意味着在缓慢启动后，每增加一点满足感，效用就会迅速增长。从认可曲线范例图所示的S图形可以看出，开始和最后的认可产生了很大的价值作用；但是，一般的认可所能产生的额外效用就微乎其微了。成长机会效用曲线的直线性描述了增量机会与效用之间的固定关系。

你可以通过仔细询问小组中的员工得出每条曲线的形状。然而，市场研究科学提供了一种更好的方法。通过使用一种称为联合分析的方法，管理者可以计算出员工从每个要素的不同数量中获得多少效用。[4] 其中一种联合分析方式是要求受试者在包含以上四项要素的全面奖励方案样本中作出选择。稍做简化，样本选择可能是这样的：

奖励方案一	**奖励方案二**
100000 美元基本工资	8000 美元基本工资
平均每 12 个月有参与新项目的机会	平均每 6 个月有参与新项目的机会
每年 30 小时的通用培训	每年 80 小时的技术专题培训
根据新的专利获得认可的资格	根据新的专利获得认可的资格

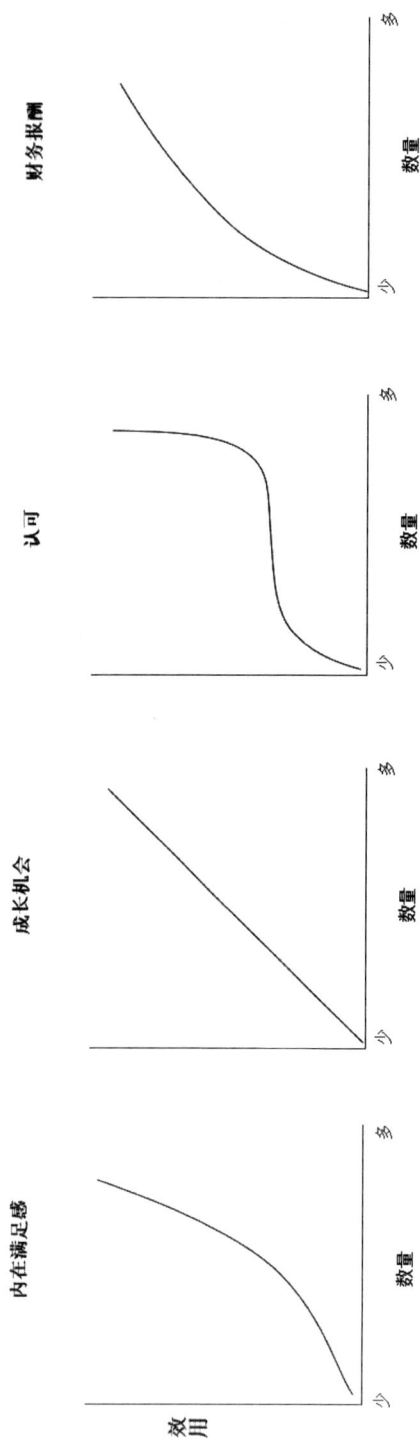

图 9-1 效用曲线图的四个范例

通过完成一项要求他们在这两个方案中进行选择的调查，团队中的员工提供了绘制效用曲线所需的信息，如图 9-1 所示。联合分析方法要求员工进行权衡；它的妙处在于，在确定是否愿意从组织承诺提供的一系列选择中，用工作投入回报的某些要素来换取其他要素的是员工，而不是管理者。基于这个原因，联合分析回应了第六章提出的关切点。当公司利用员工自建的效用曲线来提供工作投入回报时，过分强调或轻视特殊要素的风险就会降低。当然，我们在这里只是提供通用范例；每个方案中的项目都必须有明确的定义，并用熟悉的术语表达。根据你想测试的总奖励项目的数量，你可以从联合分析的几种不同形式中选择。与你身边关系融洽的市场调研专家商量一下，选择对你最靠谱的方法。

步骤三：用步骤一所定义的人力资本投入回报来计算所提供的各种投入回报要素的成本。金钱或许不是最终得到的回报，但它却是滋养有形和无形工作投入回报环境的母乳。例如，内在满足感部分源于组织使用严格的甄选方法，以确保它雇用的经理和员工具备在充满活力的环境中做出令人满意的工作的条件。西南航空公司通过一系列小组活动来确定待聘雇员应具备契合公司爱好乐趣但又以客户为中心的文化所需要的素质。[5] 在一个被称为"辐射尘掩蔽所"的游戏中，求职者被组成一个委员会来负责核战争后重建文明的工作。他们被要求在 15 分钟内就 15 个不同职业（包括护士、教师、运动员、生物化学家和流行歌手）中的哪七种能留在辐射掩体达成一致意见。随着游戏活动的展开，求职者中的一些人比较被动，一些人会参与其中，还有一些人会充当领导。与此同时，西南航空的一个招聘团队在一边观察，并决定最终请谁回来面试。建立和使用这样的招聘系统需要时间和资金，但这些是可以量化的成本。要创造能使员工获得内在满足感的工作，或许还需要组织付出其他实实在在的投入，例如：

- 在加强招聘和甄选方法上进行投资，以寻找并雇用到能够兑现交易的主管；
- 用于培训重要主管和导师的费用支出；
- 为团队和实践社团提供资金；

- 获得有助于提升工作效率的技术；

- 为员工提供时间来从事社区服务工作，或在当地学校任教；

- 支持管理人员不定期举行会议，交流成功经验；

- 为主管提供学习并实践开卷管理技巧的时间；

识别和跟踪这些成本可能不太容易，但正如你将看到的，这值得我们为之努力。

如图 9-2 所示显示了四个效用曲线图，横轴上标有以美元为单位的数字。对于每个要素，现状样本显示了公司在每个奖项上的支出所产生的效用。在这个例子中，组织为了提高内在满足感，人均花费了 20000 美元，每个人平均得到 40 个效用。在成长机会和认可两方面各投入 25000 美元和 15000 美元，分别产生了 50 个和 35 个效用。组织在年度奖金上为每位员工投入了 100000 美元，在财务回报曲线上产生了平均 90 个效用价值。把这些加起来，每人平均获得 215 效用，而组织花费了 160000 美元。虽然每条曲线的左边都是零美元，但在现实生活中，每条曲线受到的限制还是比较低的。例如，没有公司会提出没有任何补偿支出的投入回报计划。

步骤四：现在重新组合效用曲线图上的每个点，生成一张总的曲线图，如第八章中所展示的几张那样。经济学家称之为效率限界。这个术语也用于投资组合的优化分析。效率限界代表公司投入和员工效用达到平衡所有的点，也就是说，最佳平衡出现的地方。如表 9-1 所示呈现了 A 到 E 五种工作投入回报方案的范例。对于每个投入回报项目，都按要素列出公司的开支以及该支出产生的效用。效用和开支数字来自如图 9-2 所示的曲线图。例如，在方案 A 中，120000 美元的财务回报产生了 93 个效用；在提升内在满足感方面投入 35000 美元，产生了 100 个效用等，总共为每人花费 225000 美元的开支，共获得 393 个效用。方案 B 到 E，也是以类似方式推演。

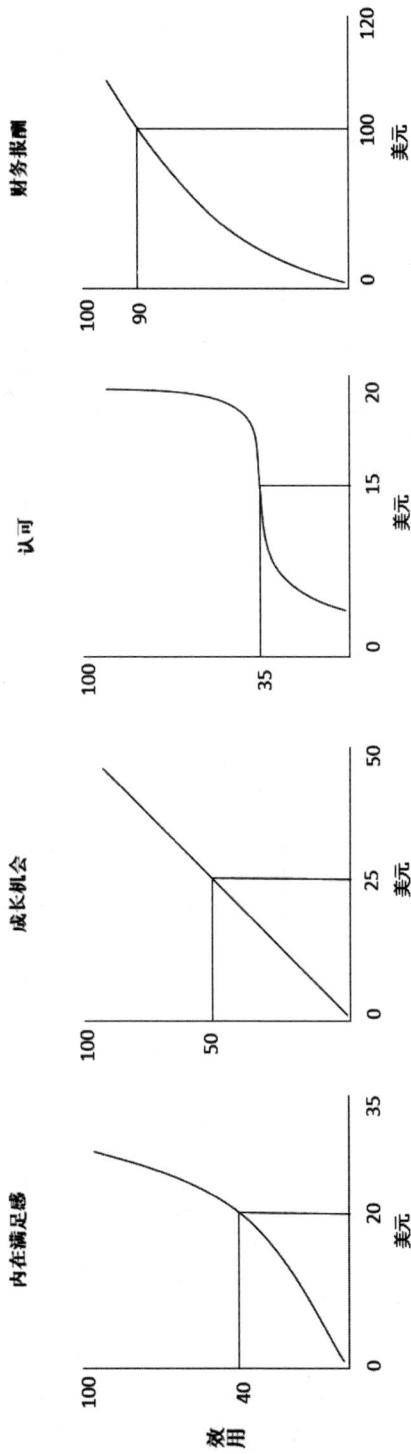

图 9-2　加上工作投入回报兑现成本的效用曲线图

表 9-1　五个工作投入回报方案：开支与效用

工作投入回报方案	人均公司总开支	内在满足感	发展机会	认可	财务报酬	总效用
效用：有用性						
方案 A						
内在成就感	35	100				100
发展机会	50		100			100
认可	20			100		100
财务报酬	120				93	93
总支出	225					393
方案 B						
内在成就感	30	85				85
发展机会	30		60			60
认可	20			100		100
财务报酬	80				86	86
总支出	160					331
方案 C						
内在成就感	0	0				0
发展机会	0		0			0
认可	0			0		0
财务报酬	80				86	86
总支出	80					86
方案 D						
内在成就感	20	40				40
发展机会	25		50			50
认可	15			35		35
财务报酬	100				90	90
总支出	160					215
方案 E						
内在成就感	20	40				40
发展机会	15		30			30
认可	15			35		35
财务报酬	72				84	84
总支出	122					189

把 A 到 E 之间的几个值点连接起来，就可绘制出如图 9-3 所示的效

率曲线。注意有三个点——相当于 A、B 和 C 三个激励方案——处在效率限界上。相比之下，方案 D 和 E 则落在限界之内，表明它们并非处于最佳点。例如，在 D 点，160000 美元的开支产生了一个次优的结果。在四个奖励类别中低效的分配只产生了 215 个效用（请查看表 9-1，看看总数从哪里来）。而将同样 160000 美元有效地分配在每个人身上，可以产生 331 效用，如曲线上 B 点所示。类似地，将 122000 美元用于方案 E，却只产生 189 个效用；但是，从曲线上读出 122000 美元，你可以看到，有效使用同样的资金可以产生约 230 个效用。

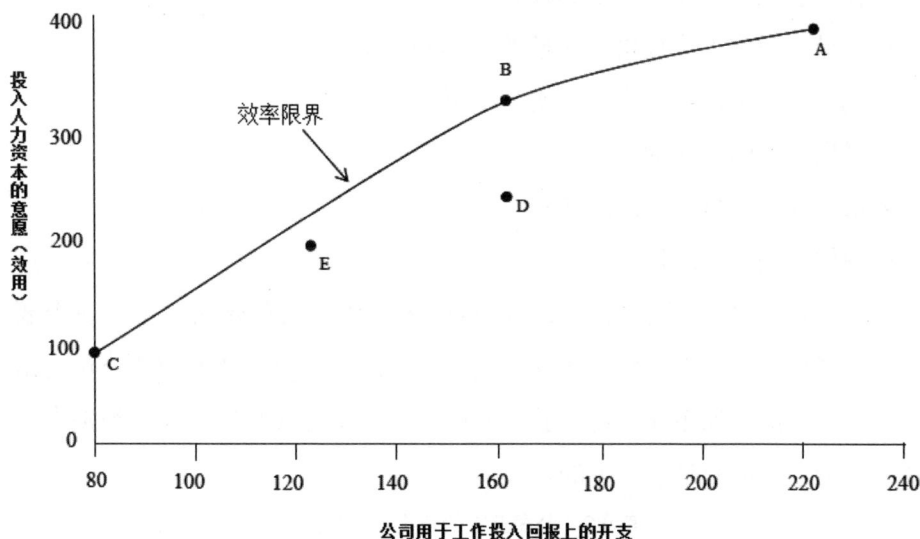

图 9-3 奖励和效用的效率限界

了解效率曲线的形状和位置可以使组织采用两种人力资本战略中的一种：

1. 在支出受到特定财务限制的情况下，制定效用最高的工作投入回报方案。例如，一个每人只有 80000 美元的组织把所有钱都放在薪酬中，以产生最大效用。

2. 计算出在曲线右侧产生高效用（即为公司投入人力资本的倾向）需要多少成本。如果公司的投入是希望能产生 380 个效用，那么就应该准备好为每个员工投入约 20 万美元的工作投入回报待遇。

如图 9-3 所示的五个点那样标出几十个点，就可以让管理者大致了解效率限界的形状。估算员工估值的另一种方法是做个简单的员工偏好调查。南加州一家手机公司的管理层将书面调研和焦点小组结合起来，了解公司在职场投入回报上支出的最佳配置。[6] 员工对 18 个项目进行评分，以显示各个项目在影响员工对公司总体满意度中的重要程度。按顺序排列，前七大因素为：

- 为工作优异的员工提供职业机会；
- 提供满足员工需要的福利计划；
- 为员工完成工作提供高质量的工具和技术；
- 允许平衡工作和个人生活所需的灵活性；
- 提供能激励个人的工作；
- 认可取得卓越业绩的团队；
- 提供收入增长的机会。

管理层还估计了组织如何将资金用于工作投入总体回报中的各个要素。在调查中，员工有机会建议改变资金的配置，以增加他们从公司支出中获得的价值。如表 9-2 展示了员工对于在工作投入回报的五个类别中重新分配资金，他们是怎么说的。

表 9-2　公司开支的优先重新分配

报酬组成部分	目前百分比（%）	首选百分比（%）	百分比差异
现金报酬	80	74	-8
健康及福利	10	12	+20
退休计划	5	7	+40
学习与发展计划	4	5	+25
生活方式改善计划	1	2	+100

有了这些信息后，组织就可以改进其所提供的工作投入回报组合，确保公司和员工都能从对奖励的投入中获得尽可能大的利益。当然，这种方法只是让我们对最佳组合有个粗略的感觉；这个假设也是基于只有固定数额的资金能够用在工作投入回报中。进一步计算工作投入回报和效用的

支出效率限界，可以让公司了解更多最佳效用和投入之间的关系。

严格的最优化分析是金融投资组合管理和运营研究等领域的常规分析方法。软件就是为了解决这些问题的。懂建模的朋友告诉我，这类程序能处理的变量远远超过这里讨论的几个（读者可以请财务或运营部门的同事提供支持）。

该例子的重点在于让我们了解工作团队在权衡时的偏好。然而，正如我们所知，员工对报酬的偏好可能偏离群体标准。因此，公司应该在法律允许和有效管理的范围内提供尽可能多的选择，让员工有个性化的选择，特别是在三项非财务投入回报上。换句话说，运用效用和最优化方式以确保回报类别清单里有吸引员工选择的项目。我鼓励企业采用巧克力棒棒糖的方式来定义工作投入回报组合。先确定一组对每个人基本相同的（如果愿意的话，也可称之为巧克力中心）核心报酬要素，然后在影响内在工作满足感、成长机会和认可的非正式方面的各个领域中，用众多不同的选项（如风味各异的糖衣）来补充普通项目。

还要记住，有吸引力的工作投入回报是人力资本投入的必要条件，但不是充分条件。第五章和第六章的六个要素有助于挖掘员工投入工作的潜力，使其发挥有效的作用。

二、测量

通过确定效用曲线和有效投资限界，管理者可以更好地理解人力资本为战略成功所做出的贡献。但贡献，作为生产力分数的分母，只能说明一半的情况。管理者需要结果的测量指标——人力资本投入如何帮助推动组织获得竞争优势的指标。为了反映人力资本管理体系的结果，我们需要一系列的测量指标。这些测量指标必须相互联系，并展示个体和组织在管理人力资本的获取、建设和投入等这些方面的有效性。但是，首先让我们制定一些用于测量的原则。

（一）测量标准和定义

在开发测量人力资本的体系时，管理者最好要注意这四个标准。按照第一个标准的要求，这些标准可以简单归纳如下：

1.拥抱简单。最好的测量指标是最容易得到的。相反，依赖于过多的假设或相互依赖的计算的测量指标可能会导致开尔文式误差。大约在公元前 600 年，中国的哲人老子就告诫他的信徒要见素抱朴。他的忠告不仅适用于生活，也适用于测量。

2.只计算重要的东西。爱因斯坦可以说是数字方面的高手，他的话一直以来为人们所引用——并不是所有有价值的东西都可以计算，也不是所有可以计算的东西都有价值。不管这些话是不是他说的，这种智慧是爱因斯坦的。跟踪对客户、员工和股东真正重要的东西，确保这些测量指标反映出你在成本、质量和创新方面的战略定位。其他的，除了税务局要求的，可能只是作为选项。

3.确保测量指标能为大家所理解。在我引述许多科学家的同时，这里我想引用斯蒂芬·霍金的一个想法。他谈论的是整个宇宙，但他的想法也符合我们这个小话题。"如果我们真的发现了（宇宙的）一个完整的（统一的）理论，大体上来说，每个人都应该能马上理解，而不仅仅是少数科学家。"[7] 测量指标应该足够明晰，任何对业务有基本了解的人都能弄清楚生意的状况。

4.嵌入仪表盘。测量"什么"的标准应该指向潜在的"为什么"。毕竟，测量的重点在于建议目标，并揭示现实目标所需的行动（从而使测量指标得到改善）。从测量到采取行动之间的步骤越少，意味着这个测量系统越有用。

如例 9-1 展示了符合这些标准的测量指标种类。左边一栏列出了从第三章到第八章所建立起来的系统组成部分。这些组成部分自上而下，从人力资本与战略能力之间的结合开始到员工的留任为止。中间一栏提供了11 项人力资本管理有效性的主要指标。这些指标项目强调了影响战略成功和股东价值的结果。右边一栏列举了促成型测量指标的例子——这些指标显示了员工的行动和方案对结果型测量指标的支持程度。这些测量指标中大部分应该似乎都很眼熟。它们是管理良好的组织一贯使用的成功指标，用于监控他们在一系列针对人员、质量和客户的表现。

例 9-1　建议的人力资本测量指标

人力资本体系要素	结果型测量指标	促成型测量指标
人力资本与战略的结合	关键战略能力的提高 运用人力资本强化能力	• 支持关键能力的人力资本要素的增长
招募人力资本投资者	招聘对加强组织能力的贡献	• 应聘（尤其是关键岗位）候选人的人数规模 • 招聘到位的优秀人选占比 • 招聘周期 • 招聘成本
绩效环境	• 人均生产率 • 人均销售收入 • 人均利润 • 人均市值	• 员工对工作回报各要素的态度 • 员工对三个组织环境要素（战略一致性、对劳动合同的理解、对劳动合同的接受）中各要素的态度 • 员工对三个工作执行要素（胜任力、自主权、强化）中各要素的态度 • 员工承诺度和敬业度的水平
建立人力资本	• 学习对强化关键能力的贡献 • 托宾 q 值 • 员工的价值增值	• 团队达成目标的成功率 • 实践社团的数量及其能力 • 培训总投入 • 培训的投资回报 • 按职位分配的培训时间和费用
员工留任	• 关键岗位上忠诚和敬业员工的留任率	• 工作回报要素的竞争力情况对比 • 关键岗位流动率 • 相对于效率限界，工作回报套餐的所处位置

如例 9-1 所列的绝对没有涵盖所有有用的人力资源管理测量指标。相反，为了与第二个测量标准保持一致，它列出了一些重要的替代方法，传递出对人力资本管理的最深刻洞见。例 9-1 所示，中间一栏的大部分测

量指标都很直观，但有些还是值得做更多说明。后续我们还会回到关于加强具有重要战略意义的能力这个话题；我们还将回到招聘和学习对提升能力和保留关键岗位上有奉献精神的员工这两方面的贡献。

被称为托宾 q 的测量指标是度量无形资产的推荐通用指标（包括但不限于人力资本）。它源自资本投资理论和诺贝尔奖获得者詹姆斯·托宾的思想。托宾从理论上说明，公司的投资率取决于市场对边际投资项目的收益与项目资本成本的估值。他把这个比率称为 q 值。[8] 尽管托宾关注的是 q 值与资本投资的关系，但该值也表明了一个组织能从其无形资产中获得的多少好处。具体是多少是通过将托宾的 q 值理解为公司的市场资本总额（股票价格乘以在外股票数）与有形资产重置成本的比率来确定的。如果比率超过 1，就意味着有形资产以外的其他东西产生了被证券市场确认的价值，而这个其他东西一定是企业的无形资产。除了人力资本外，无形资产还包括诸如记录在案的产品和流程创意（按第七章的术语就是已转化的内隐知识）、专利、商标、客户关系以及供应商关系等。[9] 所有这些都可能是无形的，但确有实际的价值。例如，研究人员发现，不同数量的无形资本导致了半导体公司托宾 q 值的变化。[10]

另一个有用的价值度量，一个表明人力资本投入的有效性，是人员价值增值（PVA）。人员价值增值的比率用来测量一个组织在员工成本上投入的每一美元所创造的经济价值。其分子是测量经济增加值的最佳指标——比如说，市场价值高于账面价值的溢价，分母则包括员工成本的资本化价值——按适当的利率贴现的工资、薪水和福利。人员价值增值的拥护者指出，这一比率是具有战略性的，这意味着它聚焦的是股东念念不忘的经济价值。实际上，人员价值增值体现了一家公司是如何善用其各种资源。因此，这依赖于一种假设，即财务价值来自组织利用智力资本来指导其他资本的使用的能力。正如人员价值增值专家罗伯特·斯奈尔（Robert Schneier）所指出的，"这个假设是合理的，因为公司的资产不能自己创造利润——是公司的人力资源为将这些资源转化为现金流，运用了所需的知识、技能并付出了努力"。[11] 换句话说，是人力资本催化了有形资产。

测量措施

那些致力于计算难以量化的无形资产和财务资产的公司显然因其卓越的业绩而鹤立鸡群。威廉·施曼联合公司（Wm. Schiemann & Associates），一家位于东海岸的咨询公司，所进行的一项调查发现，有证据表明，他们所称的实施"测量管理"的公司的业绩优于其他企业。[12] 测量管理的公司要满足两个标准：高层管理就战略成功的可测量的标准达成一致意见；管理人员每半年至少对六个类别的指标中的三类进行业绩评估。这六类业绩数据是财务表现、运营效率、客户满意度、员工绩效、创新与变革，以及社会或环境问题。 对这些方面进行跟踪的公司在三个方面表现出色：在过去三年里被认为是行业的领导者（74% 的测量管理公司对 44% 的其他公司），成为财务业绩位于行业前三分之一的公司（83% 对 52%），以及自我报告在重大文化或运营变革方面取得成功（97% 对 55%）。

然而，进行测量管理的意愿来之不易。调查发现，管理者对某些信息的重视程度与他们对该信息准确性的信任度之间存在巨大差距。多达 85% 的受访高管表示，他们重视客户服务数据，但仅有 29% 相信这些数据的质量。与员工表现相关的信息也显示出类似的差距：67% 的高管表示，他们重视这方面工作，但只有 16%（51 个百分点的差距）的高管表示数据是可信的。考虑到只有 17% 的受访者认为员工绩效指标有明确定义，对信息质量的担忧也就不足为奇了。以下是世界大企业联合会市场调研总监对人力资源测量指标的评价："大多数对人力资源表现进行的测量方法……要么过于笼统，要么价值有限，比如员工总数或工资成本；要么过于复杂，管理人员不能或不愿意使用它们。"[14] 也许这就是为什么高层管理人员历来不太重视常规人力资源测量指标的原因。例如，世界大企业联合会的报告称，企业高管、金融分析师以及投资组合经理都对像员工流失率这类的指标不以为然。[15]

然而，这种情况似乎正在改变，因为管理者和分析师逐渐认识到，员工对自己的工作和对企业的感受对公司业绩有很大的影响。威廉·施曼联合咨询公司的顾问得出结论：是否关注员工测量是区分成功公司和较不成功公司的单一最大因素。[16] CalPERS（加州的一个庞大的公务员退休系统）已对其投资组合中的公司施压，要求它们减少裁员，并对那些无视员工需求的管理做法负责。[17] 在共同基金方面，马萨诸塞州金融服务公司（MFS）推出了一种"联合标准股票"（Union Standard Equity）的基金，其投资组合以"对劳动力敏感"的公司为目标。[18] 马萨诸塞州金融服务公司的投资由独立的劳工顾问委员会和美国资本战略（ACS）筛选，那些削减投资的公司都会被列入美国资本战略劳工敏感指数。根据招股说明书，美国资本战略的标准包括："公司是否或曾经参与罢工或停业，以及是否表现出不遵守适用的劳动法或健康与安全的相关法规。"考虑的定性因素包括"外包和相关工厂关闭的模式"。

许多组织通过员工态度调查和组织氛围调查来试图追踪员工的幸福感。但请记住，工作满意度（一个通常测量的态度因素）并不会产生工作绩效，相反，它是由工作绩效产生的。测量体系应该要反映这一点：一个简单的员工幸福指数并不能告诉管理层人力资本的储备是增加还是减少，或者人力资本投入是否有利于员工和组织。

（二）应用案例

让我们回到我们在第四章偷听到的战略规划会议上来。记得销售市场经理刚刚与恒久花瓣公司（人造花生产商）的负责人一起审核了战略计划。我们看到这位经理是如何采用一种战略组织能力——快速开发和推出新产品——来界定增强这种能力所需要的人力资本要素。然而，要测量人力资本的开发和应用，需要的还不止这些。在喝过三倍分量的浓缩咖啡后（测量人力资本这事儿没点胆量是做不了的），这位销售市场经理开始投入工作。

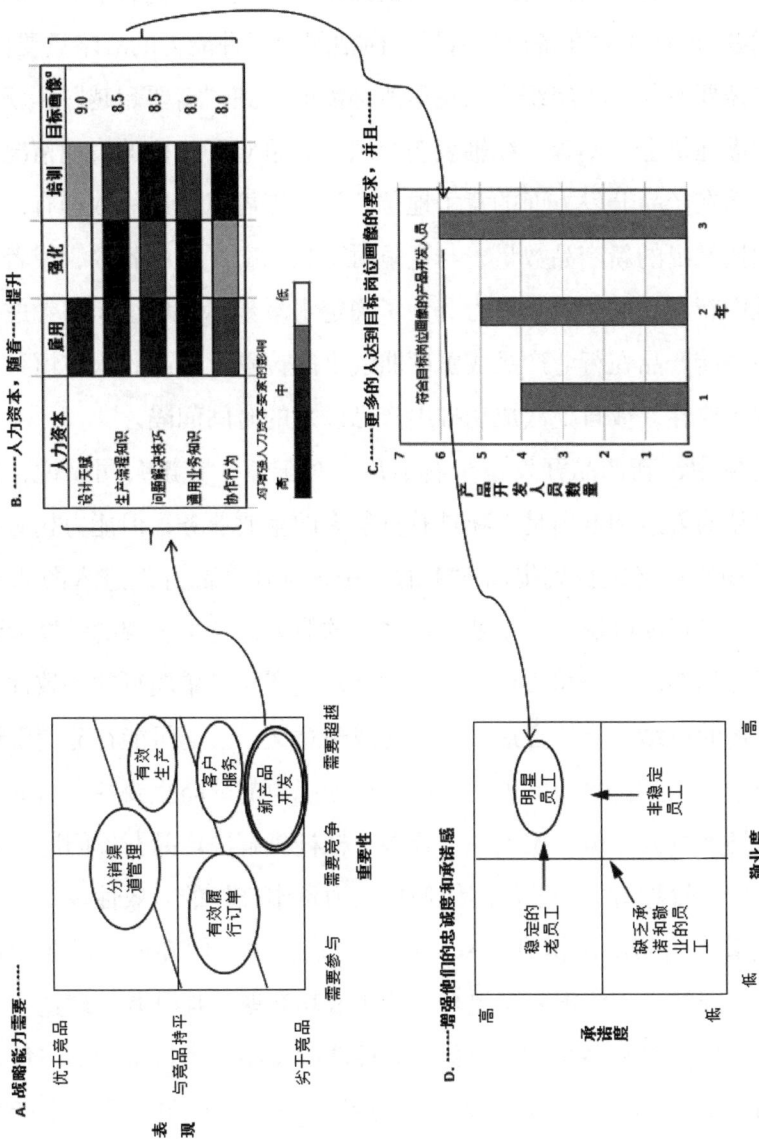

图 9-4　人力资本测量体系

ᵃ 从 1 到 10 打分，1 表示工作需要 "很少" 的人力资本要素，10 表示工作需要 "相当多" 的要素。

资料来源：图表 D 源自图 8-2，部分改编自 J.C. 卡萨尔，为 "明星" 而奋斗，《卫生保健营销杂志》1996. 卷 16 第 2 期。

找出能力差距。如图 9-4 展示了为恒久花瓣公司的产品开发而设计的人力资本体系中的四个主要元素（实际上，它来自普华永道在不同行业的工作总结，所以应该可以广泛应用）。左上角的图形（标为 A）展示了恒久花瓣公司要取得成功所需的组织能力的简图。因此，我们有了组织的第一个测量问题：每种能力准备得如何了？横轴测量每种能力的战略重要性。重要性从"需要参与"（组织进入竞争所必需的）到"需要超越"（获得竞争优势的潜在机会）不等。纵轴表明组织与竞争对手相比的表现情况。为了确定自己在产品开发方面的竞争地位，管理层可以使用的数据有：与竞争对手相比推出的新产品数量，与竞争对手相比新产品的收入，或者在消费者测试中新产品的相对吸引力。为了确定水平坐标，该组织将考虑以下因素，如当前产品在行业产品成熟度曲线上的位置、新品收入在恒久花瓣战略中的重要性，或自上次成功推出产品以来的时间间隔。

在该范例中，新产品开发位于右下角。对于恒久花瓣公司来说，这意味着新产品的创造和推出是一项具有竞争力的重要业务，但能力相对较弱。销售市场经理必须找到提高效率的方法，好让产品开发进入图 A 中对角线划出的平行线区域。对于处在该区域的能力，竞争表现的强度大致与战略重要性相匹配。公司实现了花卉的高效生产与订单履行的一致性；恒久花瓣公司的业绩表现符合这些能力的战略意义。公司可能在分销渠道管理上投资过多；其竞争力的表现超出了这种能力的战略重要性所需的水平。销售市场负责人知道，拉动一个或多个杠杆将解决产品开发问题。我们将在这里聚焦管理者如何监测组织使用人力资本杠杆的有效性。

跟踪关键人力资本的提升。从第四章的论述中我们知道，丝花设计师需要具备不同的人力资本要素组合。能否成功获取、提升并管理这些要素将决定组织如何以及多快来弥合新产品性能的差距。销售市场部门负责人应该通过收集表 B 所列的信息来设定路线。左边一栏包含了一个产品开发人员人力资本要素的缩写列表。中间几栏是组织为增强这些关键要素，对潜在策略的可行性所进行的评估。最右边一栏是关键的测量信息。正是从这里，产品开发经理可以找出一个成功的产品设计师所需的人力资本要素组合。组织可以通过最终形成的目标岗位画像来招聘和培养员工。请考虑该范例中的三个最重要的人力资本要素: 雇用程序将聚焦于人才的获取, 解决问题需要一种雇用 — 强化的混合策略, 而在生产流程知识方面, 组织将面临是通过内建或外招的决策。

目标人力资本画像还可以作为比较新聘用和在岗产品开发人员的模板。通过决定有多少产品开发人员达到或超过岗位画像的要求, 组织可以回答第二个测量问题: 在通过招聘和内建来增加必要的人力资本方面, 我们做得怎样? 当然, 要了解产品开发人员与岗位画像的匹配程度, 需要对每个员工进行评估。这可以在管理人员与员工讨论工作计划(IPO)时进行, 这一点在第五章里已经概述过。更多的产品开发人员达到目标岗位画像标准意味着我们更加成功地运用了人力资本执行杠杆。如图 9-4 所示中的图 C 展示了一种简单方法来说明组织的进展。当然, 我们的目标是让整个产品开发团队达到每个岗位的目标画像要求。纵轴最上端的数字是目标; 它应该与该职能部门的总人数完全一致。

关注关键岗位员工的奉献精神。我们将把那些为提升组织竞争优势作出直接贡献的岗位, 如恒久花瓣公司的产品开发人员, 称为关键岗位。这些岗位包括大量能提升能力的人力资本。店铺经理、COBOL 程序员、客户经理, 不同的组织中有不同的称呼。但是, 不要忘记, 我们生活在一个工作不像工作的时代。对灵活性的需求, 将工作分配给团队, 以及个人自主性的增长等, 这些都打破将一种工作与另一种工作分开的藩篱。现在, 许多组织都有不同类型的工作, 一些严格定义上的工作将继续存在; 它们与战略和稳定的人力资本需求有着明确的联系。只有对战略成功起重要作用的少数岗位是关键的。与此同时, 出现了许多无法清楚界定的工作——即关键员工做出一系列贡献的情况。例如, 现代项目经理从一个工作岗位调到另一个工作岗位, 他们从事着重要的工作, 但工作的定义却模糊不清 (而且不断变化)。这些游走于不同实践社团之间的中间人所做的贡献无法被简单归为一种工作类型。就这些岗位 (角色是一个更好的词) 而言, 使他不可或缺的是其个人的人力资本, 没有固定的工作定义可起中介过滤作用。

在恒久花瓣公司，产品开发人员在达到目标岗位画像标准后，就属于关键岗位群了。但是，组织仅拥有人力资本是不够的，组织还必须为人力资本的投入提供高回报，加上一个能支持人力资本有效投入的环境。第三个测量问题暗示了期望的结果：在确保关键员工的忠诚度和敬业度方面，我们做得怎样？管理层应当关注支持承诺和敬业的每个要素，如例9-1所示的促成型测量标准。跟踪生产力、利润、每个员工的市值等关键成果比率，以及如托宾 q 值和员工价值增值（PVA）等价值指标也都是有意义的。这些都表明了有效人力资本投入所产生的结果。

为了超越这些测量标准值，恒久花瓣公司应当绘制一张看起来像图9-4 中图形 D 那样的图表。图 D 的逻辑思路源于例 8-1。为绘制这张图，管理层计算了在岗的产品开发人员的数量（从图 C），并使用满意度调查结果，将每个产品开发人员放入图 D 的象限。象限标签就说明一切了。右下角方框图所显示的员工具备很高的敬业度，但对公司还存有疑虑；这些人拥有所需的人力资本，但缺乏那种誓不跳槽的对组织的忠诚度。左上角方框是组织的铁杆员工，他们留下来是因为与组织形成的一种关系，但坦白地说，他们已经厌倦了自己的工作。左下方框的人既没有表现出忠诚度，也没有敬业度，最好赶紧采取行动将这些过客上移到右边的方框中。

事实上，组织应该努力让每个人往右上方框的位置——明星员工的位置——发展，并最大限度地降低其流失率，将他们留住。明星员工符合目标岗位画像的要求，并展示了忠诚度和敬业度。最重要的是，他们的人力资本禀赋以及对工作和组织的奉献精神，使他们在为推动产品开发能力融入战略一致性过程中成为组织的最大希望。

如图 9-4 所示描述的测量体系符合四项测量标准。这些测量标准简单、聚焦战略，也便于理解。这些标准有利于目标的设定：每个人达到目标岗位画像要求，所有能力均在平行线区域内，明星员工的流失率低。这些标准还为达成目标提出了行动建议：改善员工招聘和发展以造就出更多的明星员工，并且尽所能留住人才。

总结：人力资本的准绳

关于测量的讨论可以成为对前面所有章节一个恰当的总结。在第九章里，我们从两个角度考虑了测量：一是作为确定效用和工作投入回报支出最佳组合的工具，二是作为从战略上监控人力资本管理进展的手段。

不可否认，要全面运用本书所描述的所有测量方法需要坚韧意志和奉献精神。但这种努力是值得的，除了这些标准本身的价值外，还有几个原因。要得出效用曲线需要管理者耗费长时间认真思考员工所要的工作投入回报是什么，并让员工来定义他们个人的取舍。在人力资本投资者自由流动的时代，这两项要求都强化了健全的管理实践。此外，很难想象，如果不让员工参与关于工作及其意义的深入讨论，管理要经历什么样的过程。这种讨论是测量工作的无价的副产品。

要完成这项工作，测量体系必须能够洞察重要的人力资本所有者。的确，雇用、培养和保留优秀员工可能是知识密集型企业面临的最重要的战略挑战。在总体形势好但劳动力市场紧缩的情况下，这种人力资本分析和测量可以帮助组织建立自己的明星员工队伍。当形势变得艰难，不可避免要进行成本削减的时候，这个体系可以帮助管理者确定谁对企业生存至关重要，并帮助他们监测这些关键员工在保持对组织的承诺和对工作敬业方面是否成功。此外，了解兑现有吸引力的投入回报数额所需的成本有助于组织管理其承诺与约定的财务问题。能够做到这一点的公司在任何经济环境中都能拥有自己的优势。

但是仔细思考一下本书所呈现出的整体内容，你可以从不同角度来看待这一问题。与其担心计算人力资产的价值，企业应该关注确定人力资本所有者从与商业的关联中获得了什么。换言之，他们应该少关注员工对组织的价值，而应多关注组织对员工的价值。这才是那些希望创造持续成功的管理者所关注的真正价值。

　　本章所阐述的测量体系揭示了许多关于组织在人力资本获取、使用、建设和保留等方面所取得的成果。拥有测量的意愿也充分说明了组织本身；它告诉世界，这里是一个有远见的公司，值得投入时间和资源来了解它作为一个工作场所的吸引力。那些足够关心组织对员工的价值的公司，会吸引那些寻找人力资本最佳投资地点的人。这些组织致力于增加自身其他形式的价值——有形的、无形的，以及财务的。这样的企业将会繁荣发展，而竞争对手和猎头将会为此付出代价。

注 释

前言

K.Q.西利,众议院收回国会议员任期的措施,《纽约时报》,1995年3月30日,第 A20 页。

J. 奥尔特加·Y. 加塞特, 《艺术的非人性化》（出版者不详, 1984）。

第一章

1.厄普顿·辛克莱, 《屠场》 纽约:企鹅出版社, 1985 年, 第 346 页（最初出版于 1906 年）

2.同上, 第 376 页。

3.亚当·斯密,《国富论》纽约: P.F. 科利尔父子出版公司, 1973 年, 第 103 页。（最初出版于 1776 年）。

4.根据社会学家拉里·摩尔（Larry Moore）和布兰达·贝克（Brenda Beck）的说法, "有魅力的领导者是那些特别擅长操纵这些含义的人, 他们通过象征性地使用语言和其他关键行为来达到这一目的……领导者在叙述各种语境影响和紧张关系时所使用的意象的性质或特征构成了个人风格的本质"。L.F.摩尔和B.E.F.贝克, "银行管理人员的领导力——行为反应和隐喻意象的结构比较"发表在 J.G.霍思金, C.A.施里斯海姆, R.斯图尔特（主编）的《领导人和管理者: 关于管理行为和领导力的国际视角》纽约: 培格曼出版公司, 1984 年, 第 241 页。

巴斯大学专门研究管理发展的教授伊恩·曼厄姆认为, 有些隐喻对于理解商业活动是必不可少的: "设想一下, 在所有组织和管理文件中清除有关为之奋斗的目标、方向、十字路口、结合点、必须克服的阻碍和突破的封锁等提法……同样地, 认为组织是游戏、是政治、是比赛的想法似乎也是我们看待世界和生存于世界的方式中不可或缺的部分。"伊恩·曼厄姆，认真对待加雷斯·摩根的后果，发表在 D.格兰特和 C.奥斯威克（主编），《隐喻与组织》千橡树市，加州：世哲出版公司，1996，第 29 页。

5. 美国管理协会，《1994 年 美国管理协会关于裁员的调查：主要研究结果摘要》纽约：美国管理协会，1994 年，第 1 页。

6. J. 戈登，培训预算：经济不景气咬了一口，《培训》，1991 年 10 月，第 41 页。

7. 美国管理协会，《企业创造就业机会、岗位撤销和裁员：主要研究成果摘要》纽约：美国管理协会，1997，第 1 页。

8. 培训预算《培训》，1997 年 10 月，第 41 页。

9. 普华永道，《员工战略对标意识与态度研究》纽约：普华永道，1995 年 第 2、3 页。

10. E.G. 弗拉姆豪茨，《人力资源会计》旧金山：巴斯出版社，1985 年，第 35 页。

11. 马克·吐温，作者的艺术，发表于 W. 布莱尔（主编）的《选自马克·吐温的短文小说》波士顿：霍顿·米夫林出版公司，1962 年，第 226 页。

12. 我头一回（到目前为止仅有的一次）在商业出版物中了解到员工被称为投资者是在 T.A.斯图尔特的《一种新的看待员工的方式》一文中看到的，《财富》，1998 年 4 月 13 日，第 169 和 170 页。

13. 斯密，《国富论》，第 103 页。

14. J.S.鲁布林和 J.B.怀特，摆脱焦虑：员工感觉自己可以把控职业生涯，《华尔街日报》，1997 年 9 月 11 日，第 A1 页。

15. L.M.林奇和 S.E.布莱克，《超越培训的范围：来自全国雇主调查的证据》，工作报告第 5231 号 马萨诸塞州，剑桥市：全国经济研究局，1995 年，第 22 页。

16. 美国人口普查局，《1995 年美国统计摘要》，华盛顿特区：美国政府印刷局，1995 年，第 426 页。

17. C.汉迪，《非理性时代》波士顿，哈佛商学院出版社，1989 年，第 153 页。

18. 美国人口普查局，《1996 年美国统计摘要》，华盛顿特区：美国政府印刷局，1996年，第159、192、193页。

19. 美国人口普查局，《1996年美国统计摘要》，第428页。

20. 美国劳工统计局，当地失业信息统计〔http://stats.bls.gov/lauhome〕，1998年3月31日。

21. 摘自D.M.戈登《肥胖与刻薄：公司对美国工人的压榨和管理层"裁员"的神话》纽约：自由出版社，1996年，第223页。

22. M.霍普金斯和J.L.赛格林，工作中的美国人，《股份有限公司》，关于小企业状况的特刊，卷19第7期，第87页。

23. S.考尔金，技能，不是忠诚——这才是现在你要工作保障的关键，《旧金山卫报》，1997年9月7日，第J-3页。

第二章

1. S.特克尔《美国人谈美国：人们谈论自己一天所做的事，以及他们对自己所做之事的感受》纽约：万神殿书局，1974，引言。

2. W.H.小怀特，《组织人》纽约：西蒙舒斯特出版公司，1956，第15页。

3. E.G.弗拉姆豪茨与J.M.莱西，《人事管理，人力资本理论及人力资源会计》。劳资关系专著系列，第27辑，洛杉矶：劳动关系学院，加州大学洛杉矶分校，1981年，第19页。

4. G.S.贝克，《人力资本：特别关于教育的理论与实证分析》芝加哥：芝加哥大学出版社，1993

5. R.克劳弗德，《人力资本时代》纽约：哈珀商业出版社，1991年，第5页。

6. C.阿默和D.S.阿默，《商业与经济词典》纽约：自由出版社，1997年，第424页。

7. W.C.伯尔曼，D.多尔西和L.艾克曼，作为时间分配策略的时间花费反应：与销售业绩的关系——以一个股票经纪人为例，《人事心理学》，1992年，第45期，第770-771页。

8. 同上，第774-775页。

9. 关于承诺的讨论来有几个来源。见R.艾森博格，R.亨庭顿和D.索瓦，感知到的组织支持，《应用心理学杂志》，1986 年，卷 71 第 3 期，第 500-507 页；

J.E. 马蒂厄与 D.M. 扎伊克，对组织承诺的前因、关联和后果的回顾与元分析，《心理学简报》，1990 年，卷 108 第 2 期，第 171-194 页；A.E. 理查斯，冲突与组织承诺，《应用心理学杂志》，1986 年，卷 71 第 3 期，第 508-514 页。

10. J.P. 梅尔和 N.J. 艾伦，《职场承诺度：理论、研究及应用》加州，千橡市：世哲出版公司，1997 年，第 11 页。

11. L.M. 肖尔与 S.J. 韦恩，承诺与员工行为：情感承诺与感知到的组织支持的持续承诺之比较，《应用心理学期刊》，1993 年，卷 78 第 5，第 774 页。

12. 梅尔和艾伦，《职场的承诺》，第 24 页。

13. H.S. 贝克，关于承诺度概念的注释，《美国社会学杂志》，1960 年，卷 66 第 1 期，第 36 页。

14. 梅尔和艾伦，《职场的承诺》，第 25 页。

15. 同上，第 93 页；肖尔与韦恩，组织承诺与员工行为，第 775 页。

16. J.P. 梅尔和 N.J. 艾伦，检验组织承诺之单方投入理论：一些方法上的思考，《应用心理学杂志》，1984 年，卷 69 第 3 期，第 373 页。

17. D. 杨科洛维奇和 J. 伊默瓦尔，《让职业道德发挥作用：恢复美国竞争活力的公众议程报告》纽约：公众议程，1983，第 17 页。

18. G.J. 布劳和 K.B. 博尔，工作参与和组织承诺如何影响员工离职和旷工之概念化研究，《管理评论学会》，1987 年，卷 12 第 2 期，第 289 页。

19. R. 加纳，给些尊重吧！ 年度工作满意度调查，《计算机世界》，1997 年 5 月 26 日，第 89 页。

20. C.T. 霍尔，招聘：生物技术需要帮助，《旧金山日报》，1998 年 4 月 20 日，B1 页。

21. 基因泰克公司，《1997 年年度报告》，第 1 页。

22. 人力资源副总裁 J. 黑博尔访谈，基因泰克公司 1998 年 3 月 27 日。

23. 布劳和博尔，概念化，第 289 页。

24. 梅尔和艾伦，《承诺度》，第 28 页。

25. T.A. 德科蒂斯和 T.P. 萨默斯，组织承诺度前因后果模式之路径分析，《人事关系》，1987 年，40（7），第 466 页。

26. 同上，第 467 页。

27. 艾恩斯伯格，亨廷顿，哈奇森和索瓦，感知到的组织支持，第 501 页。

28. 梅尔和艾伦，《承诺度》，第 52 页。

29. E.E. 劳勒 III，和 L.W. 波特，绩效表现对工作满意度的影响，《劳资关系》，1967 年，第 7 期，第 27-28 页。

30. 杨科洛维奇和伊默瓦尔，《让职业道德发挥作用》，第 29 页。

31. 参见两个资料来源：布莱辛 / 怀特，《你可以要求他们付出时间，但无法得到他们的承诺：职场中自主性努力的研究》普林斯顿，新泽西：布莱辛 / 怀特，1994 年，第 6-8 页；研究结论：员工不被鼓励付出额外的努力，《管理评论高管论坛，管理评论》，1996 年 7 月刊，第 2-3 页

32. E. 格林斯基，J.T. 邦德和 D.E. 弗莱曼，《不断变化中的劳动力：全国研究的重点部分》纽约：家庭与工作研究会，1993 年，第 14 页。

33. 有关交易性和关系性要素的讨论选自 M. 巴林杰和 G. 米尔科维奇，《劳动合同变更：薪酬、福利和工作保障方面的拟议变更对就业结果的相对影响》，工作报告 95-14 纽约，伊萨卡：康奈尔大学，高级人力资源研究中心，1995 年，第 8 页、第 21 页。

34. R. 戈登，公交司机行驶在主干道上，《旧金山卫报》，1997 年 12 月 28 日，第 D-1，D-4 版。

35. 约翰·弥尔顿，《失乐园》，第 262 行。

36. A. 卢凯蒂，一个汽车工人收入超过 10 万美元，但是要付出个人代价的，《华尔街日报》，1996 年 8 月 1 日，第 A1 页。

37. M. 塞尔兹，企业家可能比我们想象得更普遍，《华尔街日报》，1996 年 12 月 13 日，第 B11B 页。

38. S.N. 梅塔，更多的女性为自主创业放弃了收入不菲的工作，《华尔街日报》，1996 年 11 月 11 日，第 A1 页。

39. 同上。

40. R. 伯纳，皮夹克中的劳斯莱斯是很难弄到的，《华尔街日报》，1996 年

11 月 22 日，第 A1 及 A10 页。

第三章

1. H. 明兹伯格，《战略规划之兴衰》纽约：自由出版社，1994 年，第 23-24 页。

2. 同上，第 26 页。

3. T.A. 斯图尔特，试图抓住无形资产，《财富》，1995 年 10 月 2 日，第 157 页。

4. 世界大型企业联合会，《新的公司业绩评估：研究报告》纽约：世界大企业联合会，1995 年，第 15 页。

5. S. 亨利，文化俱乐部：与高科技劳动力队伍签约，《技术资本》，1998 年 3-4 月，第 43 页。

6. M.E. 波特，《竞争性战略：分析行业和竞争对手的技术》纽约：自由出版社，1980 年，第 3 页。

7. 关于产品和市场主题，以及组织能力等方面的讨论资料选自普华永道内部文件，《战略澄清的分析框架》，1996 年 6 月。该文与宾夕法尼亚大学沃顿商学院商业政策与策略教授保罗·提夫尼，以及加州大学（伯克利分校）哈斯商学院共同合作发表。

8. 电讯媒体分析选自普华永道一份内部项目，该项目分别于 1996 年和 1997 年进行。

9. J. 赫利亚尔和 J.S. 卢布林，你需要一个小产品专家来领导一家小产品公司吗？《华尔街日报》，1998 年 1 月 21 日，第 A1 页。

10. R. 奥恩斯坦，《自我的根源：揭开我们是谁的神秘面纱》旧金山：哈珀旧金山出版社，1993 年，第 26 页。

11. 普华永道，《IT 热门技术数据库：工作场所和奖励措施》纽约：普华永道，1998 年，第 23 页。

12. 同上，第 24 页。

13. 同上，第 25 页。

14. 1998 年 2 月 25 日，昇阳计算机系统人力资源副总裁 K. 阿尔维斯在参议院司法委员会关于高科技人员临时签证计划的听证会上发表讲话。

15. R. 加纳，给些尊重吧！年度工作满意度调查，《计算机世界》，1997年5月26日，第91页。

第四章

1. 赫尔曼·梅尔维尔，《抄写员巴特尔，在赫尔曼·梅尔维尔的短篇小说中》纽约：格罗赛特和邓拉普出版社，1928年，第117页。（最初于1856年出版）

2. J.E. 亨特，F.L. 施密特和M.K. 朱迪希奇，由于工作复杂性导致的个体工作结果差异，《应用心理学杂志》，1990年，卷75第1期，第36页。

3. 奥尔斯登人力资源外包服务公司，《员工配置策略：人力资源问题与趋势——奥尔斯登论坛》，纽约州，梅尔维尔市：奥尔斯登人力资源外包服务公司，1996年，第1页。

4. O.L. 加拉加，高科技公司更加依赖新一代临时工，《华尔街日报》，1996年7月31日，第B8页。

5. 公司内部文件。

6. D.M. 卢梭，在变更合同时继续保留员工，《管理者学会》，1996年，第10卷（第1期），第50页。

7. 同上，第51页。

8. J.C. 莫文，《主观判断：在困难的情况下做出正确的决定》纽约：西蒙舒斯特出版公司，1993年，第248页。

9. P. 赫里奥特，引自J.W. 施密瑟等人，应聘者对招聘流程的反应，《人事心理学》，1993年，卷46，第52页。

10. T.H. 麦坎，M.J. 艾夫登，M. 帕埃塞和D.S. 史密斯，应聘者对认知能力测试和评估中心反应的影响，《人事心理学》，1994年，卷47，第717、718页。

11. H. 舒勒，招聘选才情景的社会效度：概念及一些实证结果，H. 舒勒，J.L. 法尔，和M. 史密斯（主编），《人事选拔与测评：个人与组织的视角》新泽西，希尔斯代尔：厄尔鲍姆出版社，1993，第12页。

12. 施密瑟等，应聘者的反应，第54页。

13. 舒勒，社会效度，第15-19页；施密瑟等，应聘者的反应，第71页。

14. 舒勒，社会效度，第 18 页。

15. N.蒙克和 S.奥利弗，快速思考！《福布斯》，1997 年 3 月 24 日，第 147 页。

16. 舒勒，社会效度，第 15 页。

17. T.J.罗杰斯，没有借口的管理，《哈佛商业周刊》，1990 年 7-8 月，第 84 页。

18. 同上，第 85 页。

19. 公司内部文件。

20. J. 科尔，在西南航空公司翱翔，《人力资源焦点》，1998 年 5 月，第 8 页。

21. 这些范围内的数字在 1998 年不同的出版物中都出现过，且得到西南航空公司人力资源副总裁利比·萨尔藤的确认。

22. 接近问答，《职业生涯导报》，1996 年 8 月，第 10 页。

23. 舒勒，社会效度，第 15 页。

24. C.L.阿德金斯，C.J.罗素，J.D.沃博，选才过程中适合度的判断：工作价值观一致性的作用，《人事心理学》，1994 年，卷 47，第 609 页。

25. 同上，第 611、612 页。

26. D.M. 卢梭和 M.M.格拉勒，人力资源实践：行政合同制定者，《人力资源管理》，1994 年，卷 33 第 3 期，第 389 页。

27. L.W. 波特和 E.E. 劳勒 III，什么样的工作态度能说明动机，《哈佛商业周刊》，1968 年 1-2 月，第 124 页。

第五章

1. R.W. 爱默生，《薪酬》纽约：克利尔父子出版公司，第 96、97 页，（最初出版于 1841 年）

2. S. 鲍尔斯，D.M. 戈登及 T.E. 威斯科普夫，引自 D. 扬科洛维奇和 J. 伊默瓦尔《让职业道德发挥作用：关于恢复美国竞争活力的公共议程报告》纽约：公共议程，1983 年，第 39 页。

3. Kepner-Tregoe 公司 ®，《头脑在工作：我们真正用了多少脑力？》新泽西，普林斯顿：Kepner-Tregoe 公司 ®，1997 年，第 5 页。

4. 本章数据选自普华永道，《1997 年普华永道职场指数》纽约：普华永道，

1997 年。

5. J. 凯西，公开的反抗，《股份有限公司》，1995 年 6 月，第 29 页。

6. J. 凯西，公开的经验（雷丁，马萨诸塞州：阿迪森－韦斯利，1998 年），第 202 页。

7. J.C. 谢弗，创造一个商人的生意，《战略沟通管理》，1997 年 4-5 月，第 3、4 页。

8. G. 维罗，员工和生意紧密相连，《洛杉矶时报》，1996 年 11 月 26 日，第 D1、D4 页。

9. 斯卡利，引自大卫·怀特，《被唤醒的心》纽约：卡伦西双日出版社（Currency Doubleday），1994 年，第 78 页。

10. D.M. 卢梭和 M.M. 格拉勒，人力资源实践：行政合同制定者，《人力资源管理》，1994 年，卷 33 第 3 期，第 388、389 页。

11. F.R. 布里克利，家长作风的堡垒与变革之抗争，《华尔街日报》，1997 年 1 月 16 日，第 B1、B2 页。

12.《消防员基金保险公司合伙人协议书》（内部文件），第 1 页。

13. F. 福山，《信任：社会美德与繁荣的创造》纽约：自由出版社，1995 年，第 25 页。

14. 同上，第 25 页。

15. 同上，第 27、28 页。

16. P. 斯洛维奇，感知的风险，感知的信任，感知的民主，《风险分析》，1993 年，卷 13 第 6 期，第 677、678 页。

17. 亚当·斯密，《国富论》纽约：克利尔父子出版社，1937 年，第 19 页。（最初于 1776 年出版）

18. M. 霍普金斯和 J.L. 赛格林，工作中的美国人，《股份有限公司》，关于小企业状况的特别版，1997 年，卷 19 第 7 期，第 77、78 页。

19. 斯洛维奇，感知的风险，第 677 页。

20. D.E. 莫里森，心理契约与变化，《人力资源管理》，1994 年，卷 33 第 3 期，第 357 页。

第六章

1. 马克·吐温，《汤姆·沙耶历险记》纽约：班坦图书公司，1981 年，第 10-16 页。（最初于 1876 年出版）

2. J. 皮亚杰，引自 R.W. 怀特 对动机的三思：能力的概念，《心理学评论》，1959 年，卷 66 第 5 期，第 316 页。

3. 怀特，对动机的三思，第 321、322、323 页。

4.《消防员基金保险公司合伙人协议书》（内部文件），第 5 页。

5. 与威廉姆斯·索诺玛公司人力资源副总裁，A. 里奇的访谈，1998 年 5 月 18 日。

6. 怡安咨询公司，《1997 年人力资源趋势报告》底特律：怡安咨询公司，1997 年，第 34、35 页。

7. 劳动力发展中心，教育发展中心，股份有限公司，《教学型企业：有效工作与学习的共融》马萨诸塞州，牛顿市：劳动力发展中心，教育发展中心，1998 年 1 月，第 126、127 页。

8. 同上，第 127 页。

9. L. 伯顿，许多公司为裁减应付账款管理人员而付出高昂代价，《华尔街日报》，1996 年 9 月 5 日，第 A1 页。

10. J. 法尔维，销售的艺术，《华尔街日报》，1996 年 7 月 15 日，第 A10 页。

11. D. 杨科洛维奇和 J. 伊默瓦尔，《让职业道德发挥作用：恢复美国竞争活力的公众议程报告》纽约：公众议程，1983，第 12 页。杨科洛维奇和伊默瓦尔轮流引用 W.J. 海斯勒和约翰·W. 哈奇的《尊严的问题》圣母大学出版社，1977 年，第 66 页。

12. T. 艾佩尔，并非所有员工都认为授权的概念像听起来那么简单，《华尔街日报》，1997 年 9 月 8 日，第 A1 页。

13. E.L. 德西和 R. 弗拉斯特，《为何我们做我们所做的: 理解自我激励》纽约：企鹅出版社，1995，第 134、135 页。

14. A.S. 坦嫩鲍姆，其释义见 L.E. 帕克和 R.H. 普莱斯，被授权的经理和被授权的员工——管理者支持和管理者感知的控制对员工的决策控制感的影响，《人事关系》1994 年，卷 47 第 8 期，第 914 页。

15. 对工作的再思考，《商业周刊》，1994 年 10 月 17 日，第 77 页。

16. E. 格林斯基，J.T. 邦德和 D.E. 弗莱曼，《变化中的劳动力：全国研究的重点部分》纽约：家庭与工作研究会，1993 年，第 20 页。

17. T. 谢尔哈特，想当经理吗？许多人说'不'，说这活特惨，《华尔街日报》，1997 年 4 月 4 日，第 AI 页。

18. J.C. 科林斯和 J.T. 帕拉斯，《基业长青：有愿景的公司所具备的好习惯》纽约：哈珀柯林斯出版公司，1994 年，第 209、210 页。

19. T.J. 麦考伊，其释义见 B. 埃特雷：授能的差距：炒作与现实，《管理评论》，1997 年 7-8 月，第 13 页。

20. 德西与弗拉斯特，《为何我们做我们所做的》，第 71 页。

21. 对奖励的再思考，《哈佛商业周刊》，1993 年 11-12 月，第 42 页。

22. T. 阿玛贝尔，正如创造力的回报一文所引用的，1997 年 3 月 28 日美国国家公共电台对米歇尔特鲁多的采访。

23. M. 刘易斯，奖金冻结《纽约时代杂志》，1995 年 9 月 19 日，第 28 页。

24. P.D. 斯威尼和 D.B. 麦克法琳，员工对'目的'和'手段'的评估：对分配和程序公正四个模式的检验，《组织行为和人类决策流程》，1993 年第 55 期，第 23、24 页。

25. K.A. 布朗和 V.L. 休博，降低地板，抬高天花板：关于风险收益计划对收入满意度影响的纵向评估，《人事心理学》，1992 年，卷 45，第 282 页。

26. P. 纳尔蒂，奖金可能会造成严重破坏，《财富》，1995 年 11 月 13 日，第 235 页。

27. G.S. 利文撒尔，其释义见 J.P. 梅尔和 N.J. 艾伦，《职场承诺度：理论、研究及应用》加州，千橡市：世哲出版公司，1997 年，第 111 页。

28. 布朗和休博，降低地板，第 299 页。

29. R.L. 赫尼曼，D.B. 格林伯格和 S. 斯特拉瑟，按业绩计薪的观念与薪酬满意度之间的关系，《人事心理学》，1988 年，卷 41，第 746 页。

30. 刘易斯，奖金冻结，第 28、29 页。

31. L.K. 冈德里和 D.M. 卢梭，与新员工沟通文化过程中的关键情形：意思就是信息，《人事关系》，1994 年，卷 47 第 9 期，第 1065、1066 页。

32. 同上，第 1079 页。

33. D. 布林伯格和 P. 卡斯泰尔，人际交往中的资源交换理论：对福阿理论的检验，《人格与社会心理学期刊》，1982 年，卷 43 第 2 期，第 261 页。

34. H. 兰卡斯特，没有头衔的生活：是什么让老板变成老板，让员工还是员工，《华尔街日报》，1995 年 5 月 16 日，第 B1 版。

第七章

1.《另一只鞋：教育对企业生产率的贡献》，目录序号 02 费城：美国劳动力教育质量中心，1995 年，第 2 页。

2.《劳动力教育质量全国雇主调查的初次发现》，目录序号 01 费城：美国劳动力教育质量中心，1995 年，第 9、10 页。

3. "行业报告：1998 年"，《培训》，1998 年 10 月，第 49 页。

4. "行业报告：1996 年"，《培训》，1996 年 10 月，第 43 页；"行业报告：1997 年"，《培训》，1997 年 10 月，第 41 页。

5. L.M. 林奇和 S.E. 布莱克，《制造业雇主赞助的培训：美国获得的第一个结果》，目录序号 WP34 费城：全国劳动力教育质量中心，1996 年，第 3、4 页。

6.《加利福尼亚劳动力的工作技能培训》旧金山：实地研究所和工作与健康的未来，1996 年，图 12。

7. 行业报告：1998 年，第 56、60 页。

8. R. 马歇尔和 M. 塔克，《以思考为生：国家教育与财富》纽约：基础读物出版社，1992 年，第 69 页。

9. 劳动力发展中心，教育发展中心，股份有限公司，《教学型企业：有效工作与学习两者的融合》马萨诸塞州，牛顿市：劳动力发展中心、教育发展中心，1998 年 1 月，第 9 页。

10. A.R. 达玛西奥，《笛卡尔的错误：情绪、原因、以及人脑》纽约：格罗塞特和邓拉普出版公司，1994 年，第 249 页。

11. 行业报告：1998 年，第 58 页。

12. 达玛西奥，《笛卡尔的错误》，第 173、174 页。

13. I. 诺纳卡，组织知识创造的动态理论，《组织科学》，1994 年，卷 5 第 1 期，第 22 页。

14. E.J. 兰格，《专注学习的重要性》马萨诸塞州，雷丁：阿迪森－韦斯利出版公司，1997 年，第 130 页。

15. 诺纳卡，组织知识创造的动态理论，第 18 页。

16. 同上，第 16 页。

17.《从培训到学习：为数字世界的成功而准备》旧金山，门洛帕市：学习研究所，1997 年，第 20、21 页。

18. S. 斯塔奇，引自 P.A. 加拉兰，寻找工作的诗意，《培训与发展》，1993 年 10 月，第 36 页。

19. 劳动力发展中心，《教学型企业》，第 53 页。

20. 同上，第 133 页。

21. 同上，第 222 页。

22. 同上，第 222 页。

23. 同上，第 223-225 页。

24. 同上，第 225 页。

25. C. 达罗泽特等，《对远程教育中“距离”的再思考》，报告序号 IRL19.101 旧金山，门洛帕市：学习研究所，1995 年 5 月，第 5 页。

26. S. 斯塔奇，引自同上第 6 页。

27. 学习研究所副所长 S. 斯塔奇访谈，1997 年 7 月 15 日。

28. 达罗泽特等，《对“距离”的再思考》，第 18 页。

29. 老板对远程办公的看法，《今日美国》，1995 年 11 月 28 日，第 B1 页。

30. H. 王尔德、L. 比晓普和 C.L. 苏里文，为学习和创新营造环境，旧金山，门洛帕市：学习研究所，1996 年 8 月，第 22 页。

31. K.A. 耶恩和 P.P. 沙阿，《人际关系与工作表现——友谊型群体和相识型群体中调解过程的研究报告》工作文件 WP 96-24 费城：费城大学，沃顿商学院，雷吉纳·H.琼斯中心，1996 年，第 3、34 页。

32. 同上，第 34 页。

33. A. 塔兰塔，岛屿的双重生活，《发现太平洋》，1995 年夏，第 35 页。

34. J. 多纳，《在紧急情况下的祈祷：冥想 XVI，1624》。

35. 斯塔奇，采访。

36. 同上。

37. M. 艾伶，引自 D. 斯坦普斯，学习生态学，《培训》，1995 年 1 月，第 35 页。

38. E. 温格，引用同上，第 38 页。

39. 1997 年 8 月 15 日，与学习研究所的研究科学家 L. 毕晓普的访谈。

40. E.G 弗兰霍兹和 J.M. 兰西，《人事管理、人力资本理论，以及人力资源会计》，劳资关系专著系列丛书，第 27 期，洛杉矶：洛杉矶，加利福尼亚大学，劳资关系学院，1981 年，第 41、42 页。

41. T.A. 斯图尔特，逃过预算，震惊你的 CFO，《财富》，1986 年 10 月 28 日，第 187 页。

42. 同上。

43. T.H. 达文波特和 L. 普鲁萨克，《工作知识：组织如何管理自己所知道的》，波士顿：哈佛商学院出版社，1998 年。在音频技术商业书籍摘要中的总结。T.H. 达文波特与本人没有亲属关系。

44. A. de 托克威尔，《美国民主》，第一部分 第三章，1835 年。

45. E. 温格，实践社团：学习型组织的社会结构，《保健论坛杂志》，1996 年 7-8 月，第 22 页。

46. P.M. 圣吉，《第五项修炼：学习型组织的艺术和实务》纽约：卡伦西双日出版社（Currency Doubleday），1990 年，第 14 页。

47. T.A. 斯图尔特，《智力资本：组织的新财富》纽约：卡伦西双日出版社（Currency Doubleday），1997 年，第 217 页。斯图尔特所指的"智力资本"包括了人力资本。本人对他的话作了直白解释。

第八章

1. 芝加哥大学全国民意研究中心，《全国综合社会调查，1972-1996：累积的电码本》康涅狄克，斯托斯市：康涅狄克大学，罗珀民意研究中心，1996年11月，第401页。

2. 美国管理协会，《公司就业机会的创造、岗位撤销和裁员：主要研究结果摘要》纽约：美国管理协会，1997年，第1页。

3. 美国劳动统计局，当地失业状况统计，1998年3月31日。

4. 普华永道，《1997年普华永道职场指数》纽约：普华永道，1997年。

5. J.T. 邦德、E. 加林斯基和J.E. 斯恩伯格，《1997年全国劳动力变化研究》纽约：家庭与工作研究所，1998年，第115页。

6. J. 卡兹，数字化的公民，《连线》，1997年12月，第82页。

7. S. 格劳德，"组织参与的股权交换模型"，《管理评论学会》，1979年，卷4第1期，第56页。

8. D.N. 迪克特，M. 罗兹诺斯基和D.A. 哈里森，时间的缓和效应——自愿离职过程的事件历史分析，《应用心理学杂志》，1996年，卷81第6期，第710页。

9. 同上，第711页。

10. 内部公司文件。

11. 同上。

12. S. 伯纳兹和R.H. 塞勒，"短视性亏损厌恶与股权溢价之谜"，《经济学季刊》，1995年2月，第73页。

13. 同上，第79页。

14. D.M. 卢梭，变更协议，同时保留员工，《管理者学会》，1996年，卷10第1期，第51、52页。

15. P. 斯洛维奇、B. 菲兹霍夫和S. 利西滕斯坦，事实与恐惧：理解感知到的风险，R.C. 施温，W.A. 小艾尔博斯（主编），《社会风险评估：要多安全才是足够安全？》纽约：普莱南出版社，1980年），第183页。

16. G.J. 布劳和 K.B. 博尔，交互地使用工作投入和组织承诺预测员工离职，《管理杂志》，1989 年，卷 15 第 1 期，第 116 页。

17. 邦德、加林斯基和斯恩伯格，《1997 年全国劳动力变化研究》，第 129 页。

18. 格劳德，股权交换模型，第 57 页。

19. S.L. 罗宾森、M.S. 克拉兹和 D.M. 卢梭，变化的义务和心理契约：纵向研究，《管理学会杂志》，1994 年 卷 37 第 1 期，第 149 页。

20. 内部公司文件。

21. B. 弗雷，停止职场中的跳槽，《旧金山卫报》，1998 年 3 月 22 日，第 B-5 页，第 B-6 页。

22. R. 布里厄利和 S. 梅尔斯，《公司财务原则》纽约：麦格劳－希尔出版公司，1981 年，第 121 页。

23. L. 奥尔德曼，这就是四份收入的家庭，《Money》杂志，1995 年 2 月，第 150 页。

24. G. 贝克，《人力资本——特别关于教育的理论和实证分析》芝加哥，芝加哥大学出版社，1993 年，第 91 页。

25. 亚当·斯密，《国富论》纽约：科利尔父子出版社，1937 年，第 109、111 页。（最初出版于 1776 年）

26. D.M. 施魏格尔和 A.S. 德尼西，"公司合并后与员工的沟通：纵向现场实验"，《管理学会杂志》，1991 年，卷 34 第 1 期，第 110-135 页。

27. 同上，第 113 页。

28. 同上，第 111、112 页。

29. 同上，第 130 页。

30. 同上，第 118 页。

31. J. 赫利亚尔，MCI 通信公司高管开始重整萎靡不振的团队，《华尔街日报》，1997 年 11 月 3 日，第 B1 页。

32. T.J. 拉金和 S. 拉金，接触并改变一线员工，《哈佛商业周刊》，1996 年 5-6 月，第 95、102、103 页。

33. 同上，第 101、102 页。

34. J. 布鲁克纳，管理好裁员对留下来的员工的影响，《加州管理评论》，1992 年，卷 34 第 2 期，第 24 页。

35. 同上，第 25 页。

36. 人力资源管理协会，《1997 年员工挽留办法的小型调查》，1997 年 6 月，第 8 页。

37. 罗致恒富公司，《如何留住最好的员工》出版地不详：罗致恒富，1997 年，第 7 页。

38. B.P. 霍尔，《价值变动：个人与组织转型指南》马萨诸塞州，洛克波特：双灯出版公司（Twin Lights Publishers）1995 年，第 89 页。

39. T.A. 斯图尔特，灰色法兰绒套装，我吗？《财富》，1998 年 3 月 16 日，第 82 页。

40. 卡茨，数字公民，第 82 页。

41. 公司领导委员会，《被迫向外：领导人才的寻找与保留》华盛顿特区：公司顾问委员会，1998，第 220 页；对首席顾问达瓦西·古普塔的访谈，1998 年 6 月 22 日。

42. G.J. 布劳和 K.B. 博尔，工作投入和组织承诺影响离职和旷工之概念化研究，《美国管理学会评论》，1987 年，卷 12 第 12 期，第 289 页。

43. T. 杰弗逊，致 W.C. 贾维斯的一封信，1820 年 9 月 28 日。

第九章

1. W. 托马斯，洛德·凯尔文《受欢迎的讲座和演讲》，1891-1984。

2. S.J. 古尔德，《火烈鸟的微笑：对自然历史的反思》纽约：诺顿出版社，1985 年，第 126、127 页。

3. P. 卡布娜拉，招聘时看态度，入职后培训技能，《快速的公司》，1996 年 8-9 月，第 74 页

4. 感谢锯齿软件公司联合分析法专家布莱恩·奥姆的帮助，他向我解释了联合分析法。锯齿软件公司位于华盛顿州的塞奎姆。

5. 卡布娜拉，招聘时看态度，第 74 页。

6. 公司内部文件。

7. S.W. 霍金,《时间简史：从大爆炸到黑洞》纽约：班坦书局, 1988 年, 第 175 页。

8. 美国国家癌症研究所,《资本投资决策中的无形资产评估》, 该报告是为美国商业与经济发展管理局而准备, 伊利诺伊州, 埃文斯顿：美国国家癌症研究所, 1995 年 6 月）, 第 11 页。

9. L. 埃德文森和 M.S. 马隆,《智力资本：通过寻找隐藏的智力以实现公司的真正价值》纽约：哈珀商业出版公司, 1997 年, 第 11 页。

10. P. 梅格那和 M. 克罗克, 无形资产对半导体行业托宾 q 值的影响,《行政审批文件与程序》, 1993 年 5 月, 第 268 页。

11. R. 施奈尔, 员工价值增值：新的业绩衡量指标,《战略与领导力》, 1997 年 3-4 月, 第 16 页。

12. J.H. 林格尔和 W.A. 席曼, 从平衡计分卡到战略仪表盘：这值得吗?《管理评论》, 1996 年 3 月, 第 60 页。

13. 同上, 第 57、58 页。

14. L.S. 索卡, 测量人力资源的绩效,《人力资源高管评论：测量人力资源的价值》纽约：世界大型企业联合会, 1995 年, 第 3 卷第 3 期, 第 3 页。

15. 世界大型企业联合会,《新企业的业绩衡量指标：研究报告》, 报告序号：1118-95-RR 纽约：世界大型企业联合会, 1995 年, 第 53 页。

16. 林格尔和席曼, 来自平衡计分卡, 1994 年 12 月, 第 26 页。

17. B. 埃托尔, 人力资源因素,《管理评论》, 1994 年 12 月, 第 26 页。

18. MFS 联合标准股票基金, 招股说明书, 1997 年 8 月 1 日, 第 4、5 页。